文心雕龍註解

第二卷「明詩」篇

文心雕龍註解

第二卷「明詩」篇

초판1쇄 | 2021년 4월 30일

역 주 | 배득렬
발행처 | 충북대학교 출판부
발행인 | 김수갑

주 소 | 28644 충북 청주시 서원구 충대로 1
전 화 | (043) 261-2952, 3014
팩 스 | (043) 274-1256
이메일 | presscbu@chungbuk.ac.kr
등 록 | 제1983-2001-7호
인쇄처 | 다해출판인쇄(02-2266-9247)

ISBN 978-89-7295-524-5 93820
값 15,000원

이 도서는 2019학년도 충북대학교 연구년제 사업의 연구비 지원에 의하여 연구되었음(This work was financially supported by the Research Year of Chungbuk National University in 2019)

文心雕龍註解

第二卷「明詩」篇

裵得烈 譯

충북대학교 출판부

『文心雕龍註解』第二卷「明詩」篇을 출간하며

『文心雕龍註解』 작업을 결심한지 벌써 4년이 지났다. 2년 동안 文學原論에 해당하는 「原道」, 「徵聖」, 「宗經」, 「正緯」, 「辨騷」 五篇을 출간한 지도 언 2년의 세월이 지났다. 작업과정에서 나는 늘 독해 능력에 대한 회의에 빠지곤 했다. 飜譯에 100% 만족이란 없지만 정말 스스로 五臟六腑 속까지 다 드러낸 쑥스러운 기분이다.

대학원을 다니며 처음 만난 『文心雕龍』은 내게는 꼭 넘어서고 싶은 학문의 한 봉우리였다. 그러나 『文心雕龍』 강독과정에서 과연 原文 解讀만이 正答인가에 대한 많은 회의를 지니게 되었다. 옛날처럼 古文 學習이 학습의 첫걸음이 아닌 이상, 괴이한 文體인 騈儷文으로 쓰인 『文心雕龍』 독해가 용이한 일인가? 이 책을 한 번 대략 살펴보는데 만 1년이 걸렸다. 효율적이지 못하다는 느낌은 나만의 것은 아니었을 것이다.

우연히 일본에서 출판된 『新譯漢文大系』를 보는 순간 나는 새로운 세계를 체험하고 말았다. 중국학을 전공하지 않은 사람이라도 관심만 있다면 자신이 읽어보고 싶은 서적을 자국어 주석으로 볼 수 있어 내용을 정확하게 파악할 수 있다는 사실은 큰 충격으로 다가왔다. 부러웠다. 그리고 언젠가는 꼭 『文心雕龍』을 우리말 읽을거리로 만들고 싶었다. 그렇게 『文心雕龍』註解 작업을 나 자신의 피할 수 없는 과업으로 약속하게 되었다.

中國文學을 전공하는 사람, 특히 대학원생이라면 거의 예외 없이 『文心雕龍』을 접하게 된다. 그러나 번역본을 읽더라도 심오한 내용을 단번에 이해하기는 여간 어려운 일이 아닐 수 없다. 많은 典故, 수많은 전적의 요체를 이해해야만 알 수 있는 縮約, 虛詞와 實詞를 오가는 문장구성, 역사배경의 이해 없이는 알 수 없는 수많은 말 등등. 이해의 저해요소가 너무나 많다. 주석이 필요한 이유다. 때문에 註釋學은 中國古典文學의 核이다.

註釋飜譯에 시간을 낭비하지 말고 다른 책을 번역하라는 충고도 받았었다. 훌륭한 지적이다. 그러나 나는 전공과 관련 없이 누구나 『文心雕龍』을 읽고, 필요한 지식을 가질 수 있기를 늘 희망했다. 전공자들에게도 어려운 것을 어찌 일반인이 접할 수 있겠는가? 이리해서는 中國 古典文學의 보편성, 파급력은 현저하게 저하되고, 결국은 대한민국에서 중국 고전문학은 전공자만의 영역으로 한정되고 말 것이 明若觀火하다.

출발이 늦었다. 개인사정으로 약 3년을 아무것도 할 수 없었고, 능력부족은 더 큰 문제였다. 그래도 용기 내어 시작할 수 있었던 것은 자신과의 약속은 지켜야 한다는 命題 때문이었다.

「明詩」篇은 文體論의 첫 번째 篇章이다. 中國 古典文學의 도도한 흐름에서 詩歌가 차지하는 위상은 재삼 논할 필요도 없다. 李白과 杜甫 이전에도 훌륭한 작품이 정말 많다. 그 작품의 생성, 발전 그리고 그 심오한 의미를 정교하게 다루고 있는 「明詩」篇은 실로 劉勰 문체론의 白眉다. 一讀을 희망한다.

『文心雕龍』註解는 전문성이 강하다. 이 책을 읽을 독자가 그다지 많지 않으리라. 그럼에도 이 책을 출판해주신 충북대학교 출판부 관계자 모두에게 머리 숙여 감사를 표한다.

번역에는 분명 오류가 있을 것이다. 여러분의 叱正을 기대한다.

2021년 2월 낭성골 서재에서

【解 題】

필자는 2년 전에 『文心雕龍註解』 第一卷을 출간한 바 있다. 이는 『文心雕龍』 전체에서 문학원론에 해당하는 「原道」, 「徵聖」, 「宗經」, 「正緯」, 「辨騷」 五篇을 하나로 묶어 출판했다. 이 五篇을 한 번에 출판해야 했던 이유는 『文心雕龍』에서 劉勰이 제기한 문학이론의 전체 구조를 제대로 파악하기 위해서는 이 五篇을 반드시 통독할 필요가 있기 때문이었다.

劉勰은 「原道」, 「徵聖」, 「宗經」, 「正緯」, 「辨騷」 五篇에서 문학의 기원, 문학과 자연, 형식주의에 대한 비판적 견해, 聖人과 문학의 연관성, 儒家 經典과 각종 문체의 파생문제 등 중국 문학이론에 있어 가장 중요한 문제들을 총체적으로 다루었다. 우리는 이를 통해 문학이론이 문학창작에 어떻게 선한 영향을 미치는가를 가늠해볼 수 있을 것이다.

劉勰은 文體論의 단초를 문학원론 부분에서 언급할 필요가 있었다. 「宗經」篇에서 劉勰은 중국문학의 모든 文體를 儒家經典과 관련시키면서 다음과 같이 언급하였다.

따라서 論說辭序는 『易經』에 의거하여 처음 만들어졌으며, 詔

策章奏는 『書經』에서 발원하였으며, 賦頌歌贊은 『詩經』에 뿌리를 두고 있고, 銘誄箴祝은 『禮記』가 그 발단이며, 記傳盟檄은 『春秋』가 그 근원이다. 모두 극히 높은 표준을 세웠으며, 무한대까지 경계를 확장하니 제자백가들이 아무리 날뛰어도 결국은 그 범위를 벗어날 수 없다.【故論說辭序, 則『易』統其首(旨); 詔策章奏, 則『書』發其源; 賦頌歌讚, 則詩立其本; 銘誄箴祝, 則禮總其端; 紀傳銘檄, 則春秋爲根; 並窮高以樹表, 極遠以啓疆, 所以百家騰躍, 終入環內者也.】

주요 文體가 모두 儒家經典에서 나왔다는 주장은 분명 지나치게 儒學으로 경도되었다는 지적을 피할 수는 없으나 文體의 多樣性과 그 가치를 높이려는 劉勰의 목적의식만은 분명하다. 劉勰은 「序志」篇에서 文體에 대한 진일보한 서술원칙을 다음과 같이 제시하였다.

韻文과 散文을 논함에 양식을 구분하였고, 기원을 밝히고 沿革을 분명히 하였다. 文體의 이름을 설명하고, 그 의미를 밝혔으며, 작품을 선별하여 편을 정하여 이론을 세워 首尾를 바르게 세웠다. 상편의 綱領은 이처럼 설명하면 분명하다.【若乃論文敍筆, 則囿別區分, 原始以表末, 釋名以章義, 選文以定篇, 敷理以擧統, 上篇理想, 綱領明矣.】

劉勰은 중국문학에서 文體에 대한 독자적 견해를 제시한 최초의 인물이라 해도 과언은 아니다. 위 예문에서 보듯, 劉勰은 文體를 韻文과 散文으로 大別하고, 모든 문체의 역사적 발전과정에 대한 인식을 기초로 삼고, 이를 바탕으로 문체를 분류하여 命名하고, 그 文體가 지닌 고유한 특징과 의미를 제시하고자 했으며, 나아가 각 文體를 원용한 창작에 있어 首尾一貫을 유지하기 위한 綱領의 문제를 중요성을 강조하였다.

『文心雕龍』 文體論 첫 번째 篇章이 바로 「明詩」篇이다. 劉勰은 구체적인 이유를 밝히지 않았지만 분명 그리해야 할 이유가 있었을 것이다. 中國 明清代에 본격적으로 小說이 등장하기 전까지 詩歌는 문학에서 가장 중요한 문체였으며, 단순히 개인적 감정과 정서의 표현을 뛰어넘어 사회적, 교육적, 정치적으로도 커다란 영향력을 지니고 있었다. 이에 劉勰은 자신의 문체론 서술에서 첫머리에 「明詩」篇을 배치했을 것이다.

劉勰은 먼저 【시란 무엇인가?】라는 질문에 대한 자신의 견해를 제시하였다. 그는 詩는 【言志】, 【持情性】, 【歌永言】이라는 정의를 내리고, 나아가 이 과정에서 詩人과 對象의 交融은 피할 수 없는 운명적이라는 결론을 내린다.

劉勰은 자신의 관점에서 歷代 詩의 특징과 경향, 주요 작품의 성취 및 시대와 시가의 연관성의 핵심을 정확하게 진단하고 평가하였다. 아울러 四言, 五言, 七言, 雜言詩의 시원과 발전 및 형식적 특징을 자세하게 설명하였다. 이는 劉勰이 “原始以表末”의 원칙을 통해 시가의 발전 양상을 보다 명확하게 설명하기 위한 것이라 사료된다.

이 짧은 문장에서 중국 시가의 생성과 발전, 여러 詩體의 특징, 주요 작품의 가치 평가와 역대 시가의 흐름까지 총체적으로 다룰 수 있었다는 것은 정말 놀라운 일이다. 이는 현재 중국문학사 서술에 간단없는 시가 발전의 특징을 알 수 있는 주요한 정보라 할 수 있다. 다만 짧은 글에 많은 내용을 담다보니, 田園詩派의 대표라 할 수 있는 陶淵明의 詩歌에 대한 언급이 충분하지 않다던가, 五言詩의 문학적 특징에 대한 인식이 鍾嶸에 미치지 못하다거나, 다양한 詩體를 모두 다루려 하다가 오히려 주요 핵심을 소략하게 다루었다는 한계도 분명하다. 그러나 「明詩」篇을 꼼꼼히 읽고, 劉勰이 소개한 작품들을 찾아 읽어본다면 우리는 그가 詩歌를 얼마나 진지하게 천착했는지 쉽게 알 수 있을 것이다. 이를 통해 우리는 문학을 대하는 태도를 다시금 점검할 수도 있을 것이다. 어쩌면 이것이 「明詩」篇 一讀의 진정한 의미가 아닐까?

第六篇「明詩」

6-1.

『尙書』「舜典」에서 大舜의 말을 기록하면서 “『詩』는 말로 『志: 뜻, 의지』를 표현한 것이며, 『歌』는 그 말을 길게 읊조리는 것.” 이라고 하였다. 聖人의 가르침을 분석해보면 그 의미가 분명해진다. 이에 마음속에 있으면 『志』라 하고, 말로 표현되면 『詩』라 한다. 文辭를 운용하여 내용을 적는 의미가 여기에 있는 것이 아니겠는가? 『詩』는 『持』와 같은 뜻이며, 사람의 情性을 바르게 유지시킨다는 뜻이다. 『詩經』 三百篇은 한마디로 생각에 사악함이 없는 것으로 귀결될 수 있다. 『詩』를 『持』라 설명한 것은 이 뜻과 잘 부합한다.

6-1.

大舜云: 詩言志, 歌永言[1]. 聖謨所析[2], 義已明矣[3]. 是以在心爲志, 發言爲詩[4], 舒文載實[5], 其在茲乎[6]? 詩者, 持也, 持人情性[7]; 三百之蔽, 義歸無邪[8], 持之爲訓, 有符焉爾[9].

※ 詹鍈: 「明詩」篇은 詩史로, 詩體의 源流, 詩歌의 發生, 發展의 規律을 구체적으로 설명하였으며, 劉勰 자신의 이론에 근거하여 각 시기 대표작가와 작품의 성취를 설명하였고, 아울러 정치, 사회의 부침에 근거하여 각 시기의 詩風을 해석하였다.

【這是一篇詩史, 它具體地說明了詩體源流和詩歌發生發展的規律, 並根據他的理論來說明各個時期代表作家作品的成就, 還根據政治社會的升沉, 來解釋各個時代的詩風.】

1. 詹注1-1: 『歌』字는 『唐寫本』에 『哥』字로 표기되어있으며, 이하 모두 같다. 『尙書』「舜典」에서 “『詩』는 말로 『志: 뜻, 의지』를 표현한 것이며, 『歌』는 그 말을 길게 읊조리는 것이고, 『聲』은 긴 소리에 高低强弱을 붙인 것이고, 『音律』은 성음을 잘 조화시킨 것이다.”라고 하였다. 舊傳에서 이 두 구를 “『詩』는 情志를 말로 표현하여 밖으로 드러나게 하며, 『歌』는 의미를 읊조리기 위하여 말을 길게 뽑는 것이다.”로 번역하였다. 『左傳』「襄公27年」에서 “詩로써 감정을 말한다.”라고 하였다. 『說文』에서 “『詩』는 『志』와 같은 뜻. 부수는 『言』이고 음은 『寺』다. 고문에서는 『言㞢』로 썼으며, 부수는 『言』이고, 음은 『㞢』다.”라고 하였다. 楊樹達의 『說文十義』「釋詩」에서 “『志』字의 부수는 『心』, 음은 『㞢』이며, 『寺』字 역시 『㞢』와 같은 음이다. 『㞢』, 『志』, 『寺』의 고음은 모두 같다. 古文에서 『言㞢』를 부수로 했는데, 『言㞢』는 『言志』와 같은 뜻이다. 篆文에서는 『言寺』를 따랐고, 『言寺』 역시 『言志』와 같은 뜻이다. …… 시로 뜻을 말하는 것은 古人들에게는 흔한 일이었기에 글자를 만드는 사람이 『詩』字를 만들면서

『言志』로 문자를 만든 것이다. 『㞢』字를 『志』字라 하고, 『寺』字를 『志』字라 한 것은 소리가 비슷하여 假借한 것일 뿐이다. …… 예전에는 『詩』字와 『志』字를 함께 사용했기에 許愼도 『志』字를 『詩』字로 해석했다."라고 하였다. 『永』字는 『詠』字와 통한다.

【『歌』, 『唐寫本』作 『哥』, 下幷同. 『尙書』「舜典」: "詩言志, 歌永言, 聲依永, 律和聲." 舊傳釋此二句云: "謂『詩』言志以導之, 『歌』詠其義以長其言." 『左傳』「襄公27年」: "詩以言志." 『說文』: "『詩』, 『志』也. 從『言』, 『寺』聲. 古文作『言㞢』, 從『言』, 『㞢』聲." 楊樹達『說文十義』「釋詩」: "『志』字從『心』, 『㞢』聲, 『寺』字亦從『㞢』聲. 『㞢』, 『志』, 『寺』古音蓋無二. 古文從『言㞢』, 『言㞢』卽『言志』也. 篆文從『言寺』, 『言寺』亦『言志』也. …… 蓋詩以言志爲古人通義, 故造文者之制詩字也, 卽以言志爲文. 其以『㞢』爲『志』, 或以『寺』爲『志』, 音近假借耳. …… 古『詩』、『志』二文同用, 故許徑以『志』釋『詩』." 按『永』字通『詠』.】

『禮記』「樂記」에서 "시는 뜻을 말하는 것이다. 노래는 그 소리를 읊는 것이다. 춤은 그 容姿를 움직이는 것이다."라고 하였다. 「宗經」篇에서 "『詩經』에서 詩는 뜻을 표현하는 것이라는 전제를 제시하였으나, 그 서술은 『尙書』처럼 난해하다."라고 하였다.

【『禮記』「樂記」: "詩言其志也. 歌詠其言也. 舞動其容也." 「宗經」

篇‥“『詩』主言志, 詁訓同『書』.”】

2. 詹注1-2: 「宗經」篇에서 “聖人의 가르침은 뛰어나다.”라고 하였다. 〖謨〗는 〖典謨〗와 같은 뜻이며, 여기서는 『舜典』을 지칭한다.

【「宗經」篇‥“聖謨卓絶.” 〖謨〗, 〖典謨〗, 在此指『舜典』.】

3. 范注1-1: 『尙書』「堯典」에서 “詩는 〖志: 뜻, 의지〗를 말로 표현한 것이고, 〖歌〗는 말로 길게 읊조리는 것이다.”라고 하였다. 이는 舜이 夔에게 내린 글이다. 王肅의 注에서 “시는 뜻을 말하여 이끌어 주는 것이며, 歌는 그 뜻을 읊조려 말의 의미를 확장하는 것이다.”라고 하였다. 『毛詩』 鄭玄 『詩譜序正義』에서 鄭玄의 「堯典」注를 引用하여 “詩는 사람의 의지를 말하는 것이다. 〖永〗은 〖長: 길다〗와 같은 뜻. 歌 또한 詩의 뜻을 읊조려 그 말을 길게 만드는 것이다.”라고 하였다. 〖聖謀〗는 『唐寫本』에 〖聖謨〗로 되어있으며, 黃本에서도 〖謀〗字를 〖謨〗字로 고쳤다. 『尙書』 『僞伊訓』에서 “선조의 가르침은 위대하고, 훌륭한 말씀은 매우 분명하다.”라고 하였다. 〖聖謨〗라 하는 것이 옳다.

【『尙書』「堯典」‥“詩言〖志〗, 〖歌〗永言.” 此舜命夔辭. 王肅注曰‥“謂詩言志以導之, 歌詠其義以長其言.” 『毛詩』鄭玄『詩譜序正義』引鄭注「堯典」曰‥“詩所以言人之志意也. 歌又所以長言詩之意.” 〖聖謀〗『唐寫本』作〖聖謨〗, 黃本亦改〖謀〗作〖謨〗. 『尙書』『僞伊訓』‥“聖謨洋洋, 嘉言孔章.”(譯者注: 〖章〗은 〖彰〗의 誤字.) 作〖聖謨〗是.】

4. 詹注1-3: 「詩大序」에서 “〖詩〗는 〖志〗가 움직여가는 것이다. 마음

에 있으면 『志』이고, 말로 표현되면 『詩』가 된다."고 하였다. 『正義』에서 "詩는 인간의 意志가 움직여가는 것이다. 움직여가지만 말로 표현되지 않고 마음속에 담겨있는 것을 『志』라 이르고, 말로 표현된 것을 『詩』라 부른다. 말이 시가 되는 것은 心志의 憤懣을 펼쳐 보이고 결국 노래로 읊조리게 되기에 『虞書』에서 『시는 뜻을 말하는 것이다.』라고 말한 것이다."라고 하였다.

【「詩大序」‥"『詩』者『志』之所之也. 在心爲『志』, 發言爲『詩』." 『正義』曰‥"詩者, 人志意所之適也. 雖有所適, 猶未發口, 蘊藏在心, 謂之爲『志』, 發見於言, 乃名爲詩. 言作詩者, 所以舒心之憤懣, 而卒成於歌詠, 故『虞書』謂之『詩言志』也.】

5. 詹注1-4: 『文』은 『文辭』, 『實』은 『實質』, 즉 『內容』을 말한다. 『注訂』에서 "이 4字는 위의 注 『正義』에서 말한 '心志의 憤懣을 펼쳐 보이고 결국 노래로 읊조리게 된다.'와 같은 뜻이다."라고 하였다.

【『文』謂『文辭』; 『實』指『實質』, 就是『內容』. 『注訂』‥"此四字卽上注『正義』所云'所以舒心之憤懣, 而卒成於歌詠.'也."】

6. 范注1-2: 「詩大序」에서 "『詩』는 『志』가 움직여가는 것이다. 마음에 있으면 『志』가 되고, 말로 표현되면 『詩』가 된다."라고 하였다. 『正義』에서 "시는 인간의 의지가 움직여가는 것이다. 움직여가지만 말로 표현되지 않고 마음속에 잠겨 있는 것을 『志』라 이르고, 말로 표현된 것을 명명하여 『詩』라 한다. 말이 詩가 되는 것은 心志의 憤懣을 펼쳐 보이기에 결국 노래로 읊조리게 되기에 『虞書』에서 『시는 뜻을 말하는 것이다.』라고 말한 것이다. 數萬

가지 생각을 포괄하고 있는 것을 『心』이라 부르고, (마음이) 사물에 느낌을 받아 움직이게 되는 것을 『志』라 부른다. 『志』가 움직이는 것은 사물에 감동되었기 때문이다. 기쁜 뜻을 말하면 和樂과 頌聲이 만들어지고, 憂愁에 찬 뜻을 말하면 哀傷과 怨望이 만들어진다. 『藝文志』의 『구슬픈 음악의 정감은 노랫소리로 드러나다』는 이를 두고 한 말이다."라고 하였다.

【「詩大序」: "『詩』者『志』之所之也. 在心爲『志』, 發言爲『詩』." 『正義』曰: "詩者, 人志意所之適也. 雖有所適, 猶未發口, 蘊藏在心, 謂之爲『志』, 發見於言, 乃名爲『詩』. 言作詩者, 所以舒心之憤懣, 而卒成於歌詠, 故『虞書』謂之詩言志也. 包管萬慮, 其名曰心, 感物而動, 乃呼謂志. 志之所適, 外物感焉. 言悅豫之志則和樂興而頌聲作, 憂愁之志則哀傷起而怨刺生. 『藝文志』云『哀樂之情感, 歌詠之聲發』, 此之謂也."】

『禮記』「孔子閒居」에서 "뜻이 가는 곳이면 詩도 이곳에 다다른다."라고 하였다. 『漢書』「藝文志」에서 "『書經』에서 '시는 뜻을 말하는 것이며, 노래는 말로 읊조리는 것이다.'라고 하였다. 따라서 哀樂의 마음을 느끼면 노래로 소리 내어 읊조린다. 말로 읊조리는 것을 『詩』, 소리 내어 읊조리는 것을 『歌』라 한다."라고 하였다. 『宋書』「謝靈運傳論」에서 "마음속에서 뜻이 움직이면 노래로 흘러나온다."라고 하였다. 마음속에 담아둔 사상과 감정이 곧 『志』이며, 언어로 표현된 것이 『詩』다. 『志』가 마음속에 담겨있으면 볼 수 없으나, 詩歌는 이를 밖으로 표현하는 일종의 도구다.

【『禮記』「孔子閒居」: "志之所至, 詩亦至焉." 『漢書』「藝文志」: "『書』曰: '詩言志, 歌詠言.' 故哀樂之心感而歌詠之聲發. 誦其言謂之『詩』, 詠其聲謂之『歌』." 『宋書』「謝靈運傳論」‥"夫志動於中, 則歌詠外發." 藏在內心的思想感情就是『志』, 而表現爲語言就是『詩』. 『志』藏在內心不可見, 詩歌就是把它表現于外適一種工具.】

7. 詹注1-5: 『唐寫本』에는 『詩』字 위에 『故』字가 있다. 鄭玄의 『詩譜序』에서 "詩의 道理는 모두 여기에 펼쳐 있도다."라고 하였다. 『正義』에서 "『詩經』 緯書 『含神霧』‥'詩는 『持: 유지하다』와 같은 뜻이다.…… 詩를 짓는 것은 사람들의 행위를 바르게 지속시켜 타락하지 않게 하려는 것이다.'"라고 하였다. 楊愼은 "『儀禮』‥'詩는 『附: 더하다』와 같은 뜻.' '詩는 『懷: 품다』와 같은 뜻.'이라고 하면서 모두 『持』와 같은 뜻이라 설명하였다. 여기에서 '詩者, 持也.'라 한 것은 이를 바탕으로 한 것이다. 千古의 詩에 대한 설명은 오로지 이것에서만 얻을 수 있다."라고 평하였다. 劉熙載의 『藝概』「詩概」에서 "詩를 『持: 지속하다』라 말한 것은 먼저 내적으로는 뜻을 바르게 유지하고, 밖으로는 풍화를 바르게 유지하기에 이를 따르는 것보다 중요한 것이 없기 때문이다."라고 주장하였다. 范文瀾의 『文心雕龍講疏』에서 "『樂記』‥'이러한 이유로 先王은 情性에 바탕을 두었으며, 기준을 헤아려 예의를 정하시고, 生氣의 和를 모으고, 五常의 행실을 끌어냄에 陽으로 흩어지지 않게 하고, 陰으로 밀폐되지 않게 하며, 剛氣를 지녔으나 성내지 않게 하고, 柔氣를 지녔으나 두려워하지 않게 했다. 이 네 가지가 창달하면 안에서 調和를 이룬 것이 밖으로 드러나며 모두 그 위치가 안정적인지라 서로 다툴 필요가 없다.'라고 하였다. 『呂氏春秋』「仲夏紀·大樂」篇에서 『완성된 악곡이 있으면 분명 좋아하는 마디가 있기 마련이다.』는 이를 두고 한 말이다."라고 하였다. 『持』는 『制: 제한하다』의 뜻 있으며, 『持人情性: 사람의 성정을 유지함』은 사람들의 감정을 절제시킨다는 것이다. 이러한 시각은 유

가의 관념을 그대로 답습한 것으로 다음 문장에서 시를 통해 『順美匡惡, 其來久矣: 훌륭한 것을 찬미하고, 잘못을 바로잡는 연원은 오래되었다.』와 밀접한 관련이 있다.

【『唐寫本』『詩』上有『故』字. 鄭玄『詩譜序』: "詩之道放于此乎?" 『正義』: "『詩』緯『含神霧』云: '詩者, 『持』也. …… 爲詩所以持人之行, 使不失隊.'" 楊愼評曰: "『儀禮』: '詩『附』之.' 又云: '詩『懷』之' 皆訓爲『持』. 此'詩者, 持也.'本此. 千古詩訓字, 獨此得之." 劉熙載『藝概』「詩概」: "詩之言『持』, 莫先于內持其志, 而外持風化從之." 范文瀾『文心雕龍講疏』: "『樂記』曰: '是故先王本之情性, 稽之度數, 制之禮意, 合生氣之和, 道五常之行, 使之陽而不散, 陰而不密, 剛氣不怒, 柔氣不慴, 四暢交於中以發作於外, 皆安其位而不相奪也." 『呂氏春秋』「仲夏紀·大樂」篇『成樂有具, 必節嗜慾.』, 此之謂矣." 按『持』有『制』義, '『持人情性』就是節制人的情感. 這種看法是因襲儒家觀念, 和下文所說詩之『順美匡惡, 其來久矣』是有密切聯繫的.】

8. 詹注1-6: 『論語』「爲政」에서 "孔子가 이르길: '詩三百을 한마디로 말한다면 사악함이 없는 것이다.'"라고 하였다. 包咸의 注에서 "『蔽』는 『當: 해당하다』과 같은 뜻."이라고 하였다. 『正義』에서 "詩의 요체는 공을 논하고, 덕을 칭송하고, 偏僻과 邪惡을 방지하여 무릇 모두를 올바름으로 돌아가게 하려는 것이니 이 구절은 『當』으로 해석할 수 있다."라고 하였다. 『當』에는 『概括』의 뜻도 있다.

【『論語』「爲政」: "子曰: '詩三百, 一言以蔽之, 曰思無邪.'" 包咸注: "『蔽』猶『當』也." 『正義』: "詩之爲體, 論功頌德, 止僻防邪,

大抵皆歸於正, 於此一句加以『當』之也." 『當』, 有『概括』意.】

魯迅은『摩羅詩力說』二에서 "中國詩에 대하여 舜은『言志』라 하였으며, 後賢은『持人性情: 사람들의 성정을 유지하다.』라고 주장하였다. 詩三百의 취지는 邪惡함에 물들지 않게 하려는 것이다. 이미 言志라 하였는데, 어찌 維持한다고 할 수 있을까? 억지로 사악함이 없게 만드는 것은 사람의 뜻은 아니다. 鞭策과 羈縻 밑에서 이루어진다면 이런 일은 위험하지 않겠는가?"라고 하였다.

【魯迅『摩羅詩力說』二∙∙"中國之詩. 舜云『言志』, 後賢立說, 乃云『持人情性』, 三百之旨, 無邪所蔽. 夫既言志, 何持之云? 强以無邪, 卽非人志. 許自繇於鞭策羈縻之下, 殆此事乎?"】

9. 范注1-3: 鄭玄의『詩譜序正義』에서 "詩의 名稱에 대하여『禮記』「內則」에서 아들을 안는 예법을 설명하면서 '『詩負之: 손으로 아이를 받아 안다는 뜻』.'이라고 하였다. 注釋에서 '詩는 손으로 받는 것이다.'라고 하였다.『春秋說題辭』에서 '시는 뜻을 말하는 것이다.'라고 하였다.『詩緯』「含神霧」에서 '詩는『持: 유지하다』와 같은 뜻.'라고 하였다. 따라서『詩』에는『承: 받듬』,『志: 뜻』,『持: 유지』세 가지 뜻이 있다. 작자는 君王 政治의 선악을 받들어 자신 뜻을 서술하려고 시를 짓고, 시를 지어 사람의 행동을 올바르게 유지하여 타락하지 않도록 하려는 것이기에 하나의 명칭에 세 가지 뜻이 있는 것이다."라고 하였다. 劉勰은『詩』를『持』라 설명했는데, 이는『含神霧』의 주장을 채용한 것이다.『論語』「爲政」에서 "孔子가 이르길『詩經』을 한마디로 말하면 생각함에 사악함이 없는 것이다."라고 하였다.『正義』에서 "『思無邪: 생각함에 사악함이 없다』는『詩經』의 한 구절이며,『魯頌』「駉」篇의

글이다. 詩의 要體는 功을 논하고 德을 기리어 사악함을 방지하여 모두를 올바름으로 귀결시키는 것이기에 한 구절이면 충분하다." 라고 하였다.

【鄭玄『詩譜序正義』: "名爲詩者, 「內則」說負子之禮云: '〖詩負之〗.' 注云: '詩之言承也.' 『春秋說題辭』云: '詩之爲言志也.' 『詩緯』『含神霧』: '詩者持也.' 然則詩有三訓: 〖承〗也, 〖志〗也, 〖持〗也. 作者承君政之善惡, 述已志而作詩, 爲詩所以持人之行, 使不失隊, 故一名而三訓也." 彦和訓詩爲持, 用「含神霧」說. 『論語』「爲政」: "子曰, 詩一言而蔽之, 日思無邪." 『正義』: "〖思無邪〗者, 此『詩』之一言, 『魯頌』「駉」篇文也. 詩之爲體, 論功頌德, 止僻防邪, 大抵皆歸於正, 於此一句可以當之也."】

詹注1-7: 『唐寫本』에는 〖有〗字 위에 〖上〗字가 있다. 〖持〗로 설명한 것은 詩意에 부합한다.(『注訂』)

【『唐寫本』〖有〗字上有〖上〗字. 言〖持之爲訓〗甚合詩意.(『注訂』)】

紀昀이 "『大舜』의 9句는 〖發乎情: 감정에서 비롯되었다〗을 말한 것이고, 『詩者』 7句는 〖止乎禮意: 예의에서 멈춘다.〗를 말한 것이다."라고 평하였다.

【紀評: "『大舜』九句是〖發乎情〗, 『詩者』七句是〖止乎禮意〗."】

이상 제1단에서는 시의 출현 및 교육 작용에 대하여 설명하였다.

【以上爲第一段, 說明詩的産生及其教育作用.】

6-2.

사람이 지닌 『七情: 喜, 怒, 哀, 懼, 愛, 惡, 慾』은 外物과의 感應을 통해 만들어지며, 사물과의 감응이 이루어지면 情志를 읊는 일은 너무나 자연스러운 일이다. 예전 葛天氏의 歌辭는 「玄鳥」의 樂曲에 맞추어 불렀으며, 黃帝의 「雲門」은 그 이치를 헤아려 보면 악곡만 있지는 않았을 것이다. 堯에 이르러 「大唐歌」가 나왔고, 舜은 「南風詩」를 지었는데, 이 두 편은 의미의 전달에만 그치고 말았다. 大禹가 功德을 이룬 뒤 九序를 노래로 불렀으며, 太康에 이르러 道德이 무너지자 다섯 형제가 원망의 노래를 불렀다. 詩歌로 美德을 따르게 하고, 悖惡을 바로 잡는 것은 그 역사가 길다. 商代에서 周代에 이르는 기간에 『雅와 『頌』의 체제가 두루 갖추어졌고, 『詩經』의 四始가 찬란한 빛을 발하였고, 六義가 周密하고 深奧해졌다. 子夏는 흰 비단에 채색한다는 시구에서 깨달음을 얻었고, 子貢은 切磋琢磨의 구절을 이해하였기에 孔子는 子夏와 子貢 두 사람과는 더불어 시를 논할만하다고 칭찬하였다. 周代의 恩澤이 사라지자 采詩官도 詩의 수집을 멈추었다. 春秋時代에는 상대방의 뜻을 헤아리기 위하여 옛 시를 읊어 응대하는 것이 賓客을 榮譽로 대하는 것으로 여겼으며, 자신의 발언이 자신의 재능을 표현하는 것이라 여겼다. 楚國 사람은 怨望과 諷諫을 표현하려면 『離騷』로 諷刺했으며, 秦始皇이 焚書坑儒를 저질렀어도 博士들은 「仙眞人詩」를 지었다.

6-2.

人稟七情[10], 應物斯感, 感物吟志[11], 莫非自然[12]. 昔葛天氏樂辭云: 玄鳥在曲[13], 黃帝雲門[14], 理不空綺(絃)[15], 至堯有大唐之歌[16], 舜造南風之詩[17], 觀其二文, 辭達而已[18]. 及大禹成功, 九序惟歌[19]; 太康敗德, 五子咸怨[20], 順美匡惡[21], 其來久矣[22]. 自商暨周, 雅頌圓備[23], 四始彪炳[24], 六義環深[25]. 子夏監絢素之章[26], 子貢悟琢磨之句, 故尙賜二子, 可與言詩[27]. 自王澤殄竭, 風人輟采[28]; 春秋觀志, 諷誦舊章[29], 酬酢以爲賓榮[30], 吐納而成身文[31]. 逮楚國諷怨, 則離騷爲刺[32]. 秦皇滅典, 亦造仙詩[33].

10. 詹注2-1: 『禮記』 「禮運」에서 "人情이란 무엇인가? 〖喜, 怒, 哀, 懼, 愛, 惡, 慾:기뻐하고, 성내고, 슬퍼하고, 두려워하고, 사랑하고, 미워하고, 욕심내는 것〗 일곱 가지는 배우지 않아도 능히 할 수 있다."라고 하였다.

【『禮記』 「禮運」‥"何爲人情? 〖喜、怒、哀、懼、愛、惡、慾〗, 七者弗學而能."】

11. 詹注2-2: 『禮記』 「樂記」에서 "무릇 음악은 사람의 마음에서 비롯된다. 사람 마음의 움직임은 사물이 그렇게 만든 것이다. 사물에서 감흥을 받아 마음이 움직이면 소리로 나타난다."라고 하였다. 다시 "무릇 사람에게는 血氣와 心知의 본성이 있으나, 哀樂喜怒에는 원칙이 없다. 응당 사물에서 감동이 일어난 연후에 〖心術: 사물을 인식하는 방법〗이 만들어진다."라고 하였다.

【『禮記』「樂記」‥"凡音之起, 由人心生也. 人心之動, 物使之然也. 感於物而動, 故形於聲." 又‥"夫民有血氣心知之性, 而無哀樂喜怒之常, 應感起物而動, 然後 〖心術〗形焉."】

『集注』에서 "어떤 사람이 詩人에게 '〖사물과 접하면 감정이 일고, 사물에 느낀 바로 뜻을 읊는다.〗'는 詩狀에 대해 질문하자 '〖陸機 『文賦』를 인용하여 천지에 자리하여 사물을 깊이 관찰하고, 古典을 두루 읽어 情志를 키운다. 四時에 맞추어 지난 일에 감탄하며, 만물을 살피니 생각이 어지럽게 된다. 싸늘한 가을에는 낙엽을 슬퍼하고, 꽃피는 봄날에는 부드러운 새싹에 기쁨이 솟는다. 마음이 숙연해지면 서리를 생각하고, 뜻이 아득해지면 구름에 다다른다.〗'라고 대답하였다. 이것이 바로 詩狀이다."라고 하였다.

【『集注』‥“或詢詩人‘『應物斯感, 感物吟志』’之狀, 則應之曰‘陸機『文賦』‥佇中區以玄覽, 頤情志于典墳. 遵四時以嘆逝 , 瞻萬物而思紛. 悲落葉於勁秋 , 喜柔條於芳春. 心懍懍以懷霜 , 志眇眇而臨雲.’ 此其狀也.”】

『宋書』「謝靈運傳論」에서 “사람은 天地의 靈을 타고나, 五常의 德을 지니고 剛柔를 번갈아 사용하며, 기쁨과 노여움의 감정을 구분한다.”라고 하였다.

【『宋書』「謝靈運傳論」‥“人稟天地之靈, 含五常之德, 剛柔迭用, 喜愠分情.”】

本書 「物色」篇에서 “모든 계절에는 특유의 물상이 있고, 각 물상에는 독특한 모습이 있기에, 물상의 변화에 따라 감정이 변화하고, 감정의 변화에 따라 문장이 이루어진다. 잎새 하나, 벌레의 작은 물음 소리에 마음이 끌리는데, 맑은 바람과 밝은 달이 함께 있는 밤이나, 따듯한 햇빛이 봄 숲을 비추는 아침에는 어떠하랴! 이처럼 詩人(『詩經』의 작가)들은 景物에 감응하여 끝없는 연상에 빠졌다. 세상 만물 속을 끝없이 노닐다 보고 들은 것을 나지막하게 읊조렸다. 경물의 기운과 모습을 묘사함에 사물과 완전히 하나로 되었고, 풍물의 소리와 색채를 묘사함에 자신의 마음이 그것과 함께 움직였다.”라고 하였다.

【本書「物色」篇‥“歲有其物, 物有其容; 情以物遷, 辭以情發 一葉且或迎意, 蟲聲有足引心 況淸風與明月同夜, 白日與春林共朝哉!

是以詩人感物, 聯類不窮. 流運萬象之際, 沈吟視聽之區; 寫氣圖貌, 旣隨物以宛轉; 屬采附聲, 亦與心而徘徊."】

「詩品序」에서 "기운이 사물을 움직이면 사물은 사람을 感動시키고, 性情이 요동치면 춤과 노래로 표현된다."라고 하였다.

【「詩品序」‥"氣之動物, 物之感人, 故搖蕩情性, 形諸舞詠."】

12. 范注2-1: 『禮記』「禮運」에서 "무엇을 人情이라 하는가? 〖喜, 怒, 哀, 懼, 愛, 惡, 欲〗 일곱 가지는 배우지 않아도 저절로 아는 것이다." 『禮記』「樂記」‥"무릇 음악은 사람의 마음에서 비롯된다. 사람 마음의 움직임은 사물이 그렇게 만든 것이다. 사물에서 감흥을 받아 마음이 움직이면 소리로 나타난다." 다시‥"대저 사람에게는 血氣와 〖心知: 마음으로 느끼는 능력〗의 本性이 있으나, 哀, 樂, 喜, 怒에는 정해진 것이 없다. 사물로 인해 감응이 일어나 마음이 움직인 연후에 〖心術: 사물을 인식하는 방법〗이 만들어진다."라고 하였다.

【『禮記』「禮運」‥"何爲人情? 〖喜、怒、哀、懼、愛、惡、欲〗, 七者弗學而能." 『禮記』「樂記」‥"凡音之起, 由人心生也. 人心之動, 物使之然也. 感於物而動, 故形於聲." 又曰‥"夫民有血氣心知之性, 而無哀惡喜怒之常, 應感起物而動, 然後心術形焉."】

詹注2-3: 曹學佺은 "시는 自然을 宗旨로 삼기에 여기에서 그렇게 언급한 것이다."라고 평하였다.

【曹學佺批‥"詩以自然爲宗, 卽此謂之."】

日本僧 空海의 『文鏡秘府論』 「論文意」에서 “自古로 文章은 저절로 지어지니 自然에서 비롯되었으며, 感激으로 지어졌기에 修辭가 전혀 없어도 발언이 적확한 것은 사물에 대한 감응에 의한 것이다. 古詩(「擊壤歌」)에서 ‘해 뜨면 나가 일하고, 해지면 들어와 쉰다. 우물 파서 물을 마시고, 밭 갈아 밥을 먹는다.’라고 하였다. 이러한 구절을 보면 분명해진다. 다음으로 『尙書』의 노래에서도 ‘임금의 현명함이여! 股肱의 신하 현량이도다. 만사 편안하도다!’라고 하였다. 아울러 모든 구절이 분명하다. 이후로 『毛詩』가 있음에 사물을 빌어 노래가 만들어졌다.”라고 하였다.

【日本僧空海『文鏡秘府論』「論文意」: “自古文章, 起於無作, 興於自然, 感激而成, 都無飾練, 發言以當, 應物便是. 古詩(「擊壤歌」)云: ‘日出而作, 日入而息. 鑿井而飮, 耕田而食.’ 其次, 『尙書』歌曰: ‘元首明哉, 股肱良哉, 庶事康哉!’ 亦句句便瞭. 自此之後, 則有『毛詩』, 假物成焉.”】

朱熹의 「詩集傳書」에서 “사람이 태어나 고요한 것은 하늘이 준 성품이다. 사물과 접촉하여 감응하여 움직이는 것은 성품의 욕구다. 욕구가 있으면 생각이 없을 수 없으며, 이미 생각이 있으면 말을 하지 않을 수 없다. 하고자 하는 말이 있더라도 말로 모두를 표현하지 못하거나, 탄식과 감탄으로도 부족하면 반드시 자연의 음향과 리듬처럼 멈출 수 없다. 이것이 바로 시를 짓는 까닭이다.”라고 말했다.

【朱熹「詩集傳書」: “人生而靜, 天之性也. 感於物而動, 性之欲也. 夫旣有欲矣, 則不能無思; 旣有思矣, 則不能無言; 旣有言矣, 則言之所不能盡, 以發於咨嗟咏嘆之餘者, 必有自然之音響節奏而不

能已焉. 此詩之所以作也."】

朱自淸의 『詩言志辨』에서 "현실을 반영한다는 의의에서 말하자면 〖情〗과 〖志〗는 반드시 어떤 구분이 있는 것은 아니다. 陸機가 〖詩는 情과 관련되어 있으며, 아름다워야 한다.〗는 주장을 제기하면서부터 〖情〗과 〖志〗가 구분되기 시작하였다. 劉勰은 〖詩言志〗라 했는데, 여기에서의 〖志〗는 분명 〖七情〗를 지칭한다. 〖感物吟志: 사물에 감응하여 뜻을 노래하다〗는 〖莫非自然: 너무나 자연스러운 것〗이기에 〖緣情〗의 작용 역시 이 안에 포괄된다."고 하였다.

【朱自淸『詩言志辨』裏說‥"從反映現實的意義而言, 〖情〗和〖志〗詩不應有什么分别的. 從陸機提出了〖詩緣情而綺靡〗之說, 〖情〗和〖志〗才有分別. 劉勰是主張〖詩言志〗的, 這個地方的〖志〗明指〖七情〗. 因爲〖感物吟志〗旣〖莫非自然〗, 〖緣情〗作用也就包在其中了."】

13. 范注2-2: 趙萬里는 "『唐寫本』에는 〖天〗字, 〖氏〗字와 〖云〗字가 모두 없다. 나는 이 문장은 〖昔葛天樂辭,「玄鳥」在曲〗으로 해야 다음 글의 〖黃帝「雲門」, 理不空綺〗와 對文을 이룰 수 있다고 생각한다. 오늘날 판본에 〖氏〗字와 〖云〗字가 쓸데없이 첨가되고, 『唐寫本』에 〖天〗字가 탈루된 것은 모두 오류다. 그렇다 하더라도 『唐寫本』이 사실에 가깝다."라고 하였다. 나는 趙萬里의 주장이 옳다고 생각한다. 『呂氏春秋』「仲夏紀古樂」篇에서 "옛날 葛天氏의 음악은 세 사람이 소의 꼬리를 잡고 발에 두드리며 〖八闋: 고대 8개의 악곡〗을 노래하였다. 一曰:「載民」, 二曰:「玄鳥」, 三曰:「遂草木」, 四曰:「奮五穀」, 五曰:「敬天常」, 六曰:「建帝功」,

七日: 「依地德」, 八日: 「總禽獸之極」." 高誘注에서 "위에 언급한 것은 모두 음악의 8개 篇名이다."라고 하였다.

【趙君萬里日‥"『唐寫本』『天』字, 『氏』字, 『云』字均無. 案此文疑當作『昔葛天樂辭, 「玄鳥」在曲』, 方與下文『黃帝「雲門」, 理不空綺』相對成文. 今本衍氏字云字, 『唐本』脫天字, 均有誤. 然終以『唐本』近是." 案趙說是也. 『呂氏春秋』「仲夏紀古樂」篇‥"昔葛天氏之樂, 三人操牛尾投足以歌『八闋』: 一日「載民」; 二日「玄鳥」; 三日「遂草木」; 四日「奮五穀」; 五日「敬天常」; 六日「建帝功」; 七日「依地德」; 八日「總禽獸之極」." 高誘注‥"上皆樂之八篇名也."】

詹注3-1: 『昔葛天樂辭』는 원래 『昔葛天氏樂辭云』으로 되어있다. 趙萬里의 『唐寫本文心雕龍殘卷校記』에서 "『唐寫本』에는 『天』字, 『氏』字와 『云』字가 모두 없다. 나는 이 문장은 『昔葛天樂辭, 「玄鳥」在曲』으로 해야 다음 글의 『黃帝「雲門」, 理不空綺』와 對文을 이룰 수 있다고 생각한다. 오늘날 판본에 『氏』字와 『云』字가 쓸데없이 첨가되고, 『唐寫本』에 『天』字가 탈루된 것은 모두 오류다. 그렇다 하더라도 『唐寫本』이 사실에 가깝다."라고 하였다. 『玉海』卷106에는 『昔葛天樂辭, 「玄鳥」在曲』으로 인용되어 있다. 『校證』에서 " 『昔葛天樂辭, 「玄鳥」在曲』은 葛天氏의 八闋之歌를 말하는 것이며, 이 가운데 「玄鳥」이라는 악곡이 있다. 「樂府」篇‥'음란한 가사도 곡조에 들어 있다.'의 文例와 정확하게 같다."라고 하였다.

【『昔葛天樂辭』原作『昔葛天氏樂辭云』. 趙萬里『唐寫本文心雕龍殘卷校記』‥"『唐寫本』『天』字『氏』字『云』字均無. 案此文疑當作『昔葛天樂辭, 「玄鳥」在曲』, 方與下文『黃帝「雲門」, 理不空綺』相對成文. 今本衍『氏』字『云』字, 『唐本』脫『天』字, 均有誤. 然終以『唐本』近是." 『玉海』卷一百六引作『昔葛天樂辭, 玄鳥在曲』. 『校證』: "『昔葛天樂辭, 「玄鳥」在曲』者, 謂葛天氏八闋之歌, 中有「玄鳥」之樂也. 「樂府」篇云: '淫辭在曲', 文例正同."】

『呂氏春秋』「仲夏紀古樂」篇에서 "옛날 葛天氏의 음악은 세 사람이 소의 꼬리를 잡고 발에 두드리며 『八闋: 고대 8개의 악곡』을 노래하는 것이 있다. 一曰: 「載民」, 二曰: 「玄鳥」, 三曰: 「遂草木」, 四曰: 「奮五穀」, 五曰: 「敬天常」, 六曰: 「建帝功」, 七曰: 「依地德」, 八曰: 「總禽獸之極」." 高誘注에서 "위에 언급한 것은 모두 음악의 8개 篇名이다."라고 하였다. 소꼬리를 잡고 발에 두드리며 노래하는 모습은 확실히 고대 노동자의 형상이라 생각된다. 八闋의 내용을 고증할 수는 없다. 대체로 앞 四闋은 생산 노동과 원시 종교의 신앙을 반영한 것이며, 뒤 四闋은 계급사회의 의식형태를 반영한 것이다. 이 가운데 「玄鳥」는 『商頌』에도 보이지만 다른 편도 가사가 있는 것이리라.

【『呂氏春秋』「仲夏紀古樂」篇: "昔葛天氏之樂, 三人操牛尾投足以歌『八闋』: 一日「載民」; 二日「玄鳥」; 三日「遂草木」; 四日「奮五穀」; 五日「敬天常」; 六日「建帝功」; 七日「依地德」; 八日「總禽獸之極」." 高誘注: "上皆樂之八篇名也." 按操牛尾投足以歌, 確實是古代勞動人民的形象. 至於八闋的內容, 則不可考. 大體前四闋反映生産勞動和原始宗教信仰, 後四闋則有的反映了階級社會的意識形態. 其中「玄鳥」見於『商頌』, 其它各篇可能也是有歌辭的.】

14. 詹注3-2: 『訓故』에서 "『周官』「大司樂」에서 '「黃鐘」을 연주하고, 「大呂」를 노래하며, 「雲門」에 맞춰 춤추며 天神에게 제사를 드렸

다.’”라고 하였다. 『周禮』 「春官·大司樂」에서 “음악과 춤으로 國子를 교육하였으며, 「雲門」과 「大卷」에 맞춰 춤을 추었다.…….” 라고 하였다. 鄭注에서 “黃帝가 「雲門」과 「大卷」을 말했다……. 그 덕이 마치 구름처럼 흘러나오자 백성들 스스로 씨족을 지니게 되었음을 말하는 것이다.”라고 하였다. 蔡邕의 「獨斷」에서는 “黃帝는 「雲門」을, 顓頊은 「六莖」을, 帝嚳은 「五英」을 언급하였다.” 라고 하였다.

【『訓故』‥“『周官』「大司樂」‥‘奏「黃鐘」, 歌「大呂」, 舞「雲門」以祀天神.’” 『周禮』「春官·大司樂」‥“以樂舞教國子, 舞「雲門」「大卷」…….” 鄭注‥“黃帝日「雲門」「大卷」을 말했다. ……. 言其德如云之所出, 民得以有族類.” 蔡邕「獨斷」‥“黃帝日「雲門」, 顓頊日「六莖」, 帝嚳日「五英」.”】

15. 范注2-3: 『周禮』 「春官大司樂」에서 “음악과 配合한 춤으로 國子를 가르쳐 『雲門: 黃帝時代의 樂舞』과 『大卷: 黃帝時代의 樂舞』를 할 수 있게 하였다.”라고 하였다. 鄭玄注에서 “黃帝가 「雲門」과 「大卷」에 대하여 말했다. 黃帝는 능히 이름을 지을 수 있었기에 萬物이 명확하게 되었고, 백성들이 재화를 함께 공유하게 되었다. 그 덕이 구름처럼 흘러나오자 백성들 스스로 씨족을 지니게 되었음을 말하는 것이다.”라고 하였다. 『理不空綺』는 『唐寫本』에 『理不空絃』으로 되어있으며, 이것이 옳다. 『詩譜序正義』에서 “『大庭: 중국 고대 씨족의 수령』에게는 鼓籥과 같은 樂記가 있었고, 黃帝에게는 「雲門」같은 樂舞가 있었으며, 周代에 이르러서도 「雲門」이 남아 있어 그 音聲의 『和集: 一作 和輯, 和睦』을 알 수 있었다. 능히 和集하였다 하니 『空弦: 曲調는 있으나 歌辭가 없음』은 분명 아니었을 것이며, 絃에 맞추어 노래하는,

즉 詩다."라고 하였다.

【『周禮』「春官大司樂」‥"以樂舞教國子舞『雲門』『大卷』." 鄭注‥"黃帝曰「雲門」「大卷」. 黃帝能成名, 萬物以明, 民共財. 言其德如雲之所出, 民得以有族類." 『理不空綺』『唐寫本』作『理不空絃』, 是. 『詩譜序正義』‥"『大庭』有鼓籥之器, 黃帝有雲門之樂, 至周尙有雲門, 明其音聲和集. 旣能和集, 必不空絃, 絃之所歌, 卽是詩也."】

詹注3-3: 『校證』에서 "『絃』字는 원래 『綺』字로 되어있으며, 朱氏는 '응당 『絃』字로 쓰는 것이 옳다.'고 하였다.…… 『唐寫本』과 『玉海』에서도 정확하게 『絃』字로 쓰고 있다. 『詩譜序正義』에서 '『大庭: 중국 고대 씨족의 수령』에게는 鼓籥과 같은 樂記가 있었고, 黃帝에게는 「雲門」같은 樂舞가 있었으며, 周代에 이르러서도 「雲門」이 남아 있어 그 音聲의 『和集: 一作 和輯, 和睦』을 알 수 있었다. 능히 和集하였다 하니 『空弦: 曲調는 있으나 歌辭가 없음』은 분명 아니었을 것이며, 絃에 맞추어 노래하는, 즉 詩다.'라고 하였다. 『文心雕龍』은 이를 근거로 한 것이다. 지금 이를 근거로 고쳤다."고 하였다. 『札記』에서 "『理不空絃』은 이미 樂名이 있으니 반드시 음악의 가사가 있었을 것이다."라고 하였다.

【『校證』‥"『絃』原作『綺』, 朱云‥'當作『絃』.…… 按『唐寫本』『玉海』正作『絃』. 『詩譜序正義』‥『大庭』有鼓籥之器, 黃帝有雲門之樂, 至周尙有雲門, 明其音聲和集. 旣能和集, 必不空絃, 絃之所歌, 卽是詩也.' 卽本『文心雕龍』. 今據改." 『札記』‥"『理不空絃』者, 以其旣得樂名, 必有樂詞也."】

16. 詹注3-4: 趙萬里의 『文心雕龍殘卷校記』에서 "『唐寫本』에 〖唐〗字는 〖章〗字로 되어 있다."라고 하였다. 『玉海』에서도 〖章〗字로 인용하였다. 『札記』에서 " 〖唐〗字를 〖章〗字로 쓰기도 한다."라고 하였다. 『尙書大傳』에서 "사업을 마치고 돌아와 2년간 큰 성취를 이루자 「大唐之歌」를 지었다."라고 하였다. 鄭注에서는 "「大唐之歌」는 堯王의 禪讓을 찬양한 것이다."라고 하였다. 이 문장에 의하면 「大唐」은 舜이 지은 것으로 堯를 찬양한 것이니 「大章」이라 하는 것이 옳다. 『樂記』에서 "「大章」은 이를 밝힌 것이다."라고 하였다. 鄭注에서는 "堯의 악곡명이다."라고 하였다. 『莊子』 「天下」篇에서 "黃帝의 노래로 「咸池」가, 堯의 노래로 「大章」이 있다."고 하였다. 范注에서는 "「大唐」은 舜이 堯의 선양을 찬미한 노래로 堯가 지었다고는 할 수 없으며, 응당 「大章」이라 해야 옳을 것이다. 鄭注에서 『樂記』에는 「大章」이 있고, 『周禮』에는 없다고 말했다. 劉勰이 본 것은 응당 『尙書』의 「大唐之歌」였을 것이며, 行文에 우연한 오류가 있었을 뿐이다."라고 하였다. 『注訂』에서는 "鄭注에서 〖堯의 禪讓을 찬미한 것〗이라 했으니 이 노래는 堯時代의 작품이니 「堯有」라 칭하는 것이 당연하다. 范注에서 응당 「大章」이라 해야 옳다고 말한 것은 劉勰의 우연한 실수를 지적한 것이지 옳지 않다는 것은 아니다."라고 하였다.

【趙氏『文心雕龍殘卷校記』: "『唐寫本』〖唐〗作〖章〗." 『玉海』引作〖章〗. 『札記』: " 〖唐〗一作〖章〗." 『尙書大傳』: "報事還歸, 二年諛然, 乃作「大唐之歌」." 鄭注曰: "「大唐之歌」, 美堯之禪讓." 據此文, 是「大唐」乃舜作以美堯, 則作「大章」者是也. 『樂記』曰: "「大章」, 章之也." 鄭注曰: "堯樂名." 『莊子』「天下」篇: "黃帝有「咸池」, 堯有「大章」." 范注: "案「大唐」乃舜美堯禪之歌, 不得云堯有, 似當作「大章」者爲是. 然鄭注『樂記』「大章」, 已云『周禮』闕之. 彦和所見, 當卽『尙書大傳』「大唐之歌」, 行文偶誤耳.” 『注訂』‥“鄭言『美堯之禪』, 可證歌乃堯時之作, 當可家稱「堯有」. 范注稱宜作「大章」, 指彦和偶誤, 非是.”】

17. 詹注3-5: 『訓故』에서 “『古今樂錄』에서 ‘舜이 五絃琴을 타면서 「南風」의 詩를 노래하였다.’”라고 하였다. 『禮記』 「樂記」에서 “옛날 舜이 五絃琴을 만들고 「南風」을 노래하였다.”라고 하였다. 歌辭가 『孔子家語』 「辯樂解」에 실려 있다. 『文心雕龍』 「時序」篇에서는 “虞舜이 그 뒤를 계승하니 정치는 청명했고, 백성은 편안해졌으며, 元首가 「南風歌」를 노래하자, 衆臣들이 「卿雲歌」를 불렀다.”라고 하였다.

【『訓故』‥“『古今樂錄』‥‘舜彈五絃之琴, 歌「南風」之詩.’” 『禮記』「樂記」‥“昔者舜作五絃之琴, 以歌「南風」.” 歌辭載『孔子家語』「辯樂解」. 本書「時序」篇‥“有虞繼作, 政阜民暇, 「薰風」詩於元后, 「爛雲」歌於列臣.”】

18. 范注2-4: 『禮記』 「樂記」에서 “「大章」은 이를 밝힌 것이다.”라고 하였다. 鄭玄注에서는 “(「大章」)은 堯의 樂名이다. 堯王의 德이 분명하게 드러남을 말한다. 『周禮』에는 없으며, 혹은 「大卷」이라고도 한다.”라고 하였다. 『尙書』 「大傳」에서도 “찬란한 성취에 「大唐之歌」를 지었다. 노래에서 ‘辟雍을 舟遊하다 보니 왜가리 서로를 따라다닌다. 사방의 바람은 휘휘, 봉황은 해해하며 울어댄다.’”라고 하였다. 鄭玄注에서 “『謗』는 『灼: 빛나다』과 같은 뜻. 「大唐之歌」는 堯의 선양을 찬미한 노래.”라고 하였다. 「大唐」은 舜이 堯의 선양을 찬미한 노래로 堯가 지었다고는 할 수 없으며, 응당 「大章」이라 해야 옳을 것이다. 鄭注에서 『樂記』에는

「大章」이 있고, 『周禮』에는 없다고 말했다. 劉勰이 본 것은 응당 『尙書』의 「大唐之歌」였을 것이며, 行文에 우연한 오류가 있었을 뿐이다.

【『禮記』「樂記」: "「大章」章之也." 鄭注: "堯樂名也. 言堯德章明也. 『周禮』闕之, 或作「大卷」." 『尙書』「大傳」: "謗然乃作「大唐之歌」. 樂曰: '舟張辟雍, 鶬鶬相從。八風回回 , 鳳凰喈喈.' 鄭注: "『謗』猶『灼』也. 「大唐之歌」美堯之禪也." 案「大唐」乃舜美堯禪之歌, 不得云堯有, 似當作「大章」爲是. 然鄭注『樂記』「大章」, 已云『周禮』闕之. 彥和所見, 當卽『尙書』「大唐之歌」, 行文偶誤耳.】

『樂記』에서 "옛날에 舜이 五弦琴을 만들어 「南風」을 노래하였다."라고 하였다. 鄭注에서는 "南風은 키우고 돌보는 바람이다. 부모가 키우고 돌보는 것을 말한 것이나 가사는 전해지지 않는다."라고 하였다. 『正義』에서도 "『聖證論』에서 『尸子』와 『家語』을 인용하여 鄭玄을 비판하면서 '옛날에 舜이 五弦琴을 연주하였는데 가사에서 『南風이 청량하게 부니, 백성들의 고민을 풀어주었네. 南風이 제때 부니 우리 백성들의 재화를 늘려주었네.』라고 하였다. 鄭玄이 『가사는 전해지지 않는다.』고 운운한 것은 도리에 맞지 않는다.'라고 하였다. 馬昭는 '『家語』에서 王肅가 증보했으나 鄭玄이 보지 못했다. 『尸子』「雜說」에서 正經에서 증거를 취할 수 없어 가사가 전해지지 않는다고 말한 것이다.'"라고 하였다. 『尸子』「綽子篇」 王繼培의 注에서는 "『文選』「琴賦」에서 『尸子』를 인용하여 이르길 '舜이 五弦琴을 만들어 「南風」을 노래하길: 南風이 시원하게 불어, 백성들의 고민을 풀어주네.'"라고 하였다. 이는 舜의 악곡이다. 『禮記』「樂記疏」에서도

"『聖證論』에서 『尸子』와 『家語』을 인용하여 鄭玄을 비판하면서……"라고 하였다. 아마도 『尸子』는 본래 한두 마디에 불과했으나 王肅이 『家語』를 합쳐 그렇게 말한 것이라 하겠다.

【『樂記』‥"昔者舜作五弦之琴, 以歌「南風」." 鄭注‥"南風長養之風也. 以言父母之長養已, 其辭未聞也." 『正義』‥"案『聖證論』引『尸子』及『家語』難鄭云‥'昔者舜彈五弦之琴, 其辭曰‥南風之薰兮, 可以解吾民之慍兮. 南風之時兮, 可以阜吾民之財兮.'" 鄭玄云『其辭未聞』, 失其義也. 今案馬昭云‥"『家語』王肅所增加, 非鄭玄見. 又『尸子』「雜說」, 不可取證正經, 故言未聞也." 案『尸子』「綽子篇」王繼培注曰‥"『文選』「琴賦」注引『尸子』曰‥'舜作五弦之琴以歌「南風」. 南風薰兮, 可以解吾民之慍." 是舜之歌也. 『禮記』「樂記疏」‥"『聖證論』引『尸子』及『家語』難鄭云……" 疑『尸子』止二語, 而肅合『家語』稱之也.】

詹注3-6: 『論語』「衛靈公」에서 "孔子가 '文辭로는 내용만 전달하면 된다.'"라고 말하였다.

【『論語』「衛靈公」‥"子曰‥'辭達而已矣.'"】

「詩品序」에서 "옛날 「南風」과 「卿雲」은 그 의미가 심오하다."고 하였다. 劉勰과 鍾嶸 두 사람의 「南風」의 노래에 대한 평가가 서로 다름을 알 수 있다.

【「詩品序」‥"昔「南風」之辭, 「卿雲」之頌, 厥義敻矣." 可見劉勰、鍾嶸兩人對于「南風」之歌的評價不同.】

19. 范注2-5: 『困學紀聞』券二에서 “「大傳」二에서 ‘「大化」, 「大訓」, 「六府」, 「九原」을 노래하자 夏의 道가 흥성하였다.’”라고 하였다. 注에서도 『四章: 「大化」, 「大訓」, 「六府」, 「九原」』은 모두 禹王의 功德을 노래한 것으로 所謂 『九德』을 서술한 것이다.” 라고 하였다. 『九德』을 여기에서 고찰할 수 있다.

【『困學紀聞』券二 : “「大傳」二 : ‘「大化」「大訓」「六府」「九原」而夏道興.’” 注 : “『四章』皆歌禹之功, 所謂九德惟敍.” 『九德』之歌於此猶可攷.】

詹注4-1: 『文心雕龍』「原道」에서 “夏后氏가 흥성하니 그 업적이 너무나 뛰어나 아홉 가지 공적을 차례로 노래하였다.”라고 하였다. 또한 「時序」篇에서는 “大禹가 水土를 다스리니 아홉 가지 공적을 노래하였다.”라고 하였다. 『尙書』「大禹謨」에서는 “大禹 : ‘아아! 임금님! 덕으로만 선정을 베풀 수 있으며, 정치의 목적은 백성을 잘 보양하는 데 있습니다. 水, 火, 金, 土, 木, 곡식을 잘 처리하고, 正德, 利用, 厚生을 잘 조화시켜야 합니다. 이 아홉 가지가 질서를 이루면 이를 노래하게 하소서.’”라고 하였다. 孔傳에서는 “六府, 三事의 공은 순서대로 이루어지고, 모두 노래를 할 수 있으며, 이것이 德政의 극치임을 말한 것이다.”라고 하였다. 『序』는 『敍』와 같은 뜻. 蔡傳에서 “『敍: 次序』는 아홉 가지가 각기 이치에 맞는 것으로 어지럽게 늘어놓아 원칙을 어지럽히면 안 된다. 이 노래는 九功의 次敍에 의거한 노래다.”라고 하였다. 『九序』는 9개 항목의 중대한 정치적 초치가 모두 훌륭하게 안배되었음을 말한다.

【本書「原道」: “夏后氏興, 業峻鴻績, 九序惟歌.” 又「時序」篇 :

"至大禹敷土, 九序惟歌." 『尙書』「大禹謨」云‥"禹曰‥'於, 帝念哉! 德惟善政, 政在養民. 水、火、金、土、木、穀, 惟修; 正德、利用、厚生, 惟和. 九功惟敍, 九敍惟歌.'" 〖序〗通〖敍〗. 蔡傳‥"〖敍〗者, 言九者各順其理, 而不汨陳以亂其常也. 歌者, 以九功之敍而詠之歌也." 〖九序〗是說九項重大的政治措施都按排好了.】

20. 范注2-6: 『墨子』「非樂」에서 "〖「武觀」: 夏代의 逸書〗에서 이르길 '啓子는 荒唐하고 淫蕩하여 자주 야외에서 음식을 먹었다. 관악기와 타악기의 鏘鏘 울리는 소리와 鍠鍠 울리는 소리가 섞여 나왔다. 음주의 도가 지나쳤고, 즐김에 법도도 없었다. 모든 춤이 정제되어 하늘까지 소리가 다다랐으나 上帝는 이를 좋아하지 않았다.'"라고 하였다. 『困學紀聞』劵二에서는 "『左氏傳』에 夏代에는 觀扈가 있었다.(昭元年), 漢代(『地理志』)에는 東郡에 畔觀縣이 있었다. 『楚語』「士亹: 楚庄王의 士人」에서 '堯帝에게는 〖丹朱: 堯帝의 長子〗가 있었고, 舜帝에게는 〖商均: 舜帝의 아들로 虞國의 開國君〗이 있었고, 啓子에게는 〖五觀: 启子의 五兄弟〗이 있었고, 湯에게는 〖太甲: 商湯의 嫡長孫〗이 있었고, 文王에게는 〖管蔡: 武王의 동생 管叔鮮과 蔡叔度〗가 있었다. 이 다섯 왕은 모두 大德을 지니고 있었다. 그러나 不肖한 자식도 있었다.' 라고 하였다. 韋昭注에서도 '五觀은 啓의 아들. 太康의 형제들. 觀은 洛, 汭의 지명.'이라고 하였다. 『書序』에서는 '太康이 나라를 잃자 五兄弟가 洛水의 가에서 기다렸다.'고 하였다. 『水經注』(巨洋水)에서도 '太康의 형제를 五觀이라 한다.'고 하였다. 내 생각으로 五子는 大禹가 경계를 삼기 위하여 노래를 지었고, 仁義를 갖춘 사람은 그 표현이 온화하다. 丹朱, 商均, 管叔鮮, 蔡叔度의 비유는 韋昭의 실수다."라고 하였다. 翁元圻注에서 "『內傳』

의 觀扈는 두 나라의 이름을 말하며, 『外傳』의 五觀은 啓子의 아들을 말하는 것이며, 노래를 지어 대우의 경계를 서술하려던 것은 아니다. 『竹書紀年』에서 '帝啓 11년에 王季의 아들 武觀을 西河로 내쳤다. 武觀이 西河畔에서 떠돌게 되었다. 彭伯壽가 군사를 이끌고 西河를 정벌하였다. 武觀이 돌아오게 되었다.'라고 하였다. 이것이 『楚語』의 五觀이다. 그러나 『竹書』에서 『王季의 아들 武觀』이라 하였으니 분명 1인이고 5人이 될 수 없다. 아마도 『武』字와 『五』字가 발음이 비슷하여 생긴 오류일 것이다. 그렇지 않으면 季子를 『五』와 연결할 수 있겠는가? 『竹書』에서 『母弟: 같은 어머니의 동생』이라 하였으니 반드시 같은 어머니가 아닐 수도 있고, 그것이 武觀이지 않겠는가? 혹은 武觀은 五子의 한 명이 돌아온 후 德을 따르고 행동을 고친 것은 마치 太甲이 회개한 것과 같다."고 하였다. 『史記』「夏本紀」에서는 "帝啓가 세상을 뜨자 아들 太康이 皇帝가 되었다. 太康이 나라를 잃자 五兄弟가 洛, 汭에서 기다렸고, 이에 「五子之歌」가 만들어졌다."고 하였다. 「枚傳」: "太康의 五兄弟와 어머니가 洛水의 북쪽에서 太康을 기다렸으나 그가 돌아오지 않음을 원망하며 노래를 지었다."고 하였다. 『僞古文尚書』에 「五子之歌」가 기록되어 있다.

【「墨子」「非樂」: "於「武觀」曰: '啓乃淫溢康樂, 野於飮食, 將將銘莧磬以力. 湛濁于 酒, 渝食於野, 萬舞翼翼, 章聞於大(應作天), 天用不式.'" 『困學紀聞』券二: "『左氏傳』(昭元年)夏有觀扈, 漢代(『地理志』)東郡有畔觀縣. 『楚語』「士亹」: '堯有 『丹朱』, 舜有 『商均』, 啓有 『五觀』, 湯有 『太甲』, 文王有 『管蔡』. 是五王者皆元德也, 而有姦子.' 韋昭注 : '五觀啓子, 太康之昆弟. 觀洛汭之地.' 『書序』: '太康失國, 昆弟五人須於 洛汭.' 『水經注』(巨洋水)亦云: '太康弟曰五觀.' 愚謂五子述大禹之戒作歌, 仁義之人, 其言藹如也. 豈丹均管蔡之比, 韋氏語非也." 翁元圻注曰: "竊謂『內傳』之觀扈, 是二國名. 『外傳』之五觀, 是啓子, 而非作歌而述大禹之戒者也. 案『竹書紀年』: '帝啓十一年放季子武觀西河. 武觀以西河畔. 彭伯壽帥師征西河. 武觀來歸.' 則卽『楚語』之五觀. 然『竹書』曰 『王季子武觀』, 明是一人, 不得爲五. 或武五聲相近而誤, 否則以其爲季子而以五系之歟? 『竹書』曰 『母弟』, 則必有不同母者, 其武觀是五子之一, 必來歸之後, 能率德改行, 如太甲之悔過也." 『史記』「夏本紀」: "帝啓崩, 帝太康立, 太康失國, 昆弟吾人, 須于洛汭, 作「五子之歌」." 「枚傳」: "太康五弟與其母待太康於洛水之北, 怨其不反, 故作歌." 『僞古文尚書』載「五子之歌」.】

첫 번째 노래: 할아버지께서 훈계하시길 백성들은 가까이할지언정 업신여기지 말아야 한다. 백성이야말로 나라의 근본이며, 근본이 단단해야 나라가 평강하리라. 내가 천하를 둘러보니 어리석은 남자, 어리석은 여자가 하나도 없고, 모두 나보다 훌륭하게 보인다 하였거늘 한 사람이 여러 번 실수하니 원망이 어찌 분명해지기 기다리랴? 나타나지 않았을 때 조치해야 하느니 내 만백성을 대함에 썩은 고삐로 여섯 마리 말을 몰 듯 두려움을 느낀다 하였나니 남의 위에 앉은 사람이 어찌 공경하지 않을 수 있으랴!

【其一曰: 皇祖有訓, 民可近, 不可下. 民惟邦本, 本固邦寧. 愚夫愚婦, 一能勝予. 一人三失,怨豈在明, 不見是圖. 予臨兆民, 懍乎若朽索之馭六馬, 爲人上者, 奈何不敬!】

두 번째 노래: 훈계하시길 안으로 여색에 빠지거나, 밖으로 사냥질에 지거나, 술을 좋아하고 음악을 즐기거나, 좋은 집에 조각한 담을 두르거나, 이중 어느 가지만 저지른다 해도 망하지 않은 자

는 하나도 없으리라.

【其二曰: 訓有之: 內作色荒, 外作禽荒, 甘酒嗜音, 峻宇彫牆, 有一於此, 未或不亡.】

세 번째 노래: 요임금부터 冀나라까지 하나의 도리로 다스렸으나, 지금 그 도를 잃고 나라의 기강이 어지러워져 멸망의 지경에 이르렀도다.

【其三曰: 惟彼陶唐, 有此冀方. 今失厥道, 亂其紀綱, 乃底滅亡.】

네 번째 노래: 밝고 밝은 우리 할아버지께서는 만방의 임금이시며 법과 규율을 그 자손에게 물려주셨다. 鈞石의 제도를 관통하고, 고르게 하여 임금의 창고는 가득하였는데, 그분의 유업을 함부로 떨어뜨리어 종묘를 멸망시키고 후사를 끊어 놓았도다.

【其四曰: 明明我祖, 萬方之君, 有典有則, 貽厥子孫. 關石和鈞, 王府則有, 荒墮厥緖, 覆宗絶祀.】

다섯 번째 노래: 오오! 어디로 돌아갈까? 이 가슴의 슬픔! 만백성이 우리를 원로 여기니 우리는 장차 누구를 의지하랴? 답답하고 슬프도다! 내 마음이여! 얼굴은 두꺼워지고 부끄러운 마음 생기는 도다. 그 덕을 삼가 지키지 못하였으니 후회한들 돌이킬 수 있으랴!

【其五曰: 嗚呼曷歸! 予懷之悲, 萬姓仇予, 予將疇依, 鬱陶乎予心, 顏厚有忸怩, 弗愼厥德, 雖悔可追.】

詹注4-2: 梅注에서 "「夏書」에서 '太康은 왕위만 차지했을 뿐 하는 일 없이 게으름만 피우며 덕을 상실하니 백성들이 두 마음을 가지게 되었다. 노는 일에 절도가 없어 洛水 남쪽에서 사냥에 빠져 100일이 지나도 돌아오지 않았다. 有窮國 諸侯 羿가 곤경에 처한 백성들이 그를 용인할 수 없게 되자 돌아오지 못하게 황하에서 지켰다. 太康의 다섯 동생은 어머니를 모시고 수렵에 갔다가 洛水 북쪽에서 그를 기다리고 있었다. 다섯 형제가 이를 알고 원망하며 그의 선조인 禹王의 훈계를 생각하면서 노래를 지어 불렀다.'"라고 하였다. 歌辭는 『尙書』「夏書·五子之歌」篇에 있다.

【梅注‥"「夏書」‥'太康尸位以逸豫, 滅厥德, 黎民咸貳. 乃盤遊無度, 畋于有洛之表, 十旬弗反. 有窮后羿, 困民弗忍, 距于河. 厥弟五人, 御其母以從, 徯于洛之汭, 五子咸怨, 述大禹之誡以作歌.'" 歌辭는『尙書』「夏書·五子之歌」篇.】

『史記』「夏本紀」에서 "帝王 啓가 崩御하자 아들 太康이 帝位에 올랐다. 太康이 帝國을 잃자 형제 五人이 洛水 가에서「五子之歌」를 지었다."라고 하였다. 『離騷』에서 "다섯 아우는 집을 잃고 헤매었다."고 하였다.

【『史記』「夏本紀」‥"帝啓崩, 子帝太康立. 太康失國, 昆弟五人, 須于洛汭, 作「五子之歌」." 『離騷』‥"五子用失乎家衖."】

〖怨〗字는 『唐寫本』과 『御覽』에도 〖諷〗字로 되어있다. 『考異』에서 "〖五子咸怨〗은 『尙書』「五子之歌」를 바탕으로 삼았으니 〖諷〗字는 옳지 않다."라고 하였다. 『文心雕龍』「才略」篇에서 "「五子之歌」는 문사와 의미가 溫雅하다."라고 하였다. 이를 보

더라도 『怨』字가 보다 적정하다.

【『怨』字, 『唐寫本』、『御覽』並作 『諷』. 『考異』‥“『五子咸怨』句本『尙書』「五子之歌」, 『諷』字非.” 按本書 「才略」篇‥“五子作歌, 辭義溫雅.” 仍以 『怨』字爲長.】

21. 詹注4-3: 『孝經』「事君」에서 “미덕은 따르고, 잘못은 고쳐라.”라고 하였다. 「詩譜序」에서는 “論功과 頌德하는 詩는 그 美德을 따라야 하고, 過失을 책망하는 詩는 그 惡德을 바로 잡아야 한다.”고 하였다.

【『孝經』「事君」‥“將順其美, 匡救其惡.” 「詩譜序」‥“論功頌德, 所以將順其美; 刺過譏失, 所以匡求其惡.”】

22. 范注2-7: 鄭玄의 「詩譜序」에서 “論功과 頌德하는 詩는 그 美德을 따라야 하고, 過失을 책망하는 詩는 그 惡德을 바로 잡아야 한다.”라고 하였다. 『正義』에서 鄭玄의 『六義論論詩』를 인용하면서 “詩는 諷諭를 노래하는 것이다. 書契가 만들어지고 소박하게 본질을 숭상하니 面前에서 말을 해도 阿諂하지 않았으며, 눈앞에서 직간해도 비방이 되지 않아 군신의 관계가 마치 친구와 같이 진실했을 뿐이다. 그러나 이러한 도리가 쇠퇴하자 간사함과 거짓이 생겨나 上下가 서로를 욕보이게 되었다. 예를 제정함에 임금은 높고, 신하는 낮으며, 君道는 剛嚴하고, 臣道는 柔順해야 한다고 하니 이에 진정으로 간하는 자가 적어지고, 情志가 서로 통하지 않게 되니 詩를 짓는 이들이 미덕을 읊어 과실을 비난하였다.”라고 하였다.

【鄭玄「詩譜序」‥“論功頌德, 所以將順其美; 刺過譏失, 所以匡求其惡.” 『正義』引鄭『六義論論詩』云‥“詩者, 弦歌諷諭之聲也. 書契之興, 朴略 尙質, 面稱不爲諂, 目諫不爲謗, 君臣之接如朋友然, 在於懇誠而已. 斯道稍衰, 姦僞以生, 上下相犯. 及其制禮, 尊君卑臣, 君道剛嚴, 臣道柔順, 於是箴諫者希, 情志不通, 故作詩者以誦其美而譏其過.”】

詹注4-4: 古代 學者들의 시의 기원에 대한 의견은 대단히 분분하다. 「詩譜序」에서 “詩의 興起를 헤아려보면 伏羲 통치시대 이전에는 이루어지지 않았을 것이다. 〖大庭: 神農〗, 〖軒轅: 皇帝〗을 거쳐 〖高辛: 帝嚳〗시기에도 시가는 없었을 것이다. 『虞書』에서 ‘〖詩〗는 마음의 감동을 말로 표현한 것이며, 그 말을 길게 뽑은 것이 〖歌〗이며, 〖聲〗은 긴소리에 高低强弱을 붙인 것이고, 〖律: 音律〗은 성음을 잘 조화시킨 것이다.’라고 하였다. 그리하여 시의 도리가 여기에 있게 되었다.”고 하였다. 鄭玄의 의도는 아마도 〖詩〗字가 「虞書」에 처음 나타난다고 여겼기에 詩篇은 舜의 통치시기에 기원했다고 추정한 것이다. 「舜典」 一篇은 近人의 고증에 의하면 周代人에 의해 작성된 것이라 하니 虞舜 시대의 작품은 아닐 것이다. 그러나 鄭玄 이래로 漢魏六朝의 학자들은 모두 古書 안에서 實例를 찾는 것을 좋아했고 이를 통해 虞舜 이전에 이미 詩가 있었음을 증명할 수 있었다. 劉勰이 근거로 삼은 책, 예를 들어 『呂氏春秋』, 『周禮』, 『古文尙書』, 『莊子』 「天下」篇, 『孔子家語』 등은 모두 비교적 늦게 출간된 것이다. 아울러 그가 주목한 葛天의 樂辭 이외는 모두 帝王家의 詩篇이며, 시의 기원인 民歌에 대해서는 그다지 중시하지 않았는데, 이는 대단히 심각한 결점이라 하겠다.

【古代學者對于詩的起源揣測紛紜.「詩譜序」‥“詩之興也, 諒不于上皇之世; 大庭軒轅, 逮于高辛, 其時有亡, 載籍亦蔑云焉.『虞書』曰‥‘〖詩〗言志, 歌永言, 聲依永, 律和聲.’ 然則詩之道放於此乎?” 鄭氏的意思似乎認爲〖詩〗字最早見于『虞書』, 因此就推定詩篇起源于舜的時代. 按「舜典」一篇, 近人考證以爲源出周人, 而不是虞舜時代的作品. 但從鄭玄鄭玄以來, 漢魏六朝學者每每喜歡在古書裏搜羅實例, 證明虞舜以前已經有詩. 劉勰所根據的書, 如『呂氏春秋』,『周禮』,『古文尙書』,『莊子』「天下」篇,『孔子家語』等, 都是比較晩出的; 而且他所注意的, 除去葛天樂以外, 都是帝王家的詩篇, 而對于作爲詩之起源的民歌不够重視, 這顯然是 嚴重的缺點.】

『宋書』「謝靈運傳論」에서 “情志가 마음에서 움직이면 시로 발현된다. 이는 六義의 유래이며, 四始의 근거이다. 가창의 높고 낮은 소리가 성대한 『詩經』이 되었다. 비록 虞夏 이전의 遺文은 볼 수 없으나 氣와 靈을 지닌 사람들은 마음이 움직이면 표현하는 것은 어쩔 수 없는 도리이다. 따라서 歌詠의 흥기는 인류의 출현 시기부터 시작된 것이다.”라고 하였다. 사람의 감정은 외물의 자극을 받으며 喜怒哀樂의 변화가 생기게 되고, 이를 詩歌로 표현하려 들면 자신의 胸懷를 드러내어야 한다. 아득히 먼 시대의 정황 역시 후대와 같다. 이렇게 말할라치면 詩歌는 언어와 인간의 감정과 함께 출현한 것이기에 시가의 來源 역시 아득히 멀다. 殷周 이전의 시가 遺文은 이미 볼 수 없다. 先秦 諸子의 기록, 經書와 史書를 통해 전해진 것 대부분은 가탁에서 나온 것이다. 沈約의 겸손한 治學 精神은 劉勰보다 실제에 부합한다.
【『宋書』「謝靈運傳論」‥“夫志動于中, 則歌詠外發, 六義所因, 四始攸繫, 升降謳謠, 紛披風什. 雖虞夏以前, 遺文不覩, 稟氣懷靈,理無或異. 然則歌詠所興, 宜自生民始也." 因爲人的感情受到外物的刺激, 會發生喜怒哀樂的變化, 就需要表現爲詩歌, 來發抒自己的胸懷. 就在遠古時代, 情況和後代也是一樣的. 那麽說起來, 詩歌隨着語言, 隨着人的情感而同時刪省, 它的來源是很遠的. 祗是在殷周以前的詩歌遺文, 已經看不到了. 而先秦諸子所紀載的, 或者經史所留傳的, 大半是出于依託. 像沈約的這種多聞闕疑的精神, 是比劉勰更切合實際的.】

以上이 第2段으로, 詩의 名義에 대한 해석, 詩歌 起源에 대한 논의 부분이다.

【以上爲第二段, 解釋詩的名義並論詩歌的起源.】

23. 詹注5-1: 斯波六郎은 "范文瀾은 『圓備』는 『周備』를 잘못 쓴 것이라 하였으나, 다음 문장의 『亦云周備』와 중복된다. 『圓通』(「論說」, 「封禪」篇), 『圓合』(「鎔裁」篇), 『圓覽』(「總術」篇), 『圓照』(「知音」篇), 『圓該』(「知音」篇) 등에서 보듯 『圓』字는 劉勰이 즐겨 사용하였을 뿐만 아니라 『圓備』는『文鏡秘府論』(南)에도 '『理貴於圓備, 言資於順序: 이치는 두루 갖추어진 것이 중요하고, 말의 운용은 순서에 바탕을 두어야 한다.』'라는 구절이 보인다."고 하였다.

【斯波六郎: "范氏謂『圓備』爲『周備』之譌, 但與下文之『亦云周備』重複. 『圓通』(「論說」, 「封禪」篇), 『圓合』(「鎔裁」篇), 『圓覽』(「總術」篇), 『圓照』(「知音」篇), 『圓該』(「知音」篇)等『圓』字, 不僅爲彦和所好用, 又『圓備』亦見於『文鏡秘府論』(南): '『理貴於圓備, 言資於順序』.'"】

24. 詹注5-2: 『四始』에 대해서는 毛, 魯, 韓, 齊 四家의 주장이 서로 다르며, 그 가운데 毛, 韓 二家와 魯詩의 주장이 비교적 서로 유사하다. 現在는 魯詩의 주장이 가장 대표적이다. 劉勰이 도대체 어떤 주장을 믿었는가에 대해서는 『文心雕龍』 속에서 그 근거를 찾을 수 없다. 『史記』 「孔子世家」에서 "옛날에는 詩 三千餘篇이 있었으나, 孔子에 이르러 중복된 것은 刪去하고, 예의에 부합하는 것만을 취하니, 위로는 契, 后稷의 것을 채용하고, 중간에서는 殷周의 성대함을 서술하였으며, 幽王, 厲王에 이르러 男女의 愛情을 다룬 시가 나타나니, 이에 '「關雎」로 『風』의 시작으로 삼고, 「鹿鳴」로 『小雅』의 시작으로 삼고, 「文王」으로 『大雅』의 시작으로 삼고, 「淸廟」로 『頌』의 시작으로 삼았다. 『詩經』 305篇을 孔子가 음악에 맞춰 노래하여 『韶』, 『武』, 『雅』, 『頌』의 음악과 합치시키려 하였다.'"라고 하였다. (孔安國가 魯詩를 학습하였다고 함에 대하여 司馬遷이 司馬談에게 그 이유를 물었다고 하니 『史記』에서 언급한 詩는 魯詩의 주장을 대표하는 것이라 할 수 있다.) 『豹炳』은 『燦爛』과 같은 뜻.

【『四始』有毛、魯、韓、齊四家不同的說法, 其中毛、韓二家和魯詩的說法詩比較接近的. 現在引魯詩的說法作代表. 至于劉勰究竟相信那一家的說法, 在『文心雕龍』裏看不出來. 『史記』「孔子世家」‥"古者詩三千餘篇, 及至孔子, 去其, 取可施于禮義, 上采契后稷, 中述殷周之盛, 至幽厲之缺, 始于衽席, 故曰'「關雎」之亂以爲『風』始, 「鹿鳴」爲『小雅』始, 「文王」爲『大雅』始, 「淸廟」爲『頌』始. 三白五篇孔子皆弦歌之, 以求合『韶』『武』『雅』『頌』之音.'"(孔安國習魯詩, 司馬遷問故, 似乎『史記』中說『詩』的地方, 可認爲代表魯詩的說法.) 『豹炳』, 是『燦爛』的意思.】

25. 范注2-8: 「詩譜序」에서 "商王時期에 이르러 『風』과 『雅』가 사라졌다."고 하였다. 『正義』에서는 "湯王은 제후로서 교화를 실천하여 마침내 천자가 되었다. 『商頌』「成湯」에서 '하늘이 이 나라에 명하시어 큰 福祿을 이룩하게 하셨다.'고 하였다. 政敎를 밝히니 점차 흥성하게 되었으니 또한 『風雅』가 있었을 것이다. 商과 周는 서로 연속되었기에 떨어진 시간이 그리 멀지 않았으나 지금 商代의 『風』과 『雅』는 없고 단지 『頌』만 있는 것은 周代에 이를 버리고 기록하지 않았기 때문이기에 〖商王時期에 이르러서 『風』과 『雅』가 사라졌다.〗라고 말한 것이며, 이는 있으나 취하지 않음을 말한다."라고 하였다. 〖四始〗에 대한 언급은 「宗經」篇을 참조하라. 「詩大序」에서 "따라서 詩에는 六義가 있다. 첫째가 風, 둘째가 賦, 셋째가 比, 넷째가 興, 다섯째가 雅, 여섯째가 頌이다."라고 하였다. 『正義』에서 "風, 雅, 訟은 詩篇의 異體이고, 賦, 比, 興은 詩文의 서로 다른 修辭일 뿐이다. 大小는 다르나 함께 六義라 한 것은 賦, 比, 興은 詩의 쓰임이요, 風, 雅, 訟은 詩의 형태를 만드는 것이기 때문이다. 賦, 比, 興을 사용하여야 風, 雅, 頌을 만들 수 있기에 모두 〖義〗라 부른 것이며 별도의 篇卷이 있는 것이 아니다."라고 하였다. 『左傳』「昭公十六年」傳杜注에서 "〖環〗은 〖周: 두루 미치다〗와 같은 뜻."이라고 하였다. 〖六義環深〗은 六義의 周密함과 深奧함을 말한 것이다. 『校勘記』에서 "〖圓〗字는 의문이 간다. 다음에서 〖周備〗라 하였으니 〖圓〗字는 〖周〗字의 오류일 것이다."라고 하였다.

【「詩譜序」‥"邇及商王, 不風不雅." 『正義』‥"湯以諸侯行化, 卒爲天子. 『商頌』「成湯」(譯者注: 「成湯」은 「殷武」의 誤記)‥'命於下國, 封建厥福.' 明其政敎漸興, 亦有風雅. 夏周相接, 年月未多, 今無商『風』『雅』, 唯有其『頌』, 是周世棄而不錄, 故云 〖近(譯者注:

邇의 誤字)及商王, 不風不雅』, 言有而不取之." 『四始』見「宗經」篇. 「詩大序」‥"故詩有六義焉: 一日風; 二日賦; 三日比; 四日興; 五日雅; 六日頌." 『正義』‥"風雅訟者詩篇之異體, 賦比興者詩文之異辭而. 大小不同, 而得並爲六義者, 賦比興是詩之所用, 風雅訟詩是詩之成形. 用彼三事, 成此三事, 是故同稱爲『義』, 非別有篇卷也." 『左』「昭十六年」傳杜注‥"『環』『周』也." 『六義環深』, 猶言六義周密而深厚. 『校勘記』‥"案『圓』字疑, 下云云亦云『周備』, 『圓』疑『周』字訛."】

詹注5-3: 『左傳』「昭公十七年」에서 "두루 파다." 라고 하였다. 杜注‥"『環』은 『周: 두루 미치다』와 같은 뜻."이라고 하였다. 『六義環深』은 六義가 주밀하고 심후함을 말한 것이다.

【『左傳』「昭公十七年」‥"環而塹之." 杜注‥"『環』, 『周』也." 『六義環深』猶言六義周密而深厚.】

26. 詹注5-4: 『監』에 대하여, 趙氏의 『校記』에서 "『唐寫本』에서는 『鑒』으로 썼으며, 『御覽』586과 정확하게 합치한다."고 하였다.

【『監』, 趙氏『校記』‥"按『唐寫本』作『鑒』, 『御覽』五八六正合."】

『論語』「八佾」에서 "子夏가 '예쁜 웃음에 보조개가 예쁘며, 아름다운 눈에 눈동자가 선명함이여! 흰 비단에 채색한다고 하였는데, 무엇을 말한 것입니까?'라고 질문하였다. 孔子가 이르길 그림을 그리는 일은 흰 비단을 마련하는 것보다 뒤에 하는 것이다. 禮가 뒤이겠군요? 공자가 나를 홍기시키는 사람은 子夏로구나! 비로소 더불어 시를 말할만하다."라고 말하였다.

【『論語』「八佾」: “子夏問曰: ‘巧笑倩兮, 美目盼兮, 素以爲絢兮, 何謂也?’ 子曰: ‘繪事後素.’ 曰: ‘禮後乎?’ 子曰: ‘啓予子商也, 始可與言詩已矣!’”】

27. 范注2-9: 『論語』「學而」에서 “子貢이 이르길 ‘『詩經』에서 절단한 듯하며, 다시 그것을 간 듯하며, 쪼아놓은 듯하며, 다시 그것을 간 듯하다! 라 하였는데, 이는 무엇을 말한 것입니까? 라고 물었다. 孔子가 이르길 子貢은 더불어 詩를 논할 만하구나! 지나간 것을 말해주자 올 것을 아는구나.’”라고 하였다. 「八佾」에서도 “子夏가 물었다. ‘예쁜 웃음에 보조개가 예쁘며, 아름다운 눈에 눈동자가 선명함이여! 흰 비단으로 채색을 한다고 하였는데, 무엇을 말한 것입니까? 공자가 이르길 그림을 그리는 일은 흰 비단을 마련하는 것보다 뒤에 하는 것이다. 禮가 뒤이겠군요? 공자가 나를 흥기시키는 사람은 子夏로구나! 비로소 더불어 시를 말할만하다.’” 라고 말하였다.

【『論語』「學而」: “子貢曰: ‘詩云如切如磋, 如琢如磨 其斯之謂與! 子曰, 賜也, 始可與言詩已矣! 告諸往而知來者.’” 「八佾」: “子夏問. 巧笑倩兮, 未目盼兮, 素以爲絢兮, 何謂也? 子曰, 繪事後素. 日禮後乎? 子日, 起予者商也! 始可與言詩已矣.”】

詹注5-5: 『唐寫本』에는 〖詩〗字 다음에 〖矣〗字가 있다. 『論語』「學而」에서 “子貢이 ‘『詩經』에서 절단한 듯하며, 다시 그것을 간 듯하며, 쪼아놓은 듯하며, 다시 그것을 간 듯하다! 라 하였는데, 이는 무엇을 말한 것인가요?’라고 물었다. 孔子가 ‘子貢은 더불어 詩를 논할 만하구나! 지나간 것을 말해주자 올 것을 아는구나.’”라고 하였다.

【『唐寫本』〖詩〗下有〖矣〗字. 『論語』「學而」‥“子貢曰‥‘詩云如切如磋, 如琢如磨 其斯之謂與!’ 子曰‥‘賜也, 始可與言詩已矣! 告諸往而知來者.’”】

28. 詹注6-1: 『說文解字』에서 “〖殄〗은 〖盡: 다하다〗, 〖絶: 끊다〗과 같은 뜻.”이라고 설명하였다.

【『說文』‥“〖殄〗, 〖盡〗也, 〖絶〗也.”】

『漢書』「六義略」에서 “옛날에 采詩官이 있었는데, 王이 풍속을 살피고, 得失을 알아 스스로 考證하기 위함이었다.”고 하였다. 『孟子』「離婁下」에서 “王者의 자취 사라지자 詩가 없어졌다.”고 하였다. 班固「兩都賦序」에서 “옛날 成王과 康王이 죽자 頌의 노래 사라졌고, 王澤이 고갈되자 詩가 창작되지 않았다.”고 하였다.

【『漢書』「六義略」‥“昔有采詩之官, 王者所以觀風俗, 知得失, 自考證也.” 『孟子』「離婁下」‥“王者之迹熄而詩亡.” 班固「兩都賦序」‥“昔成康沒而頌聲寢, 王澤竭而詩不作.”】

29. 詹注6-2: 『訓故』에서 “鄭國 임금이 垂隴에서 趙武를 대접하였을 때 子展, 伯有, 子西, 子産, 子太叔, 印段, 公孫段이 시종하였다. 趙武가 ‘일곱 분이 임금을 시종하심은 나를 어여삐 여기기 때문일 것입니다. 청컨대 각자 시를 읊어 주신다면 임금님이 베푼 잔치가 끝나더라도 제가 여러분의 뜻을 엿볼 수 있을 것입니다.’라고 하였다.” 이 사실은 『左傳』「襄公二十七年」에 보인다.

【『訓故』‥“鄭伯享趙盟於垂隴, 子展, 伯有, 子西, 子産, 子太叔,二子石從. 趙盟曰∶'趙盟曰∶'七子從君以寵武也. 請皆賦以卒君貺, 武亦以觀七子之志.'" 按此見『左傳』「襄公二十七年」.】

范注에서 "春秋 列國에서는 『朝聘: 관리 등용』과 『酬酢: 主賓이 서로 시를 지어 和唱하는 것』을 통해 시를 지어 뜻을 말했으나 모두 옛 문장을 諷誦하는 것이었고, 文辭 역시 본인이 지은 것이 아니었기에 劉勰이 그리 말했을 것이다."라고 하였다.

【范注∶"春秋列國 『朝聘』 『酬酢』, 必賦詩言志, 然皆諷誦舊草, 辭非己作, 故彥和云然."】

『漢書』「藝文志·詩賦略序」에서 "옛날에 諸侯, 卿, 大夫는 이웃 나라와 교유함에 미묘한 말로 마음을 전했다. 揖讓할 때는 반드시 『詩經』으로 넌지시 뜻을 전함은 현명함과 불초함을 구별하고, 盛衰를 살피기 위함이었다. 이러한 까닭에 孔子도 '『詩經』을 배우지 아니하면 말을 할 수 없다.'"라고 하였다.

【『漢書』「藝文志·詩賦略序」∶"古者諸侯卿大夫交接隣國, 以微言相感. 當揖讓之時, 必稱『詩』以諭其志. 蓋以別賢不肖, 以觀盛衰焉. 故孔子曰'不學『詩』無以言也.'"】

30. 詹注6-3: 『左傳』「襄公二十七年」에서 "趙文子가 叔向에게 '…… 시란 뜻을 말하는 것인데, 그 뜻에 윗사람을 헐뜯고, 이를 공공연히 원망하는 것을 손님 접대로 여겼으니 오래 갈 수 있겠는가?' 라고 하였다. 『正義』에서는 '거꾸로 공이 원망한 바를 손님의 접대라 여긴 것이다.'라고 하였다. 劉炫은 '公은 분명 원망을 손님 접대의 영광과 즐거움이라 여기고 계십니다.'"라고 하였다.

【『左傳』「襄公二十七年」: "文子告叔向曰'……詩以言志, 志誣其上而公怨之, 以爲賓榮, 其能久乎!' 『正義』: '反將公之所怨以爲賓之榮寵.' 劉炫: '而公顯然將比來之怨以爲對賓之榮樂也.'"】

31. 范注2-10: 『左傳』「襄公二十七年」에서 "鄭國 임금이 垂隴에서 趙武를 대접하였을 때 일곱 명의 신하가 따라갔다. 趙武가 '일곱 분이 임금을 시종하심은 저를 어여삐 여기기 때문일 것입니다. 청컨대 각자 시를 읊어 주신다면 임금님이 베푼 잔치가 끝나더라도 제가 여러분의 뜻을 엿볼 수 있을 것입니다.'라고 하였다. …… 趙武가 '시란 뜻을 말하는 것인데 그의 뜻에 윗사람을 헐뜯고 이를 공공연히 원망하는 것을 손님 접대라 여겼으니 오래갈 수 있겠는가?'라고 하였다." 『僖公』「二十四年傳」에서는 "介之推가 '말은 몸의 문장이다.'"라고 하였다. 春秋 列國에서는 『朝聘: 관리 등용』과 『酬酢: 主賓이 서로 시를 지어 和唱하는 것』을 통해 시를 지어 뜻을 말했으나 모두 옛 문장을 諷誦하는 것이었고, 文辭 역시 본인이 지은 것이 아니었기에 劉勰이 그리 말했을 것이다.

【『左傳』「襄公二十七年」: "鄭伯享趙盟於垂隴, 七子從. 趙盟曰: '七子從君以寵武也. 請皆賦以卒君貺, 武亦以觀七子之志.'…… 趙盟曰: '詩以言志, 志誣其上而公怨之, 以爲賓榮, 其能久乎?'" 『僖公』「二十四年傳」: "介之推曰: '言身之文也.'" 春秋列國『朝聘』『酬酢』, 必賦詩言志, 然皆諷誦舊草, 辭非己作, 故彦和云然.】

詹注6-4: 『左傳』「僖公二十四年」에서 "介之推…… 대답하여 이르길 '말은 몸의 문장이다.'"라고 하였다. 『斠詮』에서 『吐納』에 대해 "劉勰은 『吐屬』, 『談吐』의 의미로 해석했으며, 詩篇을 諷誦하는 것을 말이다."라고 하였다. 誦詩는 당시 외교상의 예절이었으며, 외빈 대접을 『以爲賓榮』이라 하고, 자신의 재주를 나타내는 것을 『以爲身文』이라 했다.

【『左傳』「僖公二十四年」‥"介之推……對曰'言, 身之文也.'" 『斠詮』謂 『吐納』‥"彦和用作 『吐屬』、 『談吐』解, 指諷誦詩篇而言." 誦詩詩當時外交上的禮節, 就招待外賓講, 詩 『以爲賓榮』, 就顯出自己的才能講, 詩 『以爲身文』.】

32. 詹注6-5: 『史記』 「屈原列傳」에서 "屈原이 지은 『離騷』는 怨望을 바탕으로 이루어진 것이다."라고 하였다. 淮南王 劉安의 「離騷傳」에서 "『國風』은 연정을 노래하나 음탕하지 않았으며, 『小雅』는 원망과 비난을 담고 있으나 절제가 있다. 『離騷』는 이 두 가지 덕목을 모두 지니고 있다 하겠다. 위로는 帝嚳을 칭송하고, 아래로는 齊桓公을 언급했으며, 그 중간에 商湯과 周武王을 기술하여 세상의 일을 풍자했다."라고 하였다.(『史記』 「屈原列傳」引用)

【『史記』「屈原列傳」‥"屈原之作『離騷』, 蓋自怨生矣." 淮南王劉安「離騷傳」‥"『國風』好色而不淫, 雅怨誹而不亂. 若離騷者, 可謂兼之矣. 上稱帝嚳, 下道齊桓 , 中述湯武, 以刺世事."(『史記』「屈原列傳」引)】

范注에서 郝懿行의 말을 인용하면서 "『漢志』에 의하면 『離騷』를 賦로 간주했으나, 본편에서는 『離騷』를 詩로 간주했다. 무릇 賦는 古詩의 한 부류이다. 『離騷』는 『詩人: 『詩經』의 작자들』의 情性을 가지고 있을 뿐만 아니라 賦家의 體貌도 갖추고 있다고 여겼다."라고 하였다.

【范注引郝懿行曰 : "按『漢志』以『騷』爲賦, 此篇以『騷』爲詩. 蓋賦者古詩之流, 『離騷』者含〖詩人〗之情性, 具賦家之體貌也."】

33. 范注2-11: 郝懿行은 "『漢志』에 의하면 『離騷』를 賦로 간주했으나, 본편에서는 『離騷』를 詩로 간주했다. 무릇 賦는 古詩의 한 부류이다. 『離騷』는 〖詩人〗의 情性을 가지고 있을 뿐만 아니라 賦家의 體貌도 갖추고 있다고 여겼다."라고 하였다. 『史記』「秦始皇本紀」에서는 "三十六年에 博士로 하여금 「仙眞人詩」를 짓게 하였다."라고 하였다. 「仙眞人詩」는 전하지 않는다. 智匠의 『古今樂錄』에서 "秦始皇이 洛水에서 제사를 지내자 〖黑頭公: 새의 일종〗이 물에서 나와 秦始皇을 불러 〖와서 하늘의 보물을 받아라.〗라고 말했다. 이에 군신들과 함께 다음과 같은 노래를 지었다: 洛陽의 물빛은 푸르디푸르고, 큰 못에서 제사를 지내고자 급히 남쪽 洛水에서 제사를 지내니 日月星의 빛과 이어졌도다."라고 하였다. 이 시는 「附會」篇에도 있으나 역시 「仙眞人詩」는 아니지만 일단 여기에 첨부해두다.

【郝懿行曰 : "案『漢志』以『騷』爲賦, 此篇以『騷』爲詩. 蓋賦者古詩之流, 『離騷』者含〖詩人〗之情性, 具賦家之體貌也." 『史記』「秦始皇本紀」: "三十六年, 使博士爲「仙眞人詩」." 「仙眞人詩」不傳. 智匠『古今樂錄』: "秦始皇祠洛水, 有〖黑頭公〗從河中出, 呼秦始皇曰〖來受天寶〗. 乃與群臣作歌曰: 洛陽之水, 其色蒼蒼, 祠祭大澤, 倏忽南臨, 洛濱醊禱, 色連三光." 此詩旣出「附會」, 亦非「仙眞人詩」, 姑附見於此.】

詹注6-6: 明 李元陽의 『史記題評』卷六 『始皇本紀』에서 "博士로 하여금 「僊眞人詩」를 짓게 하였다."고 하였다. 劉勰의 말을 인용하여 "秦始皇은 焚書를 하면서도 仙詩를 짓게 하였다."고 하였다. 『玉海』 卷五十九에서 이 구절의 주를 인용하면서 "『史記』에서 '秦始皇이 博士로 하여금 「仙眞人詩」를 짓게 하고, 천하를 유력하면서 樂人으로 하여금 노래하고 연주하게 하라는 명령을 전하였다.'"고 하였다. 梅注에서는 "『史記』에서 '秦始皇 36년에 별이 東郡에 떨어졌는데, 땅에 이르자 돌이 되었다. 백성들이 간혹 돌에다가 '秦始皇이 죽으면 국토가 분할될 것이다.'라고 새겼다. 秦始皇이 이 말을 듣고 御使를 보내 따져 물었으나 따르지 않자 모든 주위에 거주하는 사람들을 죽였다. 이에 그 돌들을 불로 녹여 버렸다. 秦始皇이 불쾌하게 생각하자 박사를 시켜 「仙眞人詩」를 짓게 하였다. 천하를 유력할 때 樂人들로 하여금 노래하고 연주하게 하였다."고 하였다. 『訓故』의 내용도 거의 같다.

【明李元陽『史記題評』卷六『始皇本紀』: "使博士爲「僊眞人詩」." 引劉勰云: "秦皇滅籍, 亦造仙詩." 『玉海』卷五十九引此句注云: "『史記』: '始皇使博士爲「仙眞人詩」. 及行所遊天下, 傳令樂人謌弦之." 梅注: "『史記』: '秦始皇三十六年, 有墮星下東郡, 至地爲石. 黔首或刻其石曰: '始皇帝死而地分. 始皇聞之, 遣御使逐問, 莫服, 盡取石旁居人誅之. 因燔銷其石. 始皇不樂, 使博士爲「仙眞人詩」. 及行所遊天下, 傳令樂人歌弦之." 『訓故』略同.】

『札記』에서 "上文三十五年에 盧生이 始皇에게 이르길 '眞人은 물에 들어가도 젖지 않고, 불에 들어가도 뜨겁지 않으며, 雲氣를 뛰어넘고, 天地와 더불어 오래 삽니다.'라고 하였다. 이에 秦始皇이 '나는 眞人을 숭모하기에 스스로 眞人으로 부르며, 朕이라 칭하지 않겠다.'"라고 하였다. 范注에서 "「仙眞人詩」는 전하지 않는다."고 하였다.

【『札記』: "案上文三十五年盧生說始皇曰: '眞人者, 入水不濡어, 入火不熱, 凌雲氣, 與天地久長.' 于是始皇曰: '吾慕眞人, 自謂眞人, 不稱朕.'" 范注: "「仙眞人詩」不傳."】

6-3.

漢代 초기의 四言詩는 韋孟이 가장 먼저 창작하였고, 잘못을 바로잡는 諷諫의 의의는 周代 詩人을 계승하였다. 漢武帝는 문학을 좋아하여 柏梁臺에서 每句 압운한 시를 창작하게 하였으나, 嚴忌와 司馬相如에게는 창작에 대한 정확한 규율이 없었다. 成帝에 이르러 품평을 기록한 작품이 삼백여 편에 달했으니, 朝廟의 樂章과 樂府에서 채집한 民謠가 두루 갖추어졌다 말할 수 있겠다. 그러나 文人이 남긴 작품에서 五言詩를 볼 수 없기에 李陵과 班婕妤의 시는 후대인에게 擬作이라 의심받았다. 『召南』「行露」를 살펴보면 전체의 半이 五言詩이다. 아이가 부른 「滄浪歌」는 전체가 五言이다. 憂施의 「暇豫歌」는 『春秋』에서 볼 수 있다. 「邪經」은 童謠로 成帝 무렵의 작품이다. 이러한 역사발전을 통해 증명될 수 있듯 五言詩는 출현은 이미 오래된 일이다. 또한 『古詩十九首』처럼 뛰어난 작품을 말하면 더러는 枚乘을 언급하지만, 그의 시로 알려진 「孤竹」篇은 傅毅의 작품이다. 文彩의 비교로 추론해보면 兩漢의 작품이 아니겠는가? 작품의 풍격과 문장의 운용을 본다면 질박하지만 거칠지 않으며, 감정과 사물이 완곡하고 곡절하게 부합하고, 구슬픈 감정이 절실하게 표현되었기에 실로 五言詩 가운데 가장 뛰어난 작품이라 하겠다. 張衡의 「怨詩」에 이르러 淸麗하고 典雅함을 맛볼 수 있게 되었다. 「仙詩緩歌」는 자못 신선한 음악성을 지녔다 하겠다.

6-3.

漢初四言, 韋孟首唱[34], 匡諫之義, 繼軌周人[35]. 孝武愛文, 柏梁列韻[36], 嚴馬之徒, 屬辭無方[37]. 至成帝品錄, 三百餘篇[38], 朝章國采,[39] 亦云周備, 而辭人遺翰, 莫見五言[40], 所以李陵班婕妤, 見疑於後代也[41]. 按召南行露, 始肇半章[42]; 孺子滄浪, 亦有全曲[43]; 暇豫優歌, 遠見春秋[44]; 邪經童謠, 近在成世[45]; 閱時取證[46], 則五言久矣[47]. 又古詩佳麗, 或稱枚叔[48], 其孤竹一篇, 則傅毅之詞[49]. 比采而推[50], 兩漢之作乎[51]! 觀其結體散文[52], 直而不野[53], 婉轉附物[54], 怊悵切情[55], 實五言之冠冕也[56]. 至於張衡怨篇[57], 清典可味[58]; 仙詩緩歌, 雅有新聲[59].

34. 范注3-1: 『漢書』「韋賢傳」에서 "韋孟이 楚元王의 스승이 되었다. 元王의 아들 夷王과 손자 王戊를 가르쳤다. 王戊는 荒淫하여 도를 지키지 않자 韋孟이 시를 지어 다음과 같이 諷諫하였다."라고 하였다.

【『漢書』「韋賢傳」: "韋孟爲楚元王傅, 傅子夷王及孫王戊. 戊荒淫不遵道, 孟作詩諷諫曰:"】

공경할만한 저의 조상은 豕韋國 때부터 〖黼衣: 黑白의 斧形을 수놓은 예복의 일종〗와 아름다운 인끈을 매고 네 마리 말이 끄는 마차에 龍의 깃발을 휘날리셨습니다. 하사받은 彤弓을 메고 정벌에 나서 먼 곳까지 平康하게 만들어 群邦을 다스렸고, 위대한 商國을 도와 大彭보다 찬란한 업적을 이룩하셨습니다. 周代에 이르러 대대로 會盟에 참석하셨습니다. 周赧王이 讒訴를 받아들이니 우리 豕韋國은 멸망하였습니다. 우리나라가 멸망하자 정치도 문란해져 賞罰의 시행이 왕실에서 제대로 이루어지지 않았습니다. 제후들이 돕지도, 보위해주지도 않으니 〖五服: 王, 公卿, 大夫, 士의 복식〗의 서열이 무너지자 周王朝도 무너지고 말았습니다. 우리 선조가 미미한 신분으로 彭城으로 이주하였고 저도 근근이 살아가다가 秦代에 이르러서는 농사로 연명했습니다. 秦國이 오랫동안 하늘까지 어지럽히자 漢 高祖가 남방에서 일어나 마침내 京城에서 漢國을 세우셨습니다. 아! 위대한 漢國은 四方을 정벌하는 곳마다 歸依하게 만드니 萬國이 화평을 얻었습니다. 이에 동생에게 명하여 楚國의 제후로 세우셨고, 소신은 보좌의 책임을 맡았습니다. 신중한 〖元王: 劉邦의 동생〗은 恭儉과 純一한 德性으로 백성을 보살피시었고, 보필도 잘 받아들이셨습니다.

元王이 세상을 떠나면서 後王에게 유업을 전하시니 夷王이 이를 잘 계승하였습니다. 그러나 애석하게도 수명이 길지 않아 王戊이 사직을 계승하셨고, 좌우에서 모시는 신하는 正道를 지키는 사인들이었습니다. 그러나 어찌하여 우리 군주께서는 왕위를 지킬 것을 생각도 않으시고, 얼음을 밟듯 조심하지 않으시면서 先祖의 뜻을 어떻게 이루실 수 있겠는가? 나랏일을 팽개치고 오로지 쾌락만 추구하시고, 犬馬를 좋아하여 마구 풀어 놓고 내달리게 하셨습니다. 짐승만 살피고 농사는 팽개치어 백성이 다 사라져도 우리 왕은 즐겁다 하셨고, 無德한 인물을 크다 하셨고, 무식한 사람을 가까이하셨고, 구애된 것을 크다 하셨고, 阿諂을 믿을 만하다고 여기셨습니다. 아첨을 일삼는 사람과 직언을 하는 늙은이를 어찌하여 우리 왕은 살펴보려고 하지 않으시는가? 신하를 멀리하고 방종만 일삼으며, 훌륭한 선조를 업신여기며 함부로 封地를 깎아버리셨습니다. 아아! 우리 왕은 漢皇室의 近親으로 일찍이 낮과 밤을 가리지 않고 정무를 담당하시어 아름다운 명성이 자자하셨도다! 훌륭한 천자가 땅에 오시니 현명한 관료들이 법을 집행함에 고려하지 않은 것이 없었습니다. 먼 곳의 것을 바로 잡는 일은 가까운 것부터 시작해야 합니다. 이러한 믿음을 위태롭게 만드는 우리 왕은 어찌하여 이를 생각하지 못하실까? 생각하지도 않으시고, 경계하지도 않으시니 後嗣의 원칙을 세울 수 없었습니다. 점차 원칙까지 상실하니 나라는 위험에 빠지고 말았습니다. 結露에서 시작하여 얼음이 얼듯 타락은 태만에서 시작되는 것이 아니겠는가? 우리 왕을 보면 경험이 부족하였습니다. 나라를 부흥시키고, 顚覆을 바로잡으려면 자신의 過誤를 깨우쳐야 합니다. 노련한 사람의 생각을 따랐기에 秦穆公은 霸者가 될 수 있었습니다. 세월이 흘러 나이가 들면 예전의 君子보다 후세에 광명을 더해야 하는 법입니다. 어찌하여 우리 왕은 이러한 사실을 살피지도 않고 노련한 사람을 멀리하고 어찌 제때 경계로 삼지 않으시는가!

【肅肅我祖, 國自豕韋; 『黼衣』朱黻, 四牡龍旗. 彤弓斯征, 撫寧遐荒, 總齊群邦, 以翼大商. 迭彼大彭, 勳績維光. 至於有周, 歷世會同, 王赦聽譖, 實絶我邦. 我邦旣絶, 厥政斯逸; 賞罰之行, 非繇王室. 庶尹羣后, 非扶非衛; 五服崩離, 宗周以隊. 我祖斯微, 遷于彭城; 在予小子, 勤誒厥生. 阨此嫚秦, 耒耜以耕. 悠悠嫚秦, 上天不寧; 乃眷南顧, 授漢于京. 於赫有漢, 四方是征; 靡適不懷, 萬國攸平. 迺命厥弟, 建侯於楚; 俾我小臣, 惟傅是輔. 兢兢元王, 恭儉淨壹, 惠此黎民, 納彼輔弼. 饗國漸世, 垂烈于後; 迺及夷王, 克奉厥緖. 咨命不永; 惟王統祀, 左右陪臣, 此維皇士. 如何我王, 不思守保; 不惟履冰, 以繼祖考. 邦事是廢, 逸遊是娛; 犬馬繇繇, 是放是驅. 務彼鳥獸, 忽我稼苗; 烝民以匱, 我王以媮. 所弘非德, 所親非俊; 惟囿是恢, 惟諂是信. 睮睮諂夫, 咢咢黃髮; 如何我王, 曾不是察! 旣藐下臣, 追欲從逸, 嫚被顯祖, 輕此削黜. 嗟嗟我王, 漢之睦親, 曾不夙夜, 以休令聞. 穆穆天子, 臨爾下土; 明明羣司, 執憲靡考. 正遐繇近, 殆其怙玆; 嗟嗟我王, 曷不斯思. 非思非鑒, 嗣其罔則; 彌彌其失, 岌岌其國. 致冰匪霜, 致隊靡嫚? 瞻惟我王, 昔靡不練. 興國救顚, 孰違悔過; 追思黃髮, 秦繆以霸. 歲月其徂, 年其逮耈; 於昔君子, 庶顯於後. 我王如何, 曾不斯覽, 黃髮不近, 胡不時監!】

詹注7-1: 梁啓超는 "韋孟의 生卒 年度는 역사 기록이 없으며, 대략 漢高祖 무렵일 것이다."라고 하였다.(『中國之美文及其歷史』) 『漢書』「韋賢傳」에서는 "韋孟이 楚元王의 스승이 되었다. 元王의 아들 夷王과 손자 王戊를 가르쳤다. 王戊는 荒淫하여 도를 지키지 않자 韋孟이 시를 지어 다음과 같이 諷諫하였다.…… 혹자는 '자손의 훌륭한 사실을 선인의 뜻이라 서술하여 이 시를 지었다.'"라고 말하였다. 그가 누구인지는 모른다. 楚元王은 高祖와 같은 어머니에게서 난 동생일 것이다.

【梁啓超云 : "案孟生卒年史不載, 約當漢高祖時."(『中國之美文及其歷史』) 『漢書』「韋賢傳」載韋孟 : "爲楚元王傅, 傅子夷王及孫王戊. 戊荒淫不遵道, 孟作詩諷諫. …… 或曰 : '其子孫好事, 述先人之志而作是詩也.'" 未知孰是. 楚元王爲高祖同母小弟.】

35. 詹注7-2: 詩에서 "어찌하여 우리 군주께서는 왕위를 지킬 것을 생각도 않고, 어름을 지려 밟듯 조심하지 않고 先祖의 뜻을 이루려 하셨는가? 나랏일을 팽개치고 오로지 쾌락만 추구하며 犬馬를 좋아하여 마구 풀어 놓고 내달리게 하였다. 짐승만 살피고 농사는 멀리하니 백성이 다 사라져도 우리 왕은 즐겁다 하고, 無德한 인물을 크다 하고, 무식한 사람을 가까이하고, 구애된 것을 크다 하네.…… 일찍이 낮과 밤을 가리지 않고 정무를 담당하시어 아름다운 명성이 자자했도다!…… 원칙을 상실하니 나라가 위험에 빠졌다."라고 하였다. 楚王戊가 능히 『나라를 부흥시키고 뒤집힌 것을 바로잡기』를 희망한 것이다.

【詩中說 : "如何我王, 不思守保; 不惟履冰, 以繼祖考. 邦事是廢, 逸遊是娛; 犬馬繇繇, 是放是驅. 務彼鳥獸, 忽我稼苗; 烝民以匱, 我王以媮.…… 曾不夙夜, 以休令聞. …… 彌彌其失, 岌岌其國." 希望楚王戊能『興國救顚』.】

『史通』「載文」篇에서 "韋孟에게 「諷諫」같은 시가 있는 것은 賈

誼에게 「過秦論」과 같은 문장이 있는 것과 같으며,…… 이는 모두 기존의 規則이 세상의 龜鑑이 된다는 것을 말한다."고 하였다. 『說詩晬語』에서는 "韋孟의 「諷諫」은 鄒에 머물며 지은 것으로 바르고 공경스러워 雅正에서 벗어나지 않았다."고 하였다. 『繼軌周人』은 韋孟의 시가 周代 詩人의 諷諫軌範을 계승하였음을 말한다.

【『史通』「載文」篇‥"至如詩有韋孟「諷諫」, ……, 篇則賈誼「過秦」, …… 此皆言成規則, 爲世龜鏡." 『說詩晬語』‥"韋孟「諷諫」, 在鄒之作, 肅肅穆穆, 未離雅正." 『繼軌周人』詩說韋孟的詩能繼承周代詩人的諷諫軌範.】

『注訂』에서 "『風雅』의 詩體는 周代人에 의하여 성대하게 되었다. 恩澤이 고갈되니 시도 사라졌으나, 漢代 韋孟에 의해 비로소 다시 지어졌기에 『繼軌周人』이라 말한 것이다."라고 하였다.

【『注訂』‥"『風雅』之體, 盛于周人. 澤竭詩亡, 至漢由韋孟始復作也, 故曰‥『繼軌周人』"】

36. 范注:3-2: 『古文苑』卷八에 의하면 漢武帝 元封三年에 柏梁臺를 짓고 二千石의 관원을 초치하고 七言詩에 능한 사람을 上座에 앉게 하였다. 『日月星辰和四時』(黃帝), 『驂駕駟馬從梁來』(梁孝王 武), 『郡國士馬羽林材』(對司馬), 『總領天下誠難治』(丞相 石慶), 『和撫四夷不易哉』(大將軍 衛靑), 『刀筆之吏臣執之』(御史大夫 倪寬), 『撞鍾伐鼓聲中詩』(太常 周建德), 『宗室廣大日益滋』(宗正 劉安國), 『周衛交戟禁不時』(衛尉 路博德), 『總領從官柏梁臺』(光祿勳 徐自爲), 『平理淸讞決嫌疑』(廷尉 杜周), 『修飭

輿馬待駕來』(太僕 公孫賀), 『郡國吏功差次之』(大鴻臚 壺充國), 『乘輿物御主治之』(少府 王溫舒), 『陳粟萬石揚以箕』(大司農 張成), 『徼道宮下隨討治』(執金吾中 尉豹), 『三輔盜賊天下危』(左馮翊 盛宣), 『盜徂南山爲民災』(右扶風 李成信), 『外家公主不可治』(京兆尹), 『椒房率更領其材』(詹事 陳當), 『蠻夷朝賀常會期』(典屬國), 『柱枅欂櫨相枝持』(大匠), 『枇杷橘栗桃李梅』(太官令), 『走狗逐兎張罘罝上』(上林令), 『齧妃女脣甘如飴』(郭舍人), 『迫窘詰屈幾窮哉! 』(東方朔)

【『古文苑』卷八漢武帝元封三年, 作柏梁臺, 詔群臣二千石, 有能爲七言詩, 乃得上坐. 『日月星辰和四時』(黃帝), 『驂駕駟馬從梁來』(梁孝王 武), 『郡國士馬羽林材』(對司馬), 『總領天下誠難治』(丞相 石慶), 『和撫四夷不易哉』(大將軍 衛靑), 『刀筆之吏臣執之』(御史大夫 倪寬), 『撞鍾伐鼓聲中詩』(太常 周建德), 『宗室廣大日益滋』(宗正 劉安國), 『周衛交戟禁不時』(衛尉 路博德), 『總領從官柏梁臺』(光祿勳 徐自爲), 『平理淸讞決嫌疑』(廷尉 杜周), 『修飭輿馬待駕來』(太僕 公孫賀), 『郡國吏功差次之』(大鴻臚 壺充國), 『乘輿物御主治之』(少府 王溫舒), 『陳粟萬石揚以箕』(大司農 張成), 『徼道宮下隨討治』(執金吾中 尉豹), 『三輔盜賊天下危』(左馮翊 盛宣), 『盜徂南山爲民災』(右扶風 李成信), 『外家公主不可治』(京兆尹), 『椒房率更領其材』(詹事 陳當), 『蠻夷朝賀常會期』(典屬國), 『柱枅欂櫨相枝持』(大匠), 『枇杷橘栗桃李梅』(太官令), 『走狗逐兎張罘罝上』(上林令), 『齧妃女脣甘如飴』(郭舍人), 『迫窘詰屈幾窮哉! 』(東方朔)】

『日知錄』二十一에서 "漢 武帝의 『柏梁臺詩』는 본래 『三秦記』에서 나왔으며, 元封 三年에 지어졌다고 하였다. 그러나 이를 역사에서 고찰해보면 대부분 사실과 부합하지 않는다. 『史記』, 『漢書』, 『孝景紀』에 의하면 中六年 여름 四月에 梁王이 죽었다. 『諸侯王表』에 의하면 梁孝王 武는 왕위에 올랐다가 二十五年에 죽었다. 孝景後 元年 共王 買가 왕위를 계승하였다가 七年에 죽었다. 建元五年 平王 襄이 왕위를 계승하였으며, 四十年에 죽었다. 『文三王傳』의 내용과 같다. 『孝武紀』에 의하면 元鼎 二年 봄에 柏梁臺를 짓기 시작했으며, 이때는 梁平王 二十二年이었으나, 孝王이 죽었을 때는 이미 梁平王 二十九年이었다. 七年이 지나야 비로소 元封 三年이다. 平王 襄이 元朔에 『太母: 왕의 어머니』와 권력다툼을 하자 公卿들이 서인으로 폐위할 것을 청했다. 天子가 이르길 梁王 襄에게는 좋은 師傅가 없었기에 不義에 빠진 것이니 이에 梁의 8개 城을 몰수하니 梁에는 10개 城만 남았다.(原注: 『漢書』의 기록에는 5개의 성을 몰수하여 8개의 城만 남았다고 하였다.) 平王 襄의 十年은 元朔 二年이며, 이때 來朝하였고, 三十六年은 태초 四年이며, 이때도 來朝하였다 하나 元封의 시기와 맞지 않는다. 『百官公卿表』에 의하면 良中令은 武帝 太初 元年에 명칭을 光祿勳으로 바꿨다. 典客은 景帝 六年에 명칭을 大行令으로 바꿨다가, 武帝 太初 元年에 大鴻臚로 바꿨다. 治粟內史는 景帝 後元年에 大農令으로 바꿨다가, 武帝 太初 元年에 大司農으로 바꿨다. 中尉는 武帝 太初 元年에 명칭을 執金吾로 바꿨다. 內史는 景帝 二年에 左內史와 右內史로 나누었다가 武帝 太初 元年에 명칭을 京兆尹으로 바꿨다가, 左內史를 左馮翊으로 개명하였다. 主爵中尉는 景帝 中六年에 都尉로 명칭을 바꾸었다가, 武帝 太初 元年 左扶風으로 바꾸었다. 이 여섯 가지 관직은 모두 太初 이후의 명칭이기에 응당 元封 무렵에 미리 기록된 것은 아니다. 『孝武紀』에 이하면 太初 元年 겨울 十一月 乙酉日에 柏梁臺에 불이 났다고 한다. 夏曆에서는 五月을 正

月로 삼고 官職名을 정했으니 柏梁臺에서 화재가 생긴 이후이며, 다시 반년 후에 官職名을 비로소 고쳤으니 大司馬 大將軍 靑은 元封 五年에 사망했으니 이미 二年의 차이가 있다. 반복적으로 고증해보니 합치되는 것이 하나도 없었다. 아마도 후인들의 擬作일 것이다. 武帝 이후 官名 및 『梁孝王世家』의 『네 마리 말이 끄는 마차를 타다』를 연결하였으나 시대가 서로 맞지 않음을 알지 못했다."라고 하였다.

【『日知錄』二十一 : "漢武『柏梁臺詩』本出『三秦記』, 云是元封三年作. 而考之於史, 則多不符. 案『史記』及『漢書』, 『孝景紀』中六年夏四月, 梁王薨. 『諸侯王表』梁孝王武立二十五年薨. 孝景後元年, 共王買嗣, 七年薨. 建元五年平王襄嗣, 四十年薨. 『文三王傳』同. 案『孝武紀』元鼎二年春, 起柏梁臺, 是爲梁平王之二十二, 而孝王之薨, 至此已二十九年. 又七年始爲元封三年. 又案梁平王襄元朔與『太母』爭樽, 公卿請廢爲庶人. 天子曰, 梁王襄無良師傅, 故陷不義, 乃削梁八城, 梁餘尙有十城.(原注『漢書』言削五, 僅有八城.) 又按案平王襄之十年爲元原朔二年來朝. 其三十六年爲太初四年來朝, 皆不當元封時. 按『百官公卿表』良中令武帝太初元年更名光祿勳. 典客景帝六年更名大行令, 武帝太初元年更名大鴻臚. 治粟內史景帝後元年更名大農令, 武帝太初元年更名大司農. 中尉武帝太初元年更名執金吾. 內史景帝二年分置左內史右內史, 武帝太初元年更名京兆尹, 左內史更名左馮翊. 主爵中尉景帝中六年更名都尉, 武帝太初元年更名左扶風. 凡此六官, 皆太初以後之名. 不應預書於元封之時. 又按『孝武紀』太初元年冬十一月乙酉, 柏梁臺災. 夏五月正歷, 以正月爲歲首, 定官名, 則是柏梁旣災之後, 又半歲而始改官名, 而大司馬大將軍靑則元封五年薨於元封之五年, 踞此已二年矣. 反復考證, 無一合者. 蓋是後人擬

作, 剽取武帝以來官名及『梁孝王世家』乘輿駟馬之事以合之, 而不悟時代之乖舛也.”】

詹注7-3: 『古文苑』卷八 「柏梁臺」詩에서 “漢武帝 元封三年에 柏梁臺를 짓고 二千石의 관원을 초치하고 七言詩에 능한 사람을 上座에 앉게 하였다.”라고 하였다. 「柏梁臺」詩는 每句 押韻한 하나의 운으로 마무리했기 때문에 『列韻』이라 말한 것이다.

【『古文苑』卷八「柏梁臺」詩··“武帝元封三年, 作柏梁臺, 語群臣二千石有能七言詩, 乃得上坐.” 「柏梁臺」詩每句押韻, 一韻到底, 故云 『列韻.】

「時序」篇에서 “孝武帝 때 이루러 儒學을 숭상하게 되었고, 文辭로 大業을 꾸미면서 禮樂이 빛나게 되었고, 文辭도 뛰어나고 내용도 놀랍게 발전하였다. 柏梁에서 朝宴을 열었을 때의 詩 가운데 黃河의 제방에서 백성들을 어여삐 여기는 詩도 있었다.”라고 하였다.

【「時序」篇··“逮孝武崇儒, 潤色鴻業, 禮樂爭輝, 辭藻競鶩: 柏梁展朝讌之詩, 金堤製恤民之詠.”】

『日知錄』卷二十一에서 “漢武帝의 『柏梁臺詩』는 본래 『三秦記』에서 나왔으며, 元封 三年에 지어졌다고 하였다. 그러나 이를 역사에서 고찰해보면 대부분 사실과 부합하지 않는다.…… 반복적으로 고증해보니 합치되는 것이 하나도 없었다. 아마도 후인들의 擬作일 것이다. 武帝 이후 官名 및 『梁孝王世家』의 『네 마리 말이 끄는 마차를 타다』를 가져다가 서로를 연결하였으나 시대가 서로 맞지 않음을 알지 못했다.”고 하였다.

【『日知錄』二十一 : “漢武『柏梁臺詩』本出『三秦記』, 云是元封三年作. 而考之於史, 則多不符.…… 反復考證, 無一合者. 蓋是後人擬作, 剽取武帝以來官名及『梁孝王世家』乘輿駟馬之事以合之, 而不悟時代之乖舛也.”】

『古詩源』「柏梁臺詩」下注에서 “『三秦記』에서 「柏梁臺」 詩는 元封 3년에 지어졌다고 하지만 梁孝王은 孝景帝 때 사망했으며, 光祿勳, 大鴻臚, 大司農, 執金吾, 京兆尹, 左馮翊, 右扶風의 명칭은 모두 武帝 太初에 바뀐 명칭이니 응당 元封 이전에 쓰였을 것이니 후인의 擬作임은 의심의 여지가 없다. 그렇지 않다면 郭舍人이 狂蕩無禮했거나 東方朔이 滑稽語로 희롱한 것인가?”라고 하였다.

【『古詩源』于「柏梁臺詩」下注云 : “『三秦記』謂「柏梁臺」詩元封三年, 然梁孝王薨于孝景之世, 又光祿勳, 大鴻臚, 大司農, 執金吾, 京兆尹, 左馮翊, 右扶風, 皆武帝太初元年所更名, 不應預書于元封之時, 其爲後人擬作無疑也. 不然, 郭舍人敢狂蕩無禮, 而東方朔乃以滑稽語爲戱耶?”】

今人 逯欽立의 『漢詩別錄』二 「柏梁臺」詩(『中央研究院歷史語言研究所集刊』第十三本을 참조.)에서 「柏梁臺」詩를 기록한 최초 古籍은 西漢 의 오래된 기록인 「東方朔別傳」과 「漢武帝集」이지 『三秦記』가 아니라고 기록하고 있다. 『校注』에서 “「柏梁臺」詩에 대하여 顧炎武는 『日知錄』에서 후인의 擬作이라 말했으며, 확실하여 쉽게 바꿀 수 있는 주장이 아니다. 단 前代에는 이것이

거짓된 것임을 의심한 사람이 없었다. 예를 들어…… 顔延之의 『庭誥』에서 '「柏梁臺」詩 이후로 이를 계승한 작품은 하나가 아니며, 수집된 작품에는 七言詩도 있었다.'고 하였다.(『御覽』586에서 인용) 王僧儒의 『謝齊竟陵王使撰衆書啓』에서 '柏梁臺가 만들어졌고, 처음에는 관리들의 작품이었다.(『類聚』55에서 인용) …… 이 또한 그 증거이다.'"라고 하였다.

【今人逯欽立『漢詩別錄』二「柏梁臺」詩(見『中央研究院歷史語言研究所集刊』第十三本), 考證載錄「柏梁臺」詩最早的古籍, 是西漢舊記「東方朔別傳」及「漢武帝集」, 而非『三秦記』. 『校注』: "按「柏梁臺」詩顧炎武『日知錄』謂出後人擬作, 確爲不易之論. 但前代無有疑其爲僞者. 如…… 顔延之『庭誥』: '「柏梁」以來, 繼作非一, 所纂至七言而已.'(『御覽』五八六引) 王僧儒『謝齊竟陵王使撰衆書啓』: '柏梁初構, 首屬驂駕之辭.(『類聚』五五引) …… 並其證.'"】

37. 范注3-3: 『漢書藝文志』「屈原賦類」에 莊夫子의 賦 24편이 있으며(莊夫子는 嚴忌), 司馬相如의 賦 29篇이 있다. 劉勰이 『屬辭無方』이라 한 것은 이 두 사람이 詩도 지었기 때문이었을 것이다. 『玉臺新詠』卷九에 司馬相如의 「琴歌」 2首가 실려 있으나 後代人이 억지로 가져다 붙인 것이기에 다시 기록하지는 않겠다.

【『漢書藝文志』「屈原賦類」有莊夫子賦二十四篇(莊夫子卽嚴忌), 司馬相如賦二十九篇. 彦和謂其『屬辭無方』, 蓋二人亦作詩也. 『玉臺新詠』卷九載司馬相如「琴歌」二首, 出後人附會, 不復錄.】

詹注7-4: 嚴注, 梅注, 范注에서는 嚴忌라 하였고, 斯波六郎의

『文心雕龍注補正』에서는 "嚴은 嚴助일 것이다. 『漢書』 「嚴助傳」과 「東方朔傳」에서 운운한 내용 가운데 司馬相如와 함께 거론한 인물로 嚴助는 있으나 嚴忌는 없다. 또한 「鄒陽傳」과 「司馬相如傳」에 의하면 嚴忌는 吳와 梁에서만 벼슬을 했고 漢武 시기에는 벼슬을 하지 않았다."라고 하였다. 『斠詮』에서 "嚴助는 嚴忌의 아들이며, 司馬相如와는 전후로 같은 시기에 응대했을 것이기에 劉勰은 여기에서는 父子 二人을 함께 지칭했을 것이니 반드시 사실을 따질 필요는 없다."라고 하였다.

【嚴梅注, 范注以爲嚴忌, 斯波六郞『文心雕龍注補正』: "嚴恐爲嚴助. 『漢書』「嚴助傳」云云, 「東方朔傳」云云, 與司馬相如竝擧者, 有嚴助而無嚴忌. 又據「鄒陽傳」、「司馬相如傳」, 嚴忌僅仕吳、梁, 未仕漢武." 『斠詮』: "案助爲忌子, 相如與之前後同對, 此處嚴, 彦和蓋混指其父子二人, 不必泥實."】

38. 『校注』에서 "『漢書』 「禮樂志」에서는 '李延年이 協律都尉가 되고 司馬相如 등 十人을 천거하여 시부를 짓게 하자……, 十九章의 歌辭를 지었다.'"라고 하였다. 「才略」에서도 "司馬相如는 讀書를 좋아하여 屈原과 宋玉의 辭賦를 학습하면서 문사의 誇張과 艶麗에 통달하고 辭賦의 영수로 명성을 떨치게 되었다. 그러나 그의 작품의 정밀한 의미를 考覈해보면 情理(內容)가 文飾을 넘어서지 못하기에 揚雄은 '문사는 화려하나 쓸모없는 것은 司馬相如의 작품이다.'라 하였다. 이 말은 정말 정확하도다."라고 하였다. 范注에서는 "『玉臺新詠』卷九에 司馬相如의 「琴歌」 2首가 실려 있으나 後代人이 억지로 가져다 붙인 것이기에 다시 기록하지는 않겠다."고 하였다. 葉長靑의 『文心雕龍雜記』(以下 簡稱 『雜記』)에서 "「詩品序」에서 '王褒, 揚雄, 枚乘, 司馬相如 등은 辭(詞)賦

의 아름다움을 다투었으나 五言詩를 지은 것은 들을 수 없다.'라 한 것 역시 이와 같은 뜻이다."라고 하였다.

【『校注』‥"『漢書』「禮樂志」‥'以李延年爲協律都尉, 多擧司馬相如等數十人造爲詩賦, …… 作十九章之歌.'" 「才略」‥"如好書, 師範屈宋, 洞入夸豔, 致名辭宗. 然覆取精意, 理不勝辭, 故揚子以爲文麗用寡者長卿, 誠哉是言也." 范注‥"『玉臺新詠』卷九載司馬相如 「琴歌」二首, 出後人附會." 葉長青『文心雕龍雜記』(以下簡稱『雜記』)‥"「詩品序」‥'王揚枚馬之徒, 辭賦競爽, 而吟詠靡聞.'與此同."】

『禮記』「檀弓」에서 "어버이를 섬김에는 어버이의 허물을 덮어 숨기는 일은 있어도 面前에서 極諫하는 일은 없어야 한다. 좌우로 가까이 가서 봉양함에는 일정한 원칙이 없다."라고 하였다. 注에서 "『方』은 『常: 항상』과 같은 뜻."이라고 하였다. 『無方』의 의미는 『常軌』가 없다는 것으로 결점을 말하는 것은 아닐 것이다. 「時序」篇의 문장을 살펴보면 명백히 알 수 있다. 葉氏가 인용한 「詩品序」의 언급은 본문과 부합하지 않는 것 같다. 『校注』에서는 "郊祀歌 十九章에는 三言, 四言 혹은 雜言(完整한 五言은 없다)도 있으며, 固定的 형식도 없기에 『屬辭無方: 글을 짓는데 정해진 것이 없다.』라고 한 것이다."라고 하였다.

【按『禮記』「檀弓」‥"事親有隱而無犯, 左右就養無方." 注‥"『方』, 猶『常』也." 『無方』的意思是說沒有『常軌』, 不一定是缺點, 看「時序」篇的上下文就可明白. 葉氏所引「詩品序」中的話, 似乎和本文不符. 『校注』‥"郊祀歌十九章中, 有三言、四言或雜言(無完整五言), 並無固定形式, 故云『屬辭無方』."】

范注3-4:『漢書』「藝文志·總序」에서 "成帝 때 光祿大夫 劉向을 불러 經傳과 諸子의 詩賦를 교감시켰다."라고 하였다. 「詩賦略」에서 "28家의 歌詩 314篇이 있다."라고 하였다.

【『漢書』「藝文志·總序」: "成帝時詔光祿大夫劉向校經傳、諸子、詩賦." 「詩賦略」: "凡歌詩二十八家, 三百一十四篇."】

詹注8-1:『漢書』「藝文志·總序」에서 "成帝 때…… 光祿大夫 劉向을 불러 經傳과 諸子의 詩賦를 교감시켰다."고 하였다. 『漢書』「藝文志·詩賦略」에서는 "28家의 歌詩 314篇이 있다."라고 하였다.

【『漢書』「藝文志·總序」: "成帝時, …… 詔光祿大夫劉向校經傳、諸子、詩賦." 「詩賦略」: "凡歌詩二十八家, 三百一十四篇."】

39. 詹注8-2:『斠詮』에서 "『朝章』은 문사가 지은 朝廟의 樂章을 말하며, …… 『國采』는 樂府에서 각 지역의 歌謠를 채집하여 管弦에 맞춘 것으로 '代趙의 노래, 秦楚의 風謠'와 같은 것을 말한다."고 하였다.

【『斠詮』: "『朝章』, 指文士所作朝廟樂章, …… 『國采』, 指樂府所采各地歌謠而被之管弦者, 如'代趙之謳, 秦楚之風'皆是."】

40. 詹注8-3:『陔餘叢考』卷二十三「五言詩」에서 "『文心雕龍』에서 '漢 成帝 무렵에 品評, 記錄한 三百餘 篇에서는 五言詩를 볼 수 없다.'는 언급은 아마도 西漢 무렵에 이르러서야 비로소 五言詩의 체제가 만들어졌기에 선택적으로 그리 언급하였을 뿐이다."라고 하였다. 范注에서 "劉勰의 의도는 삼백 편 가운데 저명한

文士가 지은 五言詩가 없다는 것이지 삼백 편 가운데 五言詩가 한 편도 없다는 것은 아니다. 민간에서 채집한 민요는 사인이 지은 것이 아니지만 대부분이 五言詩였으나 劉勰은 이를 헤아리지 않았다."라고 하였다. 五言詩는 民間에서 생겨났기에 歌謠와 樂府詩에는 五言이 비교적 많았다. 文人과 學士는 모두 이러한 문체를 중시하지 않았고 설사 이를 지은 사람이 있다 하더라도 스스로 자신의 이름을 밝히지 않았다. 『文章流別論』에서는 "五言詩는 〖誰謂雀無角, 何以穿我屋: 누가 참새는 뿌리가 없다 했는가? 어찌하여 우리 집에 구멍을 내는가?〗와 같은 類의 것이다. 俳諧의 倡樂에서 많이 사용하였다."고 하였다. 李延年의 「北方有佳人歌에서 〖寧不知〗 3字를 제외하면 五言詩體라 할 수 있으며, 李延年이 바로 倡家 출신이다. 東漢에 이르러서는 五言詩가 오랫동안 유행하였기에 문인들의 모방작이 출현할 수 있었다.

【『陔餘叢考』卷二十三「五言詩」: "『文心雕龍』曰: '漢成帝品錄, 三百餘篇, 不見有五言. 蓋在西漢時, 五言猶是創體, 故甄錄未及也." 范注: "彥和之意, 似謂三百餘篇中不見著名文士作五言詩, 非謂三百餘篇無一五言詩也. 採自民間之歌謠, 非辭人所作, 而盡多五言, 彥和殆未嘗疑之也." 因爲五言詩起自民間, 歌謠樂府用五言的比較多. 文人學士每每不重視這種新體, 縱然有人作, 也不自居其名. 『文章流別論』: "五言者, 〖誰謂雀無角, 何以穿我屋?〗之屬是也. 于俳諧倡樂多用之." 如李延年「北方有佳人歌」, 除〖寧不知〗三字外, 通體五言, 李延年就是出身倡家. 到了東漢, 五言流行久了, 文人才有仿作的.】

41. 范注3-5: 紀昀은 "이 구절을 살펴보면 蘇武와 李陵의 작품은 거

짓이며, 東坡에게서 시작된 것도 아니다."라고 평하였다. 顔延年 『庭誥』에서는 "李陵에 이르러 많은 작품이 창작되었으나 전체적인 분류도 되지 않았으며, 본시 假託인 작품인지라 李陵이 모두 창작하지는 않았을 것이다. 대단히 훌륭한 작품에는 짙은 悲嘆이 자리한다."고 하였다. 이는 東坡의 말에서 나온 것이다. 『師友詩傳錄』(郎廷槐가 질문하고, 王士禎 등이 답한 것.)에서 張蕭亭이 "『古詩十九首』는 楚의 『離騷』와 동시대의 것이라 말하거나, 枚乘 등의 작품이라 말하지만 헤아려보니 확실한 근거가 없기에 作者의 姓名을 기록하지 않은 것이다. 「靑靑陵上柏」 一章 내에 〖양쪽 제왕의 궁전은 멀리서 마주 보고, 두 망루는 백여 척이나 떨어져 있네.〗에서 兩宮은 南宮과 北宮을 의미한다. 蔡質 『漢宮典職』에서는 '南宮과 北宮은 서로 七里 떨어져 있다.'라고 하였다. 「明月皎夜光」 一章에서의 〖玉衡은 초겨울을 비추다〗, 〖귀뚜라미는 동쪽 벽에서 운다〗, 〖白露가 野草에 매달려 있다〗, 〖가을 매미는 나무 사이에서 운다〗, 〖기러기는 편안히 쉴 곳으로 날아간다〗 등의 언어는 가을의 사물을 서술한 〖漢令: 漢代의 계절〗이라고 하였다. 『漢書』에서는 '高祖가 十月에 覇上에 도착했기에 十月을 正月로 삼았다. 漢代의 孟冬은 지금의 七月이기에 漢代 작가의 작품임은 의심의 여지가 없다. 蘇武와 李陵의 「河梁詩」는 『古詩十九首』와 서로 맞지 않는다. 東坡先生이 僞作이라 말한 것은 분명한 견해를 지녔다 하겠다. 그러나 작품의 맛이 高古하기에 함부로 蘇武와 李陵가 지었다고 말할 수는 없으나, 분명 漢代 高手의 擬作일 것이다. 江文通(江淹)은 擬古에 뛰어났으나 이에 미치지는 못했다.'"라고 하였다.

【紀評曰: "觀此則以蘇李爲僞, 不始於東坡矣." 顔延年『庭誥』: "李陵衆作, 總雜不流, 元是假託, 非盡陵製. 至其善寫, 有足悲者."

此東坡說所出. 『師友詩傳錄』(郞廷槐問, 王士禎等答) 張蕭亭‥ "『十九首』或謂楚『離』同時, 或謂枚乘等作, 想考無確據, 故不書作者姓名. 「靑靑陵上柏」一章內, 〖兩宮遙相望, 雙闕百餘尺〗, 兩宮南宮北宮也. 蔡質『漢宮典職』曰‥'南宮北宮, 相去七里.' 又「明月皎夜光」一章內, 〖玉衡指盟冬〗, 〖促織鳴東壁〗, 〖白露霑野草〗, 〖秋蟬鳴樹間〗, 〖玄鳥逝安適〗等語, 所序皆秋事, 乃漢令也. 『漢書』曰‥'高祖十月至覇上, 故以十月爲歲首. 漢之孟冬, 今令之七月也, 似爲漢人之作無疑. 至於蘇李「河梁詩」, 可與十九首相頡頏. 東坡先生謂爲僞作, 亦必有見, 然氣味高古, 縱不出蘇李, 定漢之高手所擬, 江文通善於擬古者, 似不能及也.'"】

黃侃先生의 『詩品講疏』에서 "『文心雕龍』 「明詩」篇에서 '또한 『古詩十九首』가 아름다웠는데, 혹자는 枚乘의 작품이라 하고(徐陵 『玉臺新詠』에 枚乘의 詩 八首가 있다. 1.「靑靑河畔草」 2.「西北有高樓」 3.「涉江采芙蓉」 4.「庭中有奇樹」 5.「迢迢牽牛星」 6.「東城高且長」 7.「明月何皎皎」 8.「行行重行行」. 이는 모두 『古詩十九首』의 작품이다. 『玉臺新詠』에는 「蘭若生春陽」 一首가 있으며, 또한 枚乘의 작품이라 하였다.), 「孤竹」은 傅毅의 작품이라 한다.(傅毅의 字는 武仲이며, 明帝와 章帝 때의 인물이다. 「孤竹」은 『古詩十九首』의 「冉冉孤生竹」이다.) 文彩 비교를 통해 본다면 兩漢의 작품일 것이다.'"라고 하였다. (枚乘은 西漢, 傅毅는 東漢의 인물로 간주했기 때문이다.) 『文選』 李善注에서 "古詩는 작자가 누구인지 알 수 없으나 더러는 枚乘이라 말하지만 의문을 명확히 풀 수 없다. 詩에서 〖수레를 몰아 東門으로 향하다〗(阮嗣宗 「詠懷詩」注에서 『河南郡圖經』을 인용하여‥'동쪽에 세 개의 문이 있는데, 가장 북쪽에 上東門이 있으며, 여기서는 東都城門의 이름이다. 따라서 아마도 東漢人의 작품일 것이다.') 다시 『宛과 洛에서 노닐다』(『古詩注』: ‘『漢書』에 의하면 南陽郡에 宛縣이 있으며, 洛은 東都다.’라고 하였다. 張平子 「南都賦」注에서 摯虞의 언급을 인용하여 ‘『南陽郡이 宛을 管轄하였으며, 경성의 남쪽에 있었기 때문에 南都라 하였다』’고 하였다. 「南都賦」: ‘南陽은 漢朝의 舊都를 말한다.’라고 하였다. 詩에서 『宛』과 『洛』으로 互言하였으니 東漢時期의 작품이 분명하다.) 여기서 東都와 같이 언급하였다고 하여 반드시 枚乘의 작품이라 할 수는 없다.”라고 하였다. 李善의 注를 살펴보면 예전에 十九首는 모두 枚乘의 작품이라 하였기 때문에 『반드시 枚乘의 작품이라 할 수는 없다.』라고 한 것이다. 『孝穆: 徐陵의 字』이 『玉臺新詠』을 편찬하면서 十九首에 枚乘의 작품도 있었으나 다른 문구들 대부분은 시대와 서로 맞지 않는다. 「明月皎夜光」에서 사용된 節氣는 太初 무렵에 아직 曆法을 고치지 않았던 시기 이전의 언어다. 『玉衡指孟冬: 玉衡은 초겨울을 비추고』, 앞서 언급한 『귀뚜라미는 동쪽 벽에서 울고』, 다음의 『가을 매미는 나무 사이에서 울고, 기러기는 편안히 쉴 곳으로 날아간다』에서의 孟冬은 夏曆의 孟秋에 해당하며, 만일 曆法을 바꾼 이후라면 절기의 호칭은 절대 이와 같을 수 없다. 따라서 이 시는 漢初의 작품이다. 또한 「凜凜歲云暮: 차가운 年末」에서 『차가운 바람 갑자기 매섭다』라고 하였다. 차가운 바람이 불어오는 시기는 孟秋(『月令』에서 “孟秋의 달에 시원한 바람이 불어온다.”고 하였다.)인데 여기서는 연말이라 하였으니 역시 太初 이전의 작품이다. 미루어 말하자면 五言詩는 西漢 무렵에 만들어졌고, 歌謠와 樂府가 대부분이며, 辭人이나 文士들이 서로 모방하려고 하지는 않았다. 『李都尉: 李延年』은 武人이었고, 班婕妤는 宮人였으며, 감흥을 받아 노래를 부름에 처음에는 歌謠와 별반 다르지 않았다. 그러나 풍자의 의미와 感慨의 言辭가 결국 당시의 독특한 아름다움을 떨치니 후세의 모범이 되었다. 그 시원을 추측해보면 또한 閭巷의 노래였을 것이다. 『漢書』「藝文志」에서 '武帝가 樂府를 설립하고 가요를 採集하니, 이에 代·趙의 노래와 秦·楚의 風謠가 나타났으며, 이들은 모두 哀樂을 느끼고, 사실에 따라 노래한 것이기에 풍속을 살펴 풍속의 후함과 박함을 논한 사실을 알 수 있다.'고 하였다. 歌詩 28家 가운데 지역과 연관되지 않은 시를 제외한 작품으로 「吳楚汝南歌詩」, 「燕代謳」, 「雁門雲中隴歌詩」, 「邯鄲河間歌詩」, 「齊鄭歌詩」, 「淮南歌詩」, 「左馮翊秦歌詩」, 「京兆尹秦歌詩」, 「河東蒲反歌詩」, 「雒陽歌詩」, 「河南周歌詩」(「河南周歌聲曲折」), 「周謠歌詩」(「周謠歌詩聲曲折」), 「周歌詩」, 「南郡歌詩」 20餘家가 있다. 이는 陳詩를 통해 풍속을 살펴보는 것과 별반 다른 것이 아니었다. 그러므로 漢代 歌謠 十餘家가 있었으나 『詩經』의 十五『國風』과 다른 점이 없었다."라고 하였다.

【黃先生『詩品講疏』:"『文心雕龍』「明詩」篇:'又『古詩』佳麗, 或稱枚叔(徐陵『玉臺新詠』有枚乘詩八首. 「靑靑河畔草」一, 「西北有高樓」二, 「涉江采芙蓉」三, 「庭中有奇樹」四, 「迢迢牽牛星」五, 「東城高且長」六, 「明月何皎皎」七, 「行行重行行」八. 此皆在『十九首』中. 『玉臺新詠』又有「蘭若生春陽」一首. 亦云枚乘作.) 「孤竹」一篇則傅毅之辭.(傅毅字武仲, 明章時. 「孤竹」謂『十九首』中之「冉冉孤生竹」) 比采而推, 兩漢之作乎?'"(以枚叔爲西漢人, 以傅毅爲東漢人故.) 『文選』李善注云:"古詩皆不知作者, 或云枚乘, 疑不能明也. 詩云『驅車上東門』(阮嗣宗「詠懷詩」注引『河南郡圖經』曰:'東有三門, 案此東都城門名也, 故疑爲東漢人之辭.') 又云『游戲宛與洛.』(『古詩注』曰:'『漢書』南陽郡有宛縣, 洛東都.' 張平子「南都賦」注引摯虞曰'『南陽郡治宛, 在京之南, 故日南道.』' 「南都賦」曰:'南陽者眞所謂漢之舊都者也.' 詩以『宛』

『洛』互言, 明在東漢之世.) 此則辭兼東都, 非盡是乘.” 尋李善注所言, 是古有以十九首皆枚乘所作者, 故云『非盡是乘』. 孝穆撰詩但以十九首有乘所作, 亦因其餘句多與時序不合爾. 案「明月皎夜光」一詩, 稱節序皆是太初未改歷以前之言, 詩言『玉衡指孟冬』, 而上云『促織鳴東壁』, 下云『秋蟬鳴樹間, 玄鳥逝安適』, 是此孟冬, 正夏正之孟秋, 若在改歷以還, 稱節序者, 不應如此. 然則此詩乃漢初之作矣. 又「凜凜歲云暮」一詩『涼風率已厲』. 涼風之至, 候在孟秋(『月令』: “孟秋之月涼風至.), 而此云歲暮, 是亦太初以前之詞也. 推而論之, 烏焉之作在西漢, 則歌謠樂府爲多, 而辭人文士猶未肯相率模效. 李都尉從戎之士, 班婕妤宮闈之流, 當其感物興歌, 初不殊於謠言. 然風人之旨, 感慨之言, 竟能擅美當時, 垂範來世, 推其原始, 故亦閭里之聲也. 按『漢書』「藝文志」云: ‘自孝武立樂府, 而采歌謠, 於是有代趙之謳, 秦楚之風謠, 皆感於哀樂, 緣事而發, 亦可以觀風俗知薄厚云.’ 歌詩二十八家中, 除諸不繫於地者, 有「吳楚汝南歌詩」, 「燕代謳」, 「雁門雲中隴歌詩」, 「邯鄲河間歌詩」, 「齊鄭歌詩」, 「淮南歌詩」, 「左馮翊秦歌詩」, 「京兆尹秦歌詩」, 「河東蒲反歌詩」, 「雒陽歌詩」, 「河南周歌詩」(「河南周歌聲曲折」), 「周謠歌詩」(「周謠歌詩聲曲折」), 「周歌詩」, 「南郡歌詩」, 凡二十餘家. 此與陳詩觀風, 初無二致. 然則漢世歌謠之有十餘家, 無殊於『詩三百』篇之有十五『國風』也.”】

『講疏』에서 다시 “摯虞의 『文章流別論』(『藝文類聚』劵56)에서 ‘古詩에는 三言, 四言, 五言, 六言, 七言, 九言이 있으며, 대개 四言이 중심 체제이고, 간혹 한두 구가 四言 사이에 끼어들었고, 후세에 연진하여 마침내 하나의 篇이 되었다. 古詩에서 三言의 것으로 『振振鷺, 鷺于飛: 많은 해오라기 날아오른다.』가 이에 속한다. 『漢郊廟歌』에서 이런 형식을 많이 사용하였다.(唐山夫人

「安世房中歌詩」, 「安其所」, 「草蔞豊」, 「雷震震」 諸篇은 모두 三言이며, 「郊祀歌練時日」, 「太乙況」, 「天馬徠」 諸篇도 모두 三言이다.) 五言으로는 『誰謂雀無角, 何以穿我屋: 누가 참새에게는 부리가 없다 하였는가? 어찌 우리 집까지 파고 들어왔을까?』이 이에 속한다. 諧讔的인 倡樂에서 많이 사용되었다.(大禮에는 사용되지 않았고 대부분 諧讔的 倡樂이며, 이러한 작품 중에는 樂府에 기재된 歌謠도 있다.) 六言으로는 『我姑酌彼金罍: 내 잠시 저 금잔에 술을 따라』가 이에 속한다. 樂府에서도 사용하였다. (예를 들어 「悲歌」의 『悲歌可以當泣, 遠望可以當歸: 슬픈 노래는 울게 만들 수 있고, 멀리서 바라보니 돌아가게 만든다.』 2句, 「猛虎行」의 『飢不從猛虎食, 暮不從野雀棲: 배고파도 맹호 따라 먹지 않고, 저물어도 野雀처럼 쉬지 않는다.』의 2句, 「上留田行」의 앞 4句는 모두 六言으로 句가 이루어져 있다.) 七言으로는 『交交黃鳥止于桑: 우는 黃鳥는 뽕나무에 자리하고』가 이에 속한다.(鳥字를 기준으로 斷句할 수 있으니 『昔也日闢國百里』 2句를 예로 들어야 할 것이다.) 諧讔的 倡樂에 많이 사용되었다. (樂府에서는 七子句를 많이 사용하였으며, 『鼓吹鐃歌』에는 『千秋萬歲樂無極, 江有香草目以蘭』 이외에 셀 수 없이 많다.) 古詩의 九言으로는 『泂酌彼行潦把彼注兹』가 이에 속한다.(이 句節 또한 潦字를 기준으로 구를 나눌 수 있기에 『詩經』에 실질적인 九言은 없으니 『九辯』의 『吾固知其鉏鋙而難入』을 예를 들어야 할 것이다.) 歌謠의 章에는 들어가지 못한다.(「烏生」篇의 『唶我秦氏家有遊蕩子』와 『白鹿乃在上林西苑中』 등의 句는 모두 九言이며, 歌謠의 章에는 들어갈 수 없다고 말한 것은 너무 적게 보이기 때문일 것이다.) 摯虞의 언급을 가지고 추론하면 오언은 해학적 倡樂에 많이 사용되었을 것이다.'"라고 하였다. 『藝文志』에 나열된 각 지방의 가요들은 의당 해학적 倡樂으로 분류해야 하며, 『文心雕龍』 「明詩」篇에서 간단하게 "漢代 成帝時期에 이르러 選錄 품평한 작품이 삼백여 편에 이르렀으며(『藝文志』 「詩賦略」에 기재된 시는 28가 314편이다.), 朝廷에서 쓰인 작품, 지방의 民歌도 잘 갖추어졌다 말할 수 있다. 시인이 남긴 작품에는 오언시를 찾아볼 수 없다."라고 하였다. 이는 當時의 文士들은 五言詩를 짓지 않았으며, 아울러 악부 歌謠 역시 五言詩가 없다고 의심하게 한다.(文瀾은 當時 劉勰의 의도에 의거하면 三百餘篇 가운데 저명한 文士들이 지은 五言詩를 지은 경우를 살필 수 없다는 것이지 三百餘篇에 五言詩가 한 편도 없다는 것은 아니다. 민간에서 채집한 가요는 辭人의 작품은 안이나 대부분은 五言이며, 劉勰은 거의 이를 헤아리지 못했다.) 현재 西漢時期를 고찰해보면, 五言詩를 주로 지은 작가는 다음과 같다. 李都尉, 班婕妤 이외에 虞美人의 「答項羽歌」(『楚漢春秋』 參照), 卓文君의 「白頭吟」, 李延年의 歌謠(前四言), 蘇武의 詩 四首. 저자의 이름이 없는 樂府詩는 「上陵」(前數句), 「有所思」(篇中에 五言이 많음), 「鷄鳴陌上桑」, 「長歌行」, 「豫章行」, 「相逢行」, 「長安有狹斜行」, 「隴西行」, 「步出夏門行」, 「豔歌何嘗行」, 「豔歌行」, 「怨歌行」, 「上留田」(「里中有啼兒」一首)이 있으며, 古代의 「八戀歌」, 「豔歌」, 「古咄唶歌」(이 안에는 동한 시기에 만들어진 것이 섞여 있으나 武帝 樂府에 기록된 것도 당연히 많이 존재한다.) 歌謠로는 「紫宮諺」(『漢書』에서 "李延年은 노래를 잘했으며, 새로운 노래를 지어 女弟와 함게 황제의 총애를 받았기에 당시 사람들이 이르길‥'암컷 하나와 숫컷 하나가 쌍으로 紫宮으로 날아들었다.'"라고 하였다.), 「長安爲尹賞作歌」(앞의 내용 참조), 無名詩人의 詩 八首는 (1. 「上山採蘼蕪」, 2. 「四坐且莫諠」, 3. 「悲與親友別」, 4. 「穆穆淸風至」, 5. 「橘柚垂華實」, 6. 「十五從軍征」, 7. 「新守蘭蕙花」, 8. 「步出城東門」. 위의 모든 시는 『樂府詩集』이나

『詩紀』에 보이기도 한다.)이다. 『古詩八首』(五言四句로 된 것으로는 「采葵莫傷根」과 같은 것이 있다.)는 대체로 淳厚하고 淸婉하여 『國風』의 풍격과 비슷하고, 賦頌의 풍격이 섞이지 않았으니 이는 五言의 正當한 발전 궤적이라 하겠다. 대체로 秦漢의 가요는 대부분 五言으로 지어졌으며, 典雅한 文辭로 수식을 가했으며, 六義를 본받았기에 그러한 풍모가 나날이 성행했으며, 경계선을 뛰어넘어 큰 영향을 미쳤다. 建安時期 이후로 문인들이 경쟁적으로 오언시를 창작하자 작품이 날로 많아졌고, 그리하여 閭巷의 歌謠가 멀리는 漢代 詩歌의 풍격과 유사하였다. 일례로 악부에 기재된 『淸商曲辭』를 보면 五言이 90%에 이르고, 意境을 통한 造句가 모두 漢代 樂府의 변화무쌍함과 유사하다. 이를 통해 오언의 체제는 가요에서 비롯되었음을 알 수 있다. 劉勰이 〖五言詩를 보지 못했다.〗라고 한 것은 깊은 사고를 거쳤으나 한 번의 실수를 범한 것이며, 仲偉가 단호하게 漢代에 만들어졌다고 한 것은 깊이 생각할 가치가 있다.

【『講疏』又曰‥"摯虞『文章流別論』(『藝文類聚』五十六)曰‥'古詩有三言四言五言六言七言九言, 大率以四言爲體, 而時有一句二句雜在四言之間, 後世演之, 遂以爲篇. 古詩之三言者, 〖振振鷺, 鷺于飛〗之屬是也. 『漢郊廟歌』多用之.(唐山夫人「安世房中歌詩」, 「安其所」,「草蔞豊」,「雷震震」諸篇皆三言, 「郊祀歌練時日」,「太乙況」,「天馬徠」諸篇, 皆三言.) 五言者, 〖誰謂雀無角, 何以穿我屋〗之屬是也. 於俳諧倡樂多用之.(凡非大禮所用者, 皆俳諧倡樂, 此中兼有樂府所載歌謠.) 六言者 〖我姑酌彼金罍〗之屬是也. 樂府亦用之.(如「悲歌」〖悲歌可以當泣, 遠望可以當歸〗二句, 「猛虎行」〖飢不從猛虎食, 暮不從野雀棲〗二句, 又「上留田行」前四句, 皆六言成句者也.) 七言者 〖交交黃鳥止于桑〗之屬是也.(案從鳥字斷句亦可, 宜擧『昔也日闢國百里』二句.) 於俳諧倡樂多用之.(樂府中多以七字爲句, 如『鼓吹鐃歌』中『千秋萬歲樂無極, 江有香草目以蘭』, 此外不能悉擧.) 古詩之九言者『洞酌彼行潦挹彼注玆』之屬是也.(案此仍從潦字斷句, 『詩三百』篇實無九言者, 當擧『九辯』之『吾固知其鉏鋙而難入』.) 不入歌謠之章.(按「烏生」篇『唶我秦氏家有遊蕩子』及『白鹿乃在上林西苑中』等句, 皆九言, 所謂不入歌謠之章者, 蓋因其希見爾.) 以摯氏之言推. 則五言固俳諧倡樂所多有.'" 『藝文志』所列諸方歌謠宜在俳諧倡樂之內, 而『文心雕龍』「明詩」篇猥云: "成帝品錄, 三百餘篇(『藝文志』「詩賦略」所載凡歌詩二十八家三百一十四篇.), 朝章國采, 亦云周備, 而辭人遺翰, 莫見五言." 此以當世文士, 不爲五言, 並疑樂府歌謠亦無五言也.(文瀾謹案彦和之意, 似謂三百餘篇中不見著名文人作五言詩, 非謂三百餘篇無一五言詩也. 採自民間之歌謠, 非辭人所作, 而儘多五言, 彦和殆未嘗疑之也.) 今考西漢之世, 爲五言主名者: 李都尉, 班婕妤而外, 有虞美人「答項羽歌」(見『楚漢春秋』), 卓文君「白頭吟」, 李延年歌(前四言), 蘇武詩四首. 其無主名者, 樂府有「上陵」(前數句),「有所思」(篇中多五言),「鷄鳴陌上桑」,「長歌行」,「豫章行」,「相逢行」,「長安有狹斜行」,「隴西行」,「步出夏門行」,「豔歌何嘗行」,「豔歌行」,「怨歌行」,「上留田」(「里中有啼兒」一首), 古「八變歌」,「豔歌」,「古咄唶歌」(此中容有東漢所造, 然武帝樂府所錄, 宜多存者.) 歌謠有「紫宮諺」(『漢書』曰: "李延年善歌, 能爲新聲, 與與弟俱幸, 時人爲之語曰: '一雌復一雄, 雙飛入紫宮.'"),「長安爲尹賞作歌」(見前), 無名詩人詩八首(「上山採蘼蕪」一, 「四坐且莫諠」二, 「悲與親友別」三, 「穆穆淸風至」四, 「橘柚垂華實」五, 「十五從軍征」六, 「新守蘭蕙花」七, 「步出城東門」八. 以上諸詩或見『樂府詩集』, 或見『詩紀』.) 『古詩八首』(五言四句, 如「采葵莫傷根」之類). 大抵淳厚淸婉, 其辭近於『國風』, 不雜以賦頌, 此乃五言

之正軌矣. 蓋秦漢歌謠, 多作五言, 飾而雅詞, 傅之六義, 斯其風流日盛, 疆晝愈遠. 自建安以來, 文人競作五言, 篇章日富, 然閭里歌謠, 則猶遠東漢風. 試觀『淸商曲辭』, 五言居什九, 託意造句, 皆與漢世樂府共其波瀾. 以此知五言之體肇於歌謠也. 彦和云 『不見五言』(譯者注: 『莫見五言』의 誤記), 斯乃千慮之一失, 唯仲偉斷爲炎漢之製, 其鑒審矣.】

漢代부터 四言詩가 점차 衰落하였으며, 韋玄成의 「自劾詩」, 「戒示子孫詩」(이 詩는 元帝 시기의 작품)는 비록 강건함과 전아함은 충분하였으나 사람들이 이를 맛보고 계속 좋아하기는 힘들다. 武帝때 李延年이 처음으로 五言詩를 지었고, 지금 전해지는 蘇武와 李陵의 시는 모두 五言詩다. 『文心雕龍』「明詩」篇에서는 李陵에 대해서는 자못 의심하고 있으나, 鍾嶸은 『詩品』에서 李陵을 上品에 列入하였다. 蘇武詩에 대해서는 劉勰과 鍾嶸 모두 언급하지 않았으니 실로 의심했을 것이다. (楊愼의 『丹鉛總錄』 詩話類에서 "摯虞의 『文章流別志』에서 '李陵에 이르러 많은 작품이 창작되었으나 전체적으로 분류되어 있지 않았으며, 본시 假託인 작품인지라 李陵이 모두 창작하지는 않았을 것이다. 대단히 훌륭한 작품에는 짙은 悲嘆이 자리한다. 이를 바탕으로 살펴보면 그 유래가 오래되었음을 알 수 있다. 설사 가탁이라 하더라도 역시 東漢 및 魏代의 張衡이나 曹植과 같은 사람이라야 능히 이런 작품을 쓸 수 있었을 따름이다.'"라고 하였다.) 丁福保의 「全漢詩緖言」에서 "『古文苑』에 李陵의 『錄別詩』八首, 「蘇武答李陵詩」와 「別李陵詩」 각 1首가 있으며, 모두 蘇武와 李陵의 所作으로 분명히 밝히고 있다. 宋代 章樵注의 『古文苑』에서 『大蘇: 소식』는 『文選』 속의 蘇武와 李陵의 서로 주고받은 五言詩는 僞作이라 의심하여 이 10首를 모두 假作이라 하였다. 明代의 사람들이 고시를 選別 刻印하면서 결국 이 작품들을 無名氏의 작품으로 구분하고, 그 제목을 『擬蘇李詩』10首로 고쳤다. 이에 淸代의 각 選本에는 蘇武와 李陵의 이름이 삭제되지 않은 것이 없는데, 이는 後人의 擬作이라 여긴 것이다. 그러나 蘇軾과 章樵 두 사람의 의심은 모두 근거 없는 臆斷이며, 실제로 확실한 근거를 지니지 못했다. 이러한 시들은 宋代 以前에는 아무런 의심도 없이 가탁이라 여겼다. 『藝文類聚』의 기록을 살펴보면 모두 蘇武와 李陵의 것이라 확정하고 있다. 더욱이 「二鳧俱北飛: 두 오리가 함께 북쪽으로 날아가다」는 『初學記』에서 역시 蘇武의 「別李陵詩」라 지칭하였다. 杜甫 역시 〖李陵과 蘇武는 나의 스승이다.〗라 하였는데, 杜甫가 어찌 식견이 없었겠는가? 蘇軾은 晩年에 쓴 「跋黃子思詩」에서 〖蘇武와 李陵의 시는 하늘이 지은 것과 같다.〗고 말하면서 지극한 존중을 나타냈다. 蘇軾은 〖六朝의 擬作〗이라는 주장에 대하여 일시적으로 蕭統을 경시한 편향된 言辭라 여겼다. 蘇軾 또한 자신의 失言을 후회하였다."라고 하였다. 나는 蘇武와 李陵이 지었다는 사실의 眞僞는 確斷을 내리기 어려우니 일단 논의를 멈추는 것이 후회가 적을 것이라 생각한다. 이에 蘇武와 李陵의 시라 말하는 작품을 다음에 적어둔다.

【漢四言詩浸益衰落, 韋玄成「自劾詩」, 「戒示子孫詩」(此詩元帝時作), 雖懿雅有餘, 而欲使人味之亹亹不倦也難矣. 武帝時, 李都尉始著五言之目, 今所傳蘇李詩, 皆五言也. 『文心雕龍』「明詩」篇頗致疑於李陵. 鍾嶸『詩品』則列李陵爲上品, 而蘇武詩, 劉鍾二家均未言及, 誠爲可疑.(楊愼『丹鉛總錄』詩話類謂‥"摯虞『文章流別志』云‥'李陵衆作, 總雜不類, 殆是假托, 非盡陵制, 至其善篇, 有足悲者, 以此考之, 其來古矣. 卽使假託, 亦是東漢及魏人張衡曹植之類, 始能之耳.'") 丁福保「全漢詩緖言」‥"『古文苑』有李陵

『錄別詩』8首, 又有「蘇武答李陵詩」, 「別李陵詩」各一首, 皆標明蘇李所作. 宋代章樵注『古文苑』, 因大蘇疑『文選』中蘇李贈答五言爲僞作, 遂並以此十首爲非眞. 明人選刻古詩, 竟列此於無名氏之中, 改其題爲『擬蘇李詩』十首. 故有淸一代各選本, 無不削蘇李之名, 而以爲後人所擬. 然蘇章二氏之所疑者, 皆憑空臆斷之辭, 非有眞實確據也. 且此等詩在趙宋以前, 亦無有疑其僞託者. 試觀『藝文類聚』之所載, 皆確定爲蘇李. 況「二鳧俱北飛」, 『初學記』亦指爲蘇武「別李陵詩」. 杜子美云〖李陵蘇武是吾師〗, 子美豈無見哉. 東坡晩年「跋黃子思詩」云〖蘇李之天成〗, 尊之亦至矣, 其日〖六朝擬作〗者, 一時鄙薄蕭統之偏辭耳, 蓋東坡亦自悔其實言也.” 案蘇李眞僞, 實難碻斷, 惟而不議庶寡尤悔耳. 玆全錄所謂離騷詩如下:】

蘇武詩四首

여기부터 馮默庵 云云한 부분까지는 모두 丁福保의 『全漢詩』에서 옮겼다.

【自此至下附錄馮默庵云云, 改從丁福保『全漢詩』迻錄】

骨肉緣枝葉, 結交亦相因; 四海皆兄弟, 誰爲行路人.
況我連枝樹, 與子同一身; 昔爲鴛與鴦, 今爲參與辰.
昔者常相近, 邈若胡與秦; 惟念當乖離, 恩情日以新.
鹿鳴思野草, 可以喩嘉賓. 我有一尊酒, 欲以贈遠人;
願子留斟酌, 敍此平生觀.

結髮爲夫妻, 恩愛兩不疑; 歡娛在今夕, 燕婉及良時.

征夫懷往路, 起視夜何其; 參辰皆已沒, 去去從此辭.
行役在戰場, 相見未有期; 握手一長歎, 淚爲生別滋.
努力愛春華, 莫忘歡樂時; 生當復來歸, 死當長相思.

黃鵠一遠別, 千里顧徘徊; 胡馬失其羣, 思心常依依.
何況雙飛龍, 羽翼臨當乖; 幸有絃歌曲, 可以喩中懷.
請爲遊子吟, 泠泠一何悲; 絲竹厲淸聲, 慷慨有餘哀.
長歌正激烈, 中心愴以摧; 欲展淸商曲, 念子不能歸.
俛仰內傷心, 淚下不可揮; 願爲雙黃鵠, 送子俱遠飛.

燭燭晨明月, 馥馥我(『補注』에서는 응당 『秋』로 써야 한다고 말함)蘭芳;
芬馨良(一作長)夜發, 隨風聞我堂; 征夫懷遠路, 遊子戀故鄕.
寒冬十二月, 晨起踐嚴霜; 俯觀江漢流, 仰視浮雲翔.
良友遠別離, 各在天一方; 山海隔中州, 相去悠且長.
嘉會難再(『文選』에서는 『雨』)遇, 歡樂殊未央; 願君(一作 『言』) 崇令德, 隋時愛景光.

「答李陵詩」
(『古文苑』과 『藝文類聚』 參見)

童童孤生柳, 寄根河水泥; 連翩遊客子, 于冬服涼衣;
去家千里餘, 一身常渴餓. 寒夜立 淸庭, 仰瞻天漢湄;
寒風吹我骨, 嚴霜切我肌; 憂心常慘戚, 晨風爲我悲.
瑤光遊何速, 行願支荷(一作 『去何』)遲; 仰視雲間星, 忽若割長帷.
低頭還自憐, 盛年行已衰. 依倚戀明世, 愴愴難久懷.

「別李陵」
(『初學記』卷十을 보라. 明代인들은 後人의 蘇武와 李陵을 모방한 시로 여김)

二(『古文苑』에서는 『雙』)鳧俱北飛, 一鳧獨南翔;
子當留斯館, 我當歸故鄉. 一別如秦胡, 會見何詎央.
愴恨切中懷, 不覺淚沾裳. 願子長努力, 言笑莫相忘.

李陵「與蘇武詩」三首

良時不再至, 離別在須臾; 屛營衢路側, 執手野踟躕.
仰視浮雲馳, 奄忽互相踰; 風波一失所, 各在天一隅.
長當從此別, 且復立斯須; 欲因晨風發, 送子以賤軀.

攜手上河粱, 遊子暮何之, 徘徊蹊路側 , 悢悢(一作『恨恨』)不能辭;
行人難久留, 各言長相思. 安知非日月, 弦望自有時;
努力崇明德, 皓首以爲期.

嘉會難再遇, 三載爲千秋; 臨河濯長纓, 念子(一作『別』)悵悠悠.
遠望悲風至, 對酒不能酬. 行人懷往路, 何以慰我愁;
獨有盈觴酒, 與子結綢繆.

「別錄詩」八首

有鳥西南飛, 熠熠似蒼鷹; 朝發天北隅, 暮聞日南陵.
欲寄一言去(譯者注: 一作『辭』), 託之牋綵繒; 因風附輕翼, 以遺心蘊蒸.
鳥辭路悠長, 羽翼不能勝; 意欲從鳥逝, 駑馬不可乘.

爍爍三星列, 拳拳月初生; 寒涼應節至, 蟋蟀夜悲鳴.
晨風動喬木, 枝葉日夜零; 游子暮思歸, 塞耳不能聽.
遠望正蕭條, 百里無人聲; 豺狼鳴後園, 虎豹步前庭;
遠處天一隅, 苦困獨零丁. 親人隨風散, 歷歷如流星;
三萍離不結, 思心獨屛營; 願得萱草枝, 以解飢渴情.

寂寂君子坐, 奕奕合衆芳; 溫聲何穆穆, 因風動馨香.
淸言振東序, 良時著四庠; 乃命絲竹音, 列席無高唱.
悲意何慷慨, 淸歌正激揚; 長哀發華屋, 四坐莫不傷.

晨風鳴北林, 熠燿(一作『熠熠』)東南飛; 願言所相思, 日暮不垂帷.
明月照高樓, 想見餘光輝; 玄鳥夜過庭, 髣髴能復飛;
寒裳路踟躕, 彷徨不能歸. 浮雲日千里, 安知我心悲;
思得瓊樹枝, 以解長渴饑.

陟彼南山隅, 送子淇水陽; 爾行南西遊, 我獨東北翔.
猿馬顧悲鳴, 五步一彷徨; 雙鳧相背飛, 相遠日已長.
怨望雲中路, 相見來圭璋, 萬里遙相思, 何益心獨傷.
隨時愛景曜, 願言莫相忘.

鍾子歌南音, 仲尼嘆歸與; 戎馬悲邊鳴, 遊子戀故廬.
陽鳥歸飛雲, 蛟龍樂潛居; 人生一世間, 貴與願同俱.
身無四凶罪, 何爲天一隅! 與其苦筋力, 必欲榮薄軀;

不如及淸時, 策名於天衢.

鳳凰鳴高岡, 有翼不好飛; 安知鳳凰德, 貴其來見稀.(闕)
紅塵蔽天地, 白日何冥冥!(闕)

〖附錄〗

紅塵蔽天地, 白日何冥冥; 微雲盛殺氣, 淒風從北興. 招搖西北指, 天漢東南傾, 嗟爾穹廬子, 獨行如履冰. 短褐中無緒, 帶斷續以繩. 瀉水置缾中, 焉辨淄與澠. 巢父不洗耳, 後世有何稱.(『升菴詩話』云, 見『修文殿御覽』.)

馮默菴은 "『古文苑』에서는 두 구만을 적는 데 그쳤고, 나머지는 생략되었다. 『文選』李善本 「西都賦」注에서도 역시 두 구만을 기록하였다. 〖蔽〗字를 〖塞〗字로 썼다. 以下 十二句에 대하여 『升菴詩話』에서 '『修文殿御覽』에서 나왔다.'라고 하였다. 이 책은 이미 亡失된지 오래인지라 감히 믿을만한 것이라 말할 수 없다. 그러나 文義를 가지고 살펴보면 첫머리에서 〖흰 구름 어찌 그리 아득한지: 白日何冥冥〗를 이어 〖招搖星이 西北을 가리키자 은하수가 東南으로 기우네: 搖西北指, 天漢東南傾〗와 같은 구절을 갑자기 얻을 수 있었을까? 〖짧은 갈옷에는 솜조차 없고, 새끼줄을 끊어 허리띠로 삼았네: 短褐中無緒, 帶斷續以繩〗 두 구는 별도로 『御覽』에 보인다. 〖緒〗字는 〖絮〗字로 되어 있다. 또한 謝靈運이 자신의 詩에서 '우물에 술을 쏟아버리면 누가 斗升을 구별할 수 있으며, 잔속에다 물을 섞으면 누가 淄水와 澠水를 구분할 수 있겠는가?'라고 하였다. 이렇게 다른 이의 시 二句를 직접 연결시키고 있으나 謝靈運이 남의 글을 훔친 병폐가 있다고 말할 수는 없으나, 文理에도 통한 것이라 말할 수 있겠는가?"라고 하였다.

【馮默菴曰: "『古文苑』止載二句, 下闕. 『文選』李善本「西都賦」注亦載二句, 〖蔽〗字作 〖塞〗. 以下十二句『升菴詩話』云'出『修文殿御覽』.' 此書亡失已久, 所不敢信. 然而文義考之, 首云 〖白日何冥冥〗, 可得遽接云 〖招搖西北指, 天漢東南傾〗耶? 〖短褐中無緒, 帶斷續以繩. 〗二句別見『御覽』. 〖緒〗作 〖絮〗. 又小謝詩云: '瀉水置井中, 誰能辨斗升, 合如杯中水, 誰能辨淄澠?'. 今直合作二句, 惠連必無勦襲之病, 可得謂之文理通備否?"】

班婕妤 「怨詩」(『文選』에서는 「怨歌行幷序」로 되어 있다.(『玉臺新詠』卷一)

【班婕妤「怨詩」(『文選』作「怨歌行幷序」. 『玉臺新詠』卷一)】

옛날 漢 成帝 때 班婕妤는 寵愛를 잃고 長信宮에서 供養을 받다가 자신의 슬픔을 적은 詩을 모아 이를 「怨詩」라 하였다.

【昔漢成帝, 班婕妤失寵愛, 供養於長信宮, 乃作賦自傷, 併爲「怨詩」一首.】

新裂齊紈素, 鮮潔(『文選』에는 〖皓潔〗로 되어 있으며, 李善은 謝脁, 江淹의 詩에도 〖皓潔〗로 되어 있다고 주석을 달았다.)如霜雪, 裁爲合歡扇, 團團似明月. 出入君懷袖, 動搖微風發; 常恐秋節至, 涼風(一作 〖飇〗)奪炎熱; 棄捐篋笥中, 恩情中道絶.

【新裂齊紈素, 鮮潔(『文選』作 『皓潔』, 李善注謝朓, 江淹詩並引爲 『皓潔』.)如霜雪, 裁爲合歡扇, 團團似明月. 出入君懷袖, 動搖微風發; 常恐秋節至, 涼風(一作 『飈』)奪炎熱; 棄捐篋笥中, 恩情中道絶.】

詹注8-4: 『唐寫本』에는 『妤』字가 없다. 『校證』에서 "『御覽』에는 『疑』字를 『擬』字로 썼다. 『宋書』「顔延之傳」에 의하면 延之의 『庭誥』에서 '李陵에 이르러 많은 작품이 창작되었으나 전체적으로 분류되지는 않았으며, 본시 假託인 작품인지라 李陵이 모두 창작하지는 않았을 것이다.'라고 하였다. 즉 『疑』字를 『擬』字로 解讀했으며, 이 또한 통한다."고 하였다. 鍾嶸 「詩品序」에서 "漢代 李陵에 이르러 비로소 五言의 篇目이 나타났다.…… 王褒, 揚雄, 枚乘, 司馬相如 등으로부터 辭賦가 홍성하였다 하지만 시가가 지어졌다는 말은 듣지 못했다. 李陵으로부터 班婕妤에 이르기까지 100년 동안 여인 작가는 한 사람뿐이다."라고 하였다. 鍾嶸은 결코 의심스러운 것이 아니라 생각하였다.

【『唐寫本』無 『妤』字. 『校證』: "『御覽』 『疑』作 『擬』. 『宋書』「顔延之傳」, 延之『庭誥』云: '逮李陵衆作, 總雜不類, 元是僞託, 非盡陵制.' 則 『疑』讀作 『擬』, 亦通." 鍾嶸「詩品序」: "逮漢李陵, 始著五言之目矣.…… 自王、揚、枚、馬之徒, 詩賦競爽, 而吟詠靡聞. 從李都尉迄班婕妤, 將百年間, 有婦人焉, 一人而已." 他並不認爲可疑.】

『文選』에서는 李陵과 蘇武의 詩 三首와 蘇武의 詩 四首를 수록하고 있다. 七首 가운데 『玉臺新詠』에는 단지 蘇武의 「結髮爲夫妻」 一首만을 기록하였고, 나머지는 수록하지 않았다. 그러나

『藝文類聚』, 『初學記』와 『古文苑』에는 十首를 수록하고 있다. 아마도 唐代에 전승된 蘇武와 李陵의 詩로 『文選』에 수록된 七首를 제외하고도 이 十首가 더 있다는 것이다. 明代 馮惟訥은 『古詩紀』에서 앞의 七首만 원작이며, 나중 十首는 擬作이라고 주장하였다. 나중 十首 가운데 李陵의 詩 八首 가운데 마지막 二首는 『古文苑』에는 처음 二聯만 수록하였고, 〖闕: 사라졌음〗라고 주석을 달았으니, 唐代 후반에는 이미 佚失되었음을 알 수 있다. 그러나 明代 楊愼의 『升菴詩話』에는 마지막 首의 全文이 수록되어 있으며, 『修文殿御覽』을 참조하라고 말하고 있다. 蘇武와 李陵에 관한 모든 자료는 다음과 같다.

【『文選』錄李少卿與蘇武詩三首, 又蘇武詩四首. 七首中『玉臺新詠』祇錄蘇武「結髮爲夫妻」一首, 其餘的都不錄. 而『藝文類聚』、『初學記』及『古文苑』所收的還有十首. 大概唐朝所傳的蘇李詩, 除『文選』中的七首以外, 還有這十首. 明馮惟訥『古詩紀』則以前七首爲原作, 後十首爲擬作. 後十首中, 李陵八首的末兩首, 『古文苑』祇錄首次二聯, 下註〖闕〗字, 可見唐時後半已經佚失. 而明楊愼『升菴詩話』却有末首的全文, 說是見『修文殿御覽』. 蘇李詩的全部資料如此.】

蘇軾의 「答劉沔書」에서 "李陵과 蘇武가 長安에서 시를 나누고 이별하였는데, 그 시에는 東漢의 언어가 사용되었다. …… 齊梁 무렵 아이들 수준의 擬作이 틀림없을 것인지라 결코 西漢人의 창작이 아님을 蕭統이 알지 못했다."고 하였다. 章樵는 『古文苑注』에서 蘇軾의 말을 인용하면서 "劉知幾가 『文選』에 기재된 李陵의 「與蘇武書」를 분석해보니 西漢의 문장이 아니라 齊梁 文士의 擬作이라 하였다. 이에 나 또한 李陵과 蘇武의 贈答 五言詩 역시 후인의 擬作임을 알게 되었다.”라고 하였다. 다시 “李陵과 蘇武의 五言詩는 모두 僞作이었으나 蕭統이 이를 변별하지 못했다.”라고 하였다. 이후 洪邁의 『容齋隨筆』, 錢大昕의 『十家齋養新錄』에도 유사한 견해가 있다. 『文選』卷三十에 실려 있는 謝靈運의 「擬魏太子鄴中集詩」 八首의 경우, 만일 作者의 原名이 상실된다면 후세에는 분명 曹氏 兄弟와 建安七子가 和答한 작품이라 여겨졌을 것이다. 蘇武와 李陵의 詩 역시 이와 유사한 것이리라. 이러한 문제에 대하여 梁啓超는 『漢魏時代之美文』에서 상세하고 분명하게 辨證하였다. 近人 馬雍도 『蘇李詩制作時代考』를 편찬하면서 字法, 句法, 章法의 體裁 구조를 비교하여 蘇武와 李陵의 詩는 魏晉時期 문인의 작품이라 추정하였다.(『國文月刊』 참조)

【蘇軾「答劉沔書」:“李陵蘇武贈別長安, 而詩有江漢之語. ……正齊梁間小兒所擬作, 決非西漢人, 而(蕭)統不悟.” 章樵『古文苑注』引蘇軾云:“劉子玄辨『文選』所載李陵「與蘇武書」非西漢文, 蓋齊梁間文士擬作者也. 吾因悟陵與蘇武贈答五言, 亦後人所擬.” 又云:“李陵蘇武五言皆僞, 而蕭統不能辨.” 後來洪邁『容齋隨筆』, 錢大昕『十家齋養新錄』也有類似的看法. 按『文選』卷三十載謝靈運「擬魏太子鄴中集詩」八首, 如果失去了作者的原名, 後世一定認爲曹氏兄弟和建安七子贈答的作品, 蘇李詩大概也是這一類的. 關于這個問題, 梁啓超在『漢魏時代之美文』一篇中辨證得詳明. 近人馬雍又撰『蘇李詩制作時代考』, 比較字法、句法、章法的體裁結構, 推定蘇李詩爲魏晉人作.(見國文月刊』)】

『訓故』에서 “『漢書』에서 ‘孝成王 무렵에 班婕妤는 황제가 즉위하자 후궁으로 입궁하였다. 처음에는 少使였으나 후에 큰 은총을 입어 婕妤가 되었다. 후에는 飛燕의 讒訴가 두려워 長信宮에서 太后를 공양하기를 원했다. 『文選』에 婕妤의 「怨歌行」이 수록되어 있다.'"라고 하였다.

【『訓故』: "『漢書』: '孝成班婕妤, 帝初卽位, 選入後宮. 始爲少使, 俄而大幸, 爲婕妤. 後畏飛燕之讒, 求供養太后長信宮. 『文選』 婕妤「怨歌行」.'"】

嚴羽의 『滄浪詩話』 「考證」에서 "班婕妤 「怨歌行」은 『文選』에 직접 班姬의 이름을 달았으나 『樂府』에서는 顔延年이 지었다고 주장한다."라고 하였다. 胡才甫의 『箋注』에서 "『樂府詩集』 「相和歌辭·楚調曲」에 의하면 「怨歌行」은 여전히 班婕妤의 작품이라 쓰여 있고, 顔延年의 작품이라는 것이 없는데, 嚴羽가 어떤 책을 근거로 했는지 모르겠다."고 하였다.

【嚴羽『滄浪詩話』「考證」: "班婕妤「怨歌行」, 『文選』直作班姬之名, 『樂府』以爲顔延年作." 胡才甫『箋注』: "按『樂府詩集』「相和歌辭·楚調曲」, 「怨歌行」仍題班婕妤, 無顔延年作, 不知滄浪所據何本."】

『文選』李善注에서 "『歌錄』: '「怨歌行」은 옛 가사이며, 옛날에 있던 이 곡을 婕妤가 의작했다고 말할 수 있겠다."라고 하였다.

【『文選』李善注: "『歌錄』曰: '「怨歌行」古辭, 然言古者有此曲而婕妤擬之."】

陸機의 「婕妤怨」에서 "玉階에 깃든 情, 가을이면 버릴 둥근 부채에 그 뜻이 있는데."라고 하였다. 이 시는 그 뜻이 분명하다. 설사 이 시가 후인의 擬作이라 하더라도 결코 西晉 以前에 顔延年의 붓끝에서 나왔을 가능성은 없다. 여기에서 劉勰은 단지 李陵, 班婕妤의 詩篇이 후대의 사람들에 의해 의심받는다는 것을 말한 것일 뿐이며, 그 자신도 결코 이러한 시편들이 모두 僞作임을 긍정하지는 않았다.

【陸機「婕妤怨」: "『奇(譯者注: 『寄』字의 誤字.)』情在玉階, 託意惟團扇玉階." 明指此詩. 縱然這首詩是後人擬作, 也當在西漢以前, 不可能出自顔延年的手筆. 這裏劉勰祇 說李陵, 班婕妤的詩篇後代有人懷疑, 他自己並沒有肯定這些都是僞作.】

42. 詹注9-1: 『詩經』「召南·行露」에서 "누가 참새에게 부리가 없다고 했는가? 부리 없이 어찌 우리 집에 구멍을 냈을까? 누가 네게 세력이 없다더냐? 세력 없이 어찌 나를 옥으로 부르랴? 옥으로 나를 불러도 아내로 삼지는 못하리라."라고 하였다. 本書「章句」篇: "五言詩는 周代에 출현하였고 「行露」章이 그 예다."라고 하였다. 『大雅』「綿」 第9章은 모두 五言이다.

【『詩經』「召南·行露」: "誰謂雀無角, 何以穿我屋? 誰謂女無家, 何以速我獄? 雖速我獄, 室家不足." 本書「章句」篇: "五言見于周代, 「行露」章是也." 『大雅』「綿」 第九章通體五言.】

43. 范注3-6: 『詩經·召南·行露』篇(『雖速我獄, 雖速我訟』 四句가 모두 四言이기에 『半章』이라 한 것이다.)

【『詩經·召南·行露』篇(『雖速我獄, 雖速我訟』四句皆四言, 故曰

『半章』.)】

누가 참새에게 부리가 없다고 했던가? 부리 없이 우리 집에 어찌 구멍 냈을까? 누가 네게 세력이 없다더냐? 세력 없이 어찌 나를 옥에 부르랴? 옥에 나를 불러도, 아내로 삼지는 못하리라. 누가 쥐에게 이빨이 없다고 하던가? 이빨 없이 어찌 우리 집 담에 구멍을 냈으랴? 누가 네게 세력이 없다 했는가? 세력 없이 어찌 나를 訟事로 괴롭힐 수 있겠느냐? 訟事로 나를 괴롭히더라도, 또한 너를 따르지 않으리라.

【誰謂雀無角, 何以穿我屋? 誰謂女無家, 何以速我獄? 雖速我獄, 室家不足. 誰謂鼠無牙, 何以穿我墉? 誰謂女無家, 何以速我訟? 雖速我訟, 亦不女從.】

『孟子』「離婁」篇에 있는 「孺子歌」에서 "滄浪의 물이 맑으면 나의 갓끈을 빨 것이요. 滄浪의 물이 탁하면 나의 발을 씻으리라." 라고 하였다.

【『孟子』「離婁」篇有孺子歌曰: "滄浪之水淸兮, 可以濯我纓. 滄浪之水濁兮, 可以濯我足."】

詹注9-2: 『孟子』「離婁」篇에 있는 「孺子歌」에서 "滄浪의 물 맑으면 나의 갓끈을 빨 것이요. 滄浪의 물이 탁하면 나의 발을 씻으리라."라고 하였다. 이 노래에 『兮』字가 사용되었으나 실제로는 『淸』, 『纓』, 『濁』, 『足』字로 押韻하였기에 『全曲』이 五言이라 말했던 것이다.

【『孟子』「離婁」篇有「孺子歌」日‥“滄浪之水淸兮,　可以濯我纓. 滄浪之水濁兮, 可以濯我足.” 按歌中雖然有『兮』字, 而實際上是以『淸』、『纓』、『濁』、『足』押韻, 所說是『全曲』五言.】

44. 詹注9-3: 『國語·晉語』二에서 “優施가 里克과 술을 마시다가 도중에 일어나 춤을 추며 ‘閑暇하게 일락에 빠져 다른 사람들과 가까이하지 못하면 까마귀만도 못하다; 사람들은 모두 동산에 모이는데, 오직 나만 枯木과 함께 있네.’”라고 하였다.

【『國語·晉語』二‥“優施飮里克酒, 中飮, 優施起舞日‥‘暇豫之吾吾, 不如烏烏; 人皆集於菀, 我獨集於枯.’”】

45. 詹注9-4: 梅注에서 “꼬부랑길이 良田을 해하듯 讒言은 善人을 억울하게 만든다. 계수나무 꽃만 피고 열매 맺지 못하니 黃爵이 그 끝자락에 둥지를 트는구나. 옛날에는 사람들에게 부러움을 받더니, 지금은 사람들에게 동정을 받는다.”라고 하였다. 『漢書』「五行志」‥“成帝 때의 노래다. 『桂』는 赤色이며, 漢 王朝를 상징한다. 『花不實』은 繼嗣가 없음을 말한다. 王莽은 스스로 黃象이라 칭했기에 『黃爵巢其顚』이라 했던 것이다.”라고 하였다. 이것 이외에 『漢書』「尹賞傳」에 成帝 時期에 長安中爲 尹賞이 지은 노래에서 “어디에서 자식의 시체를 찾을 수 있을까? 桓東少年場으로 가야 한다. 살아서는 정말 방탕하였으니, 죽은 뒤에는 어디에다 장사를 지낼까?”라고 했는데, 모두 五言으로 이루어져 있다.

【梅注‥“邪徑敗良田, 讒口亂善人. 桂樹花不實, 黃爵巢其顚. 昔爲人所羨, 今爲人所憐.” 『漢書』「五行志」‥“成帝時歌謠也. 『桂』,

赤色, 漢家象. 『花不實』, 無繼嗣也. 王莽自謂黃象; 『黃爵巢其顚』也." 除此以外, 『漢書』「尹賞傳」載成帝時長安中爲作歌云‥"安所求子死, 桓東少年場. 生時諒不謹, 枯骨後何少葬場?" 也是通體五言.】

46. 詹注9-5: 『閱』은 『經歷』과 같은 뜻. 『閱時取證』이란 역사적 발전을 통해 증명하다는 뜻. 『唐寫本』에 『證』字가 『徵』字로 되어 있다.

【『閱』, 『經歷』. 『閱時取證』, 從歷史的發展上來證明. 『唐寫本』『證』作 『徵』.】

47. 范注3-7: 『國語·晉語』二에서 優施가 里克과 술을 마시다가 도중에 일어나 춤을 추며 "閑暇하게 일락에 빠져 다른 사람들과 가까이하지 못하면 까마귀만도 못하다; 사람들은 모두 동산에 모이는데, 오직 나만 枯木과 함께 있네."라고 하였다. (韋昭注에서 " 『吾吾』는 감히 스스로 가까이하지 못하는 모습. 里克이 임금을 섬기는 도리를 閑樂으로 삼으려 하지만 오히려 감히 스스로 가까이하지 않으니 그 지혜는 까마귀만도 못함을 이른다."라고 하였다.)

【『國語·晉語』二, 優施飮里克酒, 中飮, 優施起舞曰‥"暇豫之吾吾, 不如鳥烏; 人皆集於菀, 我獨集於枯."(韋昭注‥" 『吾吾』不敢自親之貌也. 言里克欲爲閑樂事君之道, 反自不敢自親吾吾然, 其智曾不若鳥烏也.")】

『漢書』「五行志」의 成帝 무렵의 歌謠에서에서 "꾸불꾸불한 길은 良田을 해하고, 讒言은 善人을 해한다. 桂樹의 꽃이 부실하니 黃雀이 가지 끝에 집을 지었네. 예전에는 사람들이 부러워하더니, 지금은 사람들이 가여워하네."라고 하였다.

【『漢書』「五行志」成帝時歌謠曰: "邪徑敗良田, 讒口害善人; 桂樹華不實, 黃雀巢其顚; 故爲人所羨, 今爲人所憐."】

詹注9-6: 「毛詩序」에서 "夏歌에서 '〖鬱陶乎予心: 울적하도다! 내 마음!〗.'라고 하였다. 楚謠에서는 '〖名余曰正則: 내 이름을 正則이라 지어주셨다.〗'라고 하였다. 비록 시체가 완벽하지는 않으나 五言詩의 濫觴이라 하겠다. 漢代 李陵에 이르러 五言詩의 篇目이 나왔다."고 하였다.

【「毛詩序」: "夏歌曰: '〖鬱陶乎予心〗.' 楚謠曰: '〖名余曰正則〗' 雖詩體未全, 然是五言之濫觴也. 逮漢李陵, 始著五言之目矣."】

『文鏡秘府論』「論文意」에서 皎然의 『詩議』를 인용하면서 "五言詩의 창작은 『召南』「行露」에서 비롯되었다. 漢武帝 시기에는 전편이 오언인 작품이 자주 보이니 李陵에서 비롯된 것은 아니다."라고 하였다.

【『文鏡秘府論』「論文意」引皎然『詩議』: "五言之作, 『召南』「行露」, 已有濫觴. 漢武帝時, 屢見全什, 非本李少卿也."】

「文體明辨序說」에서 "論者들은 五言은 「南風」에서 비롯되었고, 「五子之歌」에서 연진하여 『詩經』에 이르렀으며, 『離騷』에 이르러 확대되지만 문체가 완전히 갖추어지지는 않았다. 漢代에 이르러 蘇武와 李陵이 처음 작품을 지었다."고 하였다. 劉勰의 언급은 일부분만 말한 것일 뿐 전체 五言詩를 말한 것은 아니다. 成帝 무렵의 童謠는 모두 五言이었으나 『辭人의 작품은 아니다.』 劉勰 언급의 대의는 무릇 西漢 文士들 가운데 五言詩를 지은 사람은 없으나 五言 歌謠에 있어서는 이미 오래전부터 진행되었다는 것이다.

【「文體明辨序說」: "論者以爲五言之源, 生于「南風」, 衍于「五子之歌」. 流于三百五篇, 而廣于『離騷』, 特其體未備耳. 逮漢蘇、李, 始以成篇." 按劉勰所擧, 多是一鱗半爪, 並非全體五言詩. 成帝時童謠雖是通體五言, 但不能算作『辭人遺翰』. 劉氏之意大槪是說西漢文士沒有人作五言詩, 至于五言歌謠, 則行之久矣.】

48. 詹注10-1: 枚乘의 字는 叔이다. 『札記』에서 "徐陵『玉臺新詠』에 枚乘의 詩 八首가 있다. 「靑靑河畔草」一, 「西北有高樓」二, 「涉江採芙蓉」三, 「庭中有奇樹」四, 「迢迢牽牛星」五, 「東城高且長」六, 「明月何皎皎」七, 「行行重行行」八. 이는 모두 『古詩十九首』에 포함되어 있다. 『玉臺新詠』에 「蘭若生春陽」 一首가 있는데 이 또한 枚乘의 작품이라 말한다. 『文選』 「古詩十九首」 李善注: '古詩의 경우 작자가 누구인지 모르며, 더러 枚乘이라 운운해도 아마도 밝히기는 어려울 것이다. 시에서 『수레를 몰고 東門으로 가다』, 『宛과 洛에서 노닐다』라고 하였는데, 이는 東漢時期의 言辭이니 모두 枚乘의 작품은 아닐 것이다.'"라고 하였다.

【枚乘, 字叔. 『札記』: "徐陵『玉臺新詠』有枚乘詩八首. 「靑靑河畔草」一, 「西北有高樓」二, 「涉江採芙蓉」三, 「庭中有奇樹」四, 「迢迢牽牛星」五, 「東城高且長」六, 「明月何皎皎」七, 「行行重行行」八. 此蓋在『十九首』中. 『玉臺』又有「蘭若生春陽」一首, 亦云枚叔作. 『文選』「古詩十九首」李善注‥'古詩蓋不知作者, 或云枚乘, 疑不能明也. 詩云〖驅車上東門〗, 又云〖游戲宛與洛〗, 此則辭兼東都, 非盡是乘矣.'"】

49. 詹注10-2: 『唐寫本』에 〖詞〗字는 〖辭〗字로 되어있다. 「冉冉孤生竹」 一首는 『文選』에서는 無名氏의 시라 하였다. 『樂府詩集』에서는 「冉冉孤生竹」는 古辭로, 雜曲歌辭에 속한다고 하였다. 陳沆의 『詩比興箋』卷一 古詩十篇注에서 "「冉冉孤生竹」 一首에 대하여 劉勰은 「孤竹」篇은 傅毅의 작품이라 하였다. 『後漢書』에서는 傅毅가 젊어서 「迪志」詩를 지었으며, 顯宗이 賢士를 구함에 힘쓰지 않자 선비 대부분이 은거하며 「七激」을 지어 풍자하였다고 말한다. 이것이 이 시의 요지이다."라고 하였다. 許文雨의 『詩品釋』에서 "舊本에서는 모두 古詩라 하였으며, 劉勰 역시 확연한 의사를 밝힌 것은 아니다."라고 하였다.

【『唐寫本』〖詞〗作〖辭〗. 「冉冉孤生竹」一首, 『文選』以爲無名氏詩. 『樂府詩集』題作「冉冉孤生竹」古辭, 屬雜曲歌辭. 陳沆『詩比興箋』卷一古詩十篇注‥"「冉冉孤生竹」首, 劉勰謂「孤竹」篇, 傅毅之詞. 『後漢書』言毅少作「迪志」詩, 又以顯宗求賢不篤, 士多隱處, 作「七激」以諷. 此詩猶是旨也." 許文雨『詩品釋』‥"可見舊本均題爲古詩, 彦和亦無斷然之意也."】

50. 詹注10-3: 〖比〗는 〖比較〗와 같은 뜻. 文采를 비교하여 추론한다는 뜻. 『唐寫本』에서는 〖采〗字를 〖彩〗字로 썼다.

【〖比〗, 〖比較〗. 比較其文采而推論. 『唐寫本』〖采〗作〖彩〗.】

51. 范注3-8: 趙萬里는 "『兩』字 앞에 『故』字가 있으며, 『乎』字는 『也』字로 써야 한다. 『御覽』586의 인용에는 『兩』字 앞에 『固』字가 있으며, 『固』字와 『故』字는 음이 비슷하여 생긴 오류다. 이 구절은 『固兩漢之作也』로 써야 할 것이다."라고 하였다. 나는 趙萬里의 주장이 옳다고 생각한다.

【趙君萬里曰: "『兩』上有『故』字, 『乎』作『也』. 『御覽』五六八引『兩』上有『固』字, 『固』『故』音近而訛. 疑此文當作『固兩漢之作也』." 案趙說是也.】

枚乘의 『雜詩』 七首: (丁福保의 『全漢詩』에서는 "九首의 次序는 宋本 『玉臺新詠』을 따랐다."라고 하였다.)

【枚乘『雜詩』七首: (丁福保『全漢詩』云: "九首次第依宋本『玉臺新詠』.")】

西北有高樓, 上與浮雲齊; 交疏結綺窓, 阿閣三重階.
上有絃歌聲, 音響一何悲; 誰能爲此曲, 無乃杞梁妻.
淸商隨風發, 中曲正徘徊; 一彈再三歎, 慷慨有餘哀.
不惜歌者苦, 但傷知音稀; 願爲雙鴻鵠, 奮翅起高飛.

東城高且長, 逶迤自相屬; 回風動地起, 秋草萋已綠.
四時更變化, 歲暮一何速; 晨風懷苦心, 蟋蟀傷局促;
蕩滌放情志, 何爲自結束. 燕趙多佳人, 美者顔如玉;
被服羅裳衣, 當戶理淸曲; 音響一何悲, 絃急知柱促.
馳情整中帶, 沈吟聊躑躅; 思爲雙飛燕, 銜泥巢君屋.

行行重行行, 與君生別離; 相去萬餘里, 各在天一涯;
道路阻且長, 會面安可知. 胡馬依北風, 越鳥巢南枝;
相去日已遠, 衣帶日已緩. 浮雲蔽白日, 遊子不顧返;
思君令人老, 歲月忽已晚; 棄捐勿復道, 努力伽餐飯.

涉江采芙蓉, 蘭澤多芳草, 采之欲遺誰, 所思在遠道.
還顧望舊鄉, 長路漫浩浩, 同心而離居, 憂傷以終老.

青青河畔草, 鬱鬱園中柳; 盈盈樓上女, 皎皎當窓牖;
娥娥紅粉粧, 纖纖出素手. 昔為倡家女, 今為蕩子婦;
蕩子行不歸, 空牀難獨守.

蘭若生春陽, 涉冬猶盛滋; 願言追昔愛, 情款感四時.
美人在雲端, 天路隔無期; 夜光照玄陰, 長歎戀所思;
誰謂我無憂, 積念發狂癡.

庭中有奇樹, 綠協發華滋; 攀條折其榮, 將以遺所思.
馨香盈懷袖, 路遠莫致之. 此物何足貴(『貴』李善『文選註』作『貢』,
註『貢』『獻』也.), 但感別經時.

迢迢牵牛星, 皎皎河漢女; 纖纖擢素手, 札札弄機杼;
終日不成章, 泣涕零如雨. 河漢清且淺, 相去復幾許;
盈盈一水間, 脈脈不得語.

明月何皎皎, 照我羅牀幃; 優愁不能寐, 攬衣起徘徊;
客行雖云樂, 不如早旋歸. 出户獨彷徨, 愁思當告誰谁.
領领還入房, 淚下沾裳衣.

『古詩』十首

靑靑陵上柏, 磊磊澗中石; 人生天地間, 忽如遠行客.
斗酒相娛樂, 聊厚不爲薄; 驅車策駑馬, 游戲宛與洛.
洛中何鬱鬱, 冠帯自相索; 長衢羅夾巷, 王侯多第宅.
兩宮遙相望, 雙闕百餘尺. 極宴娛心意, 戚戚何所迫.

今日良宴會, 歡樂難具盡; 彈箏奮逸響, 新聲妙入神;
令德唱高言, 識曲聽其眞; 齊心同所願, 含意俱未甲.
人生寄一世, 奄忽若飇塵; 何不策高足, 先據要路津;
無爲守窮賤, 轗軻長苦辛.

夜光皎夜光, 促織鳴東壁; 玉衡指孟冬(劉履『文選詩補注』云, 『冬』作『秋』) 衆星何歷歷. 白露霑野草, 時節忽復易; 秋蟬鳴樹間, 玄鳥逝安適. 昔我同門友, 高擧振六翮; 不念攜手好, 棄我如遺跡. 南箕北有斗, 牽牛不負軛; 良無磐石固, 虛名復何益.

(太初 이전에는 비록 十月을 歲首로 하였으나 四季의 이름은 바꾸지 않았으며, 王引之의 考證이 상세하다. 이 시의 孟冬은 응당 孟秋의 오류이고, 다음에서 언급한 『秋蟬』이 그 증거다.

(【案太初以前, 雖以十月爲歲首, 而四季之名實未嘗改, 王引之考之詳矣. 此詩孟冬當是孟秋之誤, 下云秋蟬是其證.】)

冉冉孤生竹, 結根泰山阿; 與君爲新婚, 兎絲附女夢. 兎絲生有時, 夫婦會有宜. 千里遠結婚, 悠隔山陂. 思君令人老, 軒車來何遲. 傷彼蕙蘭花, 含英揚光輝. 過時而不采, 將随秋草萎. 君亮執高節, 賤妾亦何爲.

(劉勰이 이 시를 傅毅의 작품으로 간주한 것은 辭人의 작품을 헤아려보니 民間歌謠의 五言詩體는 東漢에 이르러 비로소 사대부들이 採用했기 때문일 것이다.)

(【此詩彦和以爲傅毅所作, 揆以辭人遺翰, 莫見五言之說, 則民間歌謠之五言詩體, 至東京始爲士大夫所採用耳.】)

迴車駕言邁, 悠悠涉長道; 四顧何茫茫, 東風搖百草.
所遇無故物, 焉得不速老. 盛衰各有時, 立身苦不早;
人生非金石, 豈能長寿考; 奄忽随物化, 榮名以爲寶.

驅車上東門, 遥望郭北墓; 白楊何蕭蕭, 松柏夾廣路.
下有陳死人, 杳杳即長暮; 潛寐黃泉下, 千載永不寤.
浩浩陰陽移, 年命如朝露. 人生忽如寄, 壽無金石固.
萬世更相迭, 聖賢莫能度; 服食求神仙, 多爲藥所誤;
不如飮美酒, 被服紈與素.

去者日以疏, 生(譯者注: 『來』字의 誤記)者日以親;
出郭門直視, 但見丘與与墳.
古墓犁爲田, 松柏摧爲薪;
白楊多悲風, 蕭蕭愁殺人;
思還故里閭, 欲歸道無因.

生年不滿百, 常懷千歲憂; 晝短苦夜長, 何不秉燭游.
爲樂當及時及, 何能待來玆; 愚者愛惜費, 但爲後世嗤;

仙人王子喬, 難可與等期.

凛凛歲云暮, 螻蛄夕鳴悲; 凉風率已厲, 游子寒無衣.
錦衾遺洛浦 , 同袍與我違; 獨宿累長夜 , 夢想見容輝.
良人惟古懽, 枉駕惠前綏; 願得常巧笑, 携手同車歸.
既來不須臾, 又不處重闈; 亮無晨風翼, 焉能凌風飛.
眄睞以適意, 引領遙相晞; 徙倚懷感傷伤, 垂涕沾雙扉.
(이는 확실히 太初 改歷 以前의 시다.)

(【此篇確係太初改歷以前之詩.】)

孟冬寒氣至, 北風何慘慄; 愁多知夜長, 仰觀衆星列;
三五明月滿, 四五詹兎缺. 客從遠方來, 遺我一書札;
上言長相思, 下言久離别. 置書懷袖中, 三歲字不滅;
一心抱區區, 惧君不識察!

客從遠方來 , 遺我一端綺; 相去萬餘里, 故人心尚爾.
文彩雙鴛鴦 , 裁爲合歡被; 著以長相思, 緣以結不解;
以胶投漆中, 誰能别離此.

朱彝尊(『曝書亭集』「書玉臺新詠後」)은 "徐陵의 『玉臺新詠』校勘에 의하면 『古詩十九首』 가운데 枚乘의 詩가 8首라 한다. 「驅車上東門」까지는 樂府 『雜曲歌詞』에 실려 있다. 나머지 6首는 『玉臺新詠』에 실려 있지 않다. 『文選』에 있는 『古詩十九首』를 가지고 말하자면 〖백 년도 못 살면서 천년의 근심을 지니고, 낮은 짧은데 고민에 밤은 길어만 가니, 어찌 촛불 들고 서성이지 않겠는가?: 生年不滿百, 常懷千歲憂; 晝短苦夜長, 何不秉燭游. 〗는

「西門行」의 古辭다. 옛날 歌辭에는 『즐겨라! 즐기면 응당 때가 오리니, 어찌 앉아 수심에 빠져 우울해하겠는가? 응당 때가 올 때까지 기다리자: 夫爲樂, 爲樂當及時, 下能坐愁怫鬱, 當復待來玆.』로 되어있으나 『文選』에서는 이를 『爲樂當及時, 何能待來玆』로 변경하였다. 옛날 가사 『재산이 아까워 쓰지 못하면 후세의 비웃음거리가 되리라: 貪財愛惜費, 但爲後世嗤』를 『文選』에서가 『愚者愛惜費, 但爲後世嗤』로 고쳤다. 옛날 가사 『仙人 王子喬가 아닌 바에는 壽命을 헤아리기 어렵다: 自非仙人王子喬, 計會壽命難與期.』를 『文選』에서 『仙人 王子喬도 기다리기 어렵다: 仙人王子喬, 難可與等期』로 고쳤다. 長短句를 剪裁하여 五言으로 만들었으며, 전후 배치를 달리하여 『古詩十九首』에 섞어 넣었으며, 枚乘의 姓名도 언급하지 않은 채 제목을 『古詩』라 하였다. 결론적으로 모두 文選樓 學士 手中에서 나온 것이라 하겠다. 徐陵은 젊어서 梁에서 出仕하여 昭明太子 諸臣의 後進이었기에 잘못을 명확하게 말할 수는 없었을 것이기에 별도의 책을 지어 枚乘의 이름을 나열하여 그 작품들을 작자에게 돌려주려는 의도가 있었을 것이다."라고 하였다. 『漢志歌詩類』의 28家 314편을 劉勰은 辭人의 『遺翰』이라 하였으며, 五言은 보이지 않으나 士大夫의 작품이며 三言, 四言, 雜言이었으며, 民間의 歌辭를 채집한 것만 五言이었다. 朱彛尊은 昭明太子와 연관된 여러 사람이 長短句를 五言으로 재단했기 때문에 枚乘 등의 姓名을 없앴다고 의심하였으나 꼭 그렇지는 않을 것이다. 鍾嶸 『詩品』은 오로지 五言詩만을 평가하였다. 만일 원래가 長短句였다면 『古詩十九首』에 列入되지 않았을 것이며, 枚乘 등의 姓名이 사라지는 일도 없었을 것이다. 古詩는 전반적으로 長短句였을 것이며, 昭明太子가 19首만을 취하여 『文選』에 列入한 것은 그 아름다운 詩篇을 遺失되게 했다고 말할 수는 있으나, 剪裁를 통하여 진실을 상실시켰다고 말할 수는 없다. 樂府는 본래 句節의 자구 증감을 통하여 음률을 조화시키는 것이니 昭明太子가 이전의 辭句를 다듬어 五言으로 만들었다고 의심할 필요는 없는 것 같다.

【朱彝尊(『曝書亭集』「書玉臺新詠後」)‥"古詩十九首, 以徐陵『玉臺新詠』勘之, 枚乘詩居8首. 至「驅車上東門」載樂府『雜曲歌詞』. 其餘六首, 『新詠』不錄. 『文選』本第十五首而 〖生年不滿百, 常懷千歲憂; 晝短苦夜長, 何不秉燭游.〗則「西門行」古辭也. 古辭 〖夫爲樂, 爲樂當及時, 下能坐愁怫鬱, 當復待來茲.〗, 而『文選』更之 〖爲樂當及時, 何能待來茲〗. 古辭 〖貪財愛惜費, 但爲後世嗤〗, 而『文選』更之 〖愚者愛惜費, 但爲後世嗤〗. 古辭 〖自非仙人王子喬, 計會壽命難與期.〗, 而『文選』更之日 〖仙人王子喬, 難可與等期〗. 裁剪長短句作五言, 移易其前後, 雜糅置十九首中, 沒枚乘等姓名, 槪題日『古詩』. 要之개출文選樓中諸學士之手也. 徐陵少仕於梁, 爲昭明諸臣後進, 不敢明其非. 乃別著一書, 列枚乘姓名, 還之作者, 殆有微意焉." 案『漢志歌詩類』二十八家, 三百一十四篇, 彦和謂辭人遺翰, 莫見五言, 是士大夫所作, 或四言, 或雜言, 惟採自民間之歌辭爲五言耳. 朱氏疑昭明輩裁剪長短句 作五言, 沒枚乘等姓名, 恐未必然. 鍾嶸『詩品』, 專評五言詩, 若本是長短句, 不得열入古詩十九首之中, 乘等姓名, 更無湮沒之理. 古詩總雜, 昭明止取十九首入選, 謂其美篇不無遺佚則可, 謂其剪裁失眞則不可. 至於樂府本宜增損辭句以協音律, 似不必疑昭明削古辭爲五言也.】

詹注10-4: 趙萬里의 『校記』에서 "『唐寫本』에는 〖兩〗字 앞에 〖故〗字가 있고, 〖乎〗字는 〖也〗字로 되어 있다. 『御覽』五八六의 인용문에는 〖兩〗字 앞에 〖固〗字가 있다. 〖固〗字와 〖故〗字

의 음이 비슷해서 생긴 오류다. 이 문구는 『固兩漢之作也』로 해야 할 것이며, 오늘날의 판본에 誤脫字가 있다."고 하였다. 『固』와 『故』字는 서로 통한다.

【趙萬里『校記』謂: "『唐寫本』『兩』上有『故』字, 『乎』作『也』. 『御覽』五八六引『兩』上有『固』字. 『固』『故』音近而訛. 疑此文當作『固兩漢之作也』, 今本有脫誤." 按『固』『故』字通.】

黃侃의 『詩品講疏』에서는 劉勰이 이렇게 언급한 것은 『枚乘은 西漢 사람이고, 傅毅는 東漢 사람이라 여겼기 때문이다.』라고 말한 바 있다.

【黃侃『詩品講疏』謂劉氏出此語是『以枚乘爲西漢人, 傅毅爲東漢人故』.】

『詩品序』에서 "古詩는 너무 오래전의 것인지라 당시의 작가와 상황을 상세히 알 수 없으나 文體로 추론해보면 분명 漢代의 작품이지 周代 쇠퇴기에 일어난 것은 아니다."라고 하였다.

【『詩品序』: "古詩渺邈, 人世難詳, 推其文體, 固是炎漢之制, 非衰周之倡也."】

『古詩十九首』의 내용이 대단히 복잡하다는 것은 당연히 한 시기에 창작되지 않았으며, 더욱이 한 사람의 작품도 아니라는 것을 말한다.(沈德潛의 주장) 劉勰은 전설에 근거하여 작자를 枚乘이라 주장했으나 자신도 반신반의했을 것이다. 蕭統은 이 시들의 작자 姓名이 逸失되었기에 李陵 이전에 편찬된 것은 어쩔 도리가 없다. 徐陵이 『玉臺新詠』을 편찬하면서 古詩 가운데 九首의 作家로 枚乘의 이름을 올렸으나 이 또한 확실한 근거가 있는 것은 아니었다. 지금 『古詩十九首』 저작 시기의 의심스러운 부분을 다음에 열거해보겠다.

【按『古詩十九首』內容複雜, 自然不是一時代, 更不是一個人的作品.(沈德潛說) 劉勰根據傳說, 把作者歸之于枚乘, 自己也是疑信參半. 蕭統認爲這些詩失去作者姓名, 于是編在李陵之前, 也是一種不得已的辦法. 到徐陵編『玉臺新詠』, 把古詩中的九首, 加上作者枚乘的名字, 這是沒有確據的. 現在把『古詩十九首』時代的可疑者, 列擧于後.】

「西北有高樓」에 대하여: 駱鴻凱의 『文選學』에서 "『洛陽伽藍記』 四에 의하면 이 高樓는 西明門 밖 서북쪽에 있는 高樓이기 때문에 楊衒之는 이 작품이 枚乘의 것이 아니라고 여겼다."고 하였다.

【「西北有高樓」, 駱鴻凱『文選學』: "『洛陽伽藍記』四以此樓爲西明門外之西北高樓, 則楊衒之以爲枚乘作也."】

「驅車上東門」에 대하여: 朱珔의 『文選集釋』에서 "上東門은 洛陽에 있는 문이다…… 長安의 동쪽에는 문이 3개가 있었다는 사실이 『水經注』에 보이나 上東門이라는 명칭은 보이지 않는다."고 하였다. 또한 「遙望郭北墓」下釋에서 "洛陽 북문 밖에 邙山이 있으며, 무덤도 많았다. 즉 北墓는 北邙의 墓를 말한다."고 하였다. 黃侃의 『詩品講疏』에서는 "阮嗣宗 「詠懷詩」注에서 「河南郡圖經」을 인용하여 '동쪽에는 문 세 개가 있으며, 가장 북쪽에 上東門이 있다. 이는 東都의 城門名이다. 따라서 東漢 時期의 사람의 文辭라는 의심이 든다.’”고 하였다.

【「驅車上東門」, 朱珔『文選集釋』‥“上東門乃洛陽之門.…… 長安東面三門, 見『水經注』, 無上東門之名.” 又于「遙望郭北墓」下釋云‥“洛陽北門外有邙山, 冢墓多在焉. 則此卽謂北邙之墓矣.” 黃侃『詩品講疏』‥“阮嗣宗「詠懷詩」注引「河南郡圖經」曰‥‘東有三門, 最北頭有上東門. 按此東都城門名也名. 故疑東漢人之辭.’”】

「青青陵上柏」에 「遊戲宛與洛」라는 시구가 있다. 『詩品講疏』에서 “古詩注에서 ‘『漢書』에 의하면 南陽郡에 宛縣이 있다. 洛은 東都다.’라고 하였다. 張平子의 「南都賦」注에서 摯虞를 인용하면서 ‘南陽郡은 宛을 관할하였으며, 서울의 남쪽에 있었기에 南都라 말했을 것이다.’라고 하였다. 「南都賦」에서 ‘南陽은 바로 漢代의 舊都를 말한다.’고 하였다. 이 시에서 『宛』과 『洛』이 互言을 이루고 있다는 것은 확실히 東漢時期의 작품이라는 증거다.”라고 하였다. 『藝苑巵言』에서 “『宛』과 『洛』은 옛날 周代의 都會이나 「王侯多諸宅」는 周 皇室의 王侯를 말하는 것이지 第宅을 언급한 것은 아니다. 『兩宮』, 『雙闕』 또한 東京의 어휘인 듯하다.”라고 하였다.

【「青青陵上柏」, 詩中有「遊戲宛與洛」句, 『詩品講疏』‥“古詩注‥‘『漢書』南陽郡治 宛縣. 洛, 東都.’ 張平子「南都賦」注引摯虞曰‥‘南陽郡治宛, 在京之南, 故曰南都.’ 「南都賦」曰‥‘夫南陽者, 眞所謂漢之舊都者也.’ 詩以『宛』『洛』互言, 明在東漢之世.” 『藝苑巵言 』‥“『宛』『洛』爲故周都會, 但「王侯多諸宅」, 周室王侯, 不言第宅. 『兩宮』、『雙闕』亦似東京語.”】

「凜凜歲云暮」에 대하여: 駱鴻凱의 『文選學』에서 "詩에서 『錦衾遺洛浦』라 하였다. 篇中의 地名을 가지고 가늠해보면 東漢의 작품이 분명하다."라고 하였다.

【「凜凜歲云暮」, 駱鴻凱『文選學』: "詩云, 『錦衾遺洛浦』. 準篇中地名, 顯然知爲東漢之作也."】

「今日良宴會」에 대하여: 『北堂書鈔』의 인용에서는 曹植의 작품이라 주장하였으며, 『彈箏奮逸響, 新聲妙入神』 구절을 감안하면 西漢 時期의 언어가 아닌듯하다.

【「今日良宴會」, 『北堂書鈔』引以爲曹植作, 因 『彈箏奮逸響, 新聲妙入神』, 不似西漢語.】

「去者日已疏」, 「客從遠方來」, 「橘柚垂華實」 三首에 대하여: 『詩品上』에서 "이외에 「去者日已疏」 등 45首는 비록 대부분 哀怨의 내용이나 상당히 어지러워 예전에는 建安時期 曹王(曹植)이 지었다고 의심하였다. 「客從遠方來」, 「橘柚垂華實」 역시 놀라운 작품이다."라고 하였다. 『詩品』의 전후 문장을 살펴보면 이 二首 역시 『45首』에 포함되는 것이라 하겠다.

【「去者日已疏」、「客從遠方來」、「橘柚垂華實」三首, 『詩品上』: "其外, 「去者日已疏」四十五首, 雖多哀怨, 頗爲總雜, 舊疑是建安中曹王所制. 「客從遠方來」、「橘柚垂華實」, 亦爲驚絶矣." 從『詩品』的上下文看來, 似乎後兩首也包括 『四十五首』之中.】

「迢迢牽牛星」에 『盈盈一水間』라는 詩句가 있다. 顧炎武의 『日

知錄』에서 “惠帝의 諱가 『盈』이었다. 枚乘의 詩 『盈盈一水間』는 昭武 時期의 것인데도 避諱를 하지 않은 것으로 보아 後人의 擬作임을 알 수 있으니 西漢 時期에 출현하지는 않았을 것이다. 같은 정황을 「靑靑河畔草」에 적용할 수 있는 이유는 詩句에 『盈盈樓上女』라는 구절이 있기 때문이다. 또한 「庭中有奇樹」에도 적용되는데, 詩句 가운데 『馨香盈懷袖』라는 구절이 있기 때문이다.”라고 하였다.

【「迢迢牽牛星」, 詩中有句云『盈盈一水間』. 顧炎武『日知錄』: “孝惠諱『盈』. 枚乘詩『盈盈一水間』, 在昭武世而不避諱, 可知爲後人之擬作, 而不出于西京矣. 同樣的情況還加以適用于「靑靑河畔草」, 因爲詩中有『盈盈樓上女』之句. 同樣也適用于「庭中有奇樹」, 詩中有『馨香盈懷袖』之句.】

「行行重行行」에 『胡馬依北風, 越鳥巢南枝』라는 시구가 있다. 徐中舒는 西漢時期에는 『代馬』와 『飛鳥』로 만든 成語가 있었으나 결코 工巧한 것은 아니었다고 말한다. 東漢 時期에는 『胡馬』와 『越燕』로 짝을 짓거나 『代馬』와 『越鳥』로 짝을 지었으며, 모두 비교적 工巧하며, 『古詩十九首』 가운데 『胡馬』와 『越鳥』로 對를 이룬 것은 西漢人의 작품이 아님을 알 수 있다. (『五言詩發生時期的討論』 참조)

【「行行重行行」詩中有『胡馬依北風, 越鳥巢南枝』句. 徐中舒說西漢有『代馬』、『飛鳥』對擧的成語, 然並不工切; 東漢則有以『胡馬』、『越燕』對擧者, 有以『代馬』、『越鳥』對擧者, 均較工穩, 「十九首」中亦有『胡馬』、『越鳥』之對, 其非西漢人手筆可知.(見『五言詩發生時期的討論』)】

「生年不滿百」에 대하여: 范注에서 朱彛尊의 『曝書亭集·玉臺新詠書後』를 인용하여 “『文選』의 第十五首에 대하여 논하자면 『生年不滿百, 常懷千歲憂. 晝短苦夜長, 何不秉燭遊? 』는 「西門行」의 古辭다. 古辭에는 『夫爲樂, 爲樂當及時. 何能生愁不郁? 當復待來玆. 』라 하였는데, 『文選』에서 이를 『爲樂當及時, 何能待來玆? 』라 고쳤다. 古辭에는 『貪財愛惜費, 但爲後世嗤』로 되어있으나, 『文選』에서 이를 『愚者愛惜費, 但爲後世嗤』로 고쳤다. 古辭에는 『自非仙人王子喬, 計會壽命難與期』로 되어 있으나, 『文選』에서 이를 『仙人王子喬, 難可與等期』로 고쳤다.”고 하였다.

【「生年不滿百」, 范注引朱彛尊『曝書亭集·玉臺新詠書後』‥“就『文選』第十五首而論, 『生年不滿百, 常懷千歲憂. 晝短苦夜長, 何不秉燭遊? 』則「西門行」古辭也. 古辭‥『夫爲樂, 爲樂當及時. 何能生愁不郁? 當復待來玆. 』, 而文選』更之曰‥『爲樂當及時, 何能待來玆? 』. 古辭‥『貪財愛惜費, 但爲後世嗤』而『文選』更之曰‥『愚者愛惜費, 但爲後世嗤. 』 古辭‥『自非仙人王子喬, 計會壽命難與期. 』而『文選』更之曰‥『仙人王子喬, 難可與等期』.”】

「明月皎夜光」에 대하여: 『詩品講疏』에서 “「明月皎夜光」 一首에서는 節序를 言及하면서 모두 『太初』에 改曆하기 以前의 언사를 사용하였다. 시에서 『玉衡指孟冬』이라 하고, 앞부분에서는 『促織鳴東壁』, 뒷부분에서는 『秋蟬鳴樹間, 玄鳥逝安適』라 하였는데, 여기서 『孟冬』은 夏正의 孟秋에 해당하는데 改曆 이전이었다면 節序를 이렇게 말하지 않았을 것이다. 따라서 이는 漢初의 작품이다.”라고 하였다. 이는 『文選』 李善注의 주장에 근거한 것으로 『孟冬』은 夏曆의 七月이며, 그 이유는 漢初에는 夏曆

十月을 正月로 삼았기 때문이다. 역대에 걸쳐 『古詩十九首』에는 西漢의 시가 있었으며, 이는 시구는 중요한 객관적 증거이다. 兪平伯이 「古詩明月皎夜光辨」을 지어 『清華學報』에 발표하였는데, 그는 결론으로 '〚玉衡指孟冬: 玉衡은 초겨울을 가리키고〛는 夏曆 九月을 지칭한다. 〚指孟冬〛은 夏曆 九月 立冬 이후를 말하는 것이기에 斗柄이 지향하는 것은 응당 西北보다 더 북쪽 방위이다. 이는 시에서 描寫한 景物과 합치하지 않는 것이 없다.'고 주장하였다. 勞榦은 『古詩明月皎夜光節候解』을 지었는데, 古代天文算法에 근거하여 이 시의 時序의 先後가 一致함을 증명하였다. 이 시에 근거해서 太初 이전의 작품임을 증명할 수 없음을 알 수 있다.

【「明月皎夜光」, 『詩品講疏』: "「明月皎夜光」一詩, 稱節序皆是〚太初〛未改曆以前之言. 詩云〚玉衡指孟冬〛, 而上云〚促織鳴東壁〛, 下云〚秋蟬鳴樹間, 玄鳥逝安適〛, 是此〚孟冬〛正夏正之孟秋, 若在改曆以還, 稱節序者不應如此. 然則此詩乃漢初之作矣." 這是根據『文選』李善注的說法, 認爲〚孟冬〛指夏曆的七月, 因爲漢初是把夏曆的十月作正月的. 歷來以爲『十九首』裏有西漢詩的, 這句詩是重要的客觀的證據. 兪平伯著「古詩明月皎夜光辨」, 在『清華學報』上發表, 他的結論說: '〚玉衡指孟冬〛指的是夏曆九月中. 說〚指孟冬〛該是作于夏曆九月立冬以後, 斗柄所指該是西北偏北的方位. 這和詩中所寫別的景物都無不合處.' 勞榦著『古詩明月皎夜光節侯解』, 也根據古代天文算法, 證明本詩時序先後一致. 可見並不能根據這句詩證明爲太初以前的作品.】

이상 여러 학자의 고증에 의하면, 『古詩十九首』 가운데 시대가 의심스러운 작품이 14여 首에 이른다. 또한 『古詩十九首』를 表

現方式에서 살펴보면 완약하고 곡절하며, 표현된 형식에서 본다면 비록 魏晉의 詩처럼 對偶를 강구하지는 않았으나 句法과 調法에는 이미 특정한 규범이 있었다는 것을 찾아볼 수 있으며, 音節도 비교적 流暢하기에 이들은 모두 西漢의 四言詩와는 완전히 다르다. 우리가 東漢 中葉 문인을 보면 아직은 유치한데, 西漢 景帝나 武帝 시대에 이미 『古詩十九首』와 같이 성숙한 작품이 있었다면 자연히 계속 발전하는 것이 타당하기에 절대로 二百年 동안 중단되었다가 建安 黃初 年間에 비로소 부흥할 수 없다.

【根據以上各家考證, 『古詩十九首』中時代可疑者, 就有十四首之多. 且『十九首』從表現方式來看, 是那樣的委婉曲折, 從表現出的形式來看, 雖然不像魏晉詩那樣講究對偶, 但句法調法已經有一定的規範可尋, 音節也比較流暢, 這些都和西漢的四言詩大爲不同. 我們看到東漢中葉文人的五言詩還是很幼稚, 倘若西漢景帝、武帝的時代已經有『十九首』那樣成熟的作品, 自然應當繼續發展, 絶不致中斷二百年, 到建安黃初年間才復興起來.】

52. 詹注11-1: 『結體』는 文體의 조직. 『結』은 動詞로 쓰였다. 「時序」篇의 『藻飾을 맑고 아름답게 만들다.』라고 한 것이 그 예이다. 范注에서 "『散文』은 『敷文: 鋪敍 방식의 문장』을 말한다."고 하였다. 顔虛心의 『文心雕龍集注』에서 "『廣雅』「釋詁三」‥'『散』은 『布: 펼치다』와 같은 뜻."이라고 하였다. 『布文』은 文采를 펼친다는 뜻.

【『結體』, 謂結構文體. 『結』用作動詞. 如「時序」篇 『結藻淸英』之例. 范注‥"『散文』猶言『敷文』." 顔虛心『文心雕龍集注』‥"『廣雅』「釋詁三」‥'『散』, 『布』也." 『布文』, 卽鋪陳文采.】

53. 詹注11-2: 「詩品序」에서 "고금의 빼어난 言辭를 살펴보면 대부분 典故를 늘어놓은 것이 아니라 마음속에서 울어 나는 것을 그대로 적은 것이다."라고 하였다.

【「詩品序」: "觀古今勝語, 多非補假, 皆由直尋."】

『文鏡秘府論』「論文意」에서 皎然의 『詩議』를 인용하여 "古詩는 諷과 興의 기질을 중시했기에 솔직하지만 賤俗하지 않고, 화려하지만 무기력하지 않아, 格調가 빼어나면서도 문사는 온유하며, 비근한 것을 말하나 그 의미는 심원하며, 정감이 말의 주위를 맴돌다 物象과 접촉하면 자연스레 표현된다. 억지로는 할 수 없으며, 言辭가 조화를 이루면 자연스럽게 생겨나는 것이다."라고 하였다.

【『文鏡秘府論』「論文意」引皎然『詩議』: "古詩以諷興爲宗, 直而不俗, 麗而不朽, 格高而詞溫, 語近而意遠, 情浮於言, 偶象則發. 不以力制, 故皆合於語, 而生自然."】

謝榛의 『四溟詩話』卷三 第三條에서 "『古詩十九首』은 평범한 말로 썼으며, 거의 좋은 문구를 만들려고 하지 않았다. 예를 들면 '손이 멀리서 와 내게 잉어 두 마리를 선물하였네. 童僕을 시켜 잉어를 삶으라 하니 그 안에 한 자의 素書가 들어 있었네.'와 같은 것이 있다.……魏晉詩에는 日常語와 官話가 거의 반씩 자리한다.……齊梁 時期에 이르러서 입만 열면 官話였다. 官話는 힘들지만, 일상어는 힘들지 않다. 官話는 억지스러우나 일상어는 자연스럽다."고 하였다. 劉勰이 말한 『直而不野: 직설적이나 거칠지 않다』는 『古詩十九首』가 자연스러우면서도 일정한 文采를 지니고 있음을 의미하며, 결코 『質勝文則野: 내용이 문채 보다 뛰어나면 촌스럽다』의 정도에 이르렀다는 뜻은 아니다.

【謝榛『四溟詩話』卷三第三條‥“『古詩十九首』平平道出, 且無用功字面, 若秀才對朋友說家常話, 略不作意. 如‘客從遠方來, 寄我雙鯉魚. 呼童烹鯉魚, 中有尺素書.’ ……魏晉詩 家常語與官話相半.……迨齊梁開口俱是官話. 官話使力, 家常語省力. 官話勉然, 家常話自然.” 劉勰所說『直而不野』是說『古詩十九首』雖然純任自然, 還是有一定的文采, 幷沒有到『質勝文則野』的程度.】

54. 詹注11-3: 『文心雕龍』「比興」에서 “『比』는 『附: 결합하다』와 같은 뜻.”이라고 하였다. 『婉轉附物: 적절히 사물과 부합하다』은 완곡하고 곡절하게 사물과 부합함을 말한다. 「物色」篇에서 “경물의 기운과 모습을 묘사함에 사물과 완전히 하나가 되었고, 풍물의 소리와 색채를 묘사함에 자신의 마음이 그것과 함께 움직였다.”고 하였다.

【『文心雕龍』「比興」‥“『比』者『附』也.” 『婉轉附物』是說委婉曲折地比附事物. 「物色」篇‥“寫氣圖貌, 旣隨物以宛轉; 屬采附聲, 亦與心而徘徊.”】

胡寅의 『與李叔易書』에서 李仲蒙의 말을 인용하면서 “적절한 사물을 찾아 감정을 기탁하는 것을 『比』라 말하며, 감정과 사물의 부합을 의미한다.”라고 하였다.

【胡寅『與李叔易書』引李仲蒙曰‥“索物以托情, 謂之『比』, 情附物者也.”】

皎然의 『詩式』에서 “『古詩十九首』는 문사와 내용이 정교하고, 분명하고, 완연한 문장을 이룩하였다.”라고 하였다. 王世貞의 『藝苑巵言』卷二에서 “漢魏人의 詩語는 『詩經』의 遺志를 잘 계승하였다. …… 〖胡馬依北風, 越鳥巢南枝〗, 〖淸商隨風發, 中曲正徘徊.〗, 〖秋蟬鳴樹間, 玄鳥逝安適〗, 〖棄我如遺迹〗, 〖盈盈一水間, 脈脈不得語〗, 〖弦急知柱促〗, 〖去者日以疏, 來者日以親〗, 〖愁多知夜長〗, 〖著以長相思, 緣以結不解〗, 〖出戶獨彷徨, 憂思當告誰〗 등은 『國風』의 淸明하고 婉曲한 微旨를 계승한 것이다.”라고 하였다.

【皎然『詩式』‥“『十九首』辭義精炳, 婉而成章.” 王世貞『藝苑巵言』卷二‥‥“漢魏人詩語, 有極得『三百篇』遺意者. …… 〖胡馬依北風, 越鳥巢南枝〗, 〖淸商隨風發, 中曲正徘徊.〗, 〖秋蟬鳴樹間, 玄鳥逝安適〗, 〖棄我如遺迹〗, 〖盈盈一水間, 脈脈不得語〗, 〖弦急知柱促〗, 〖去者日以疏, 來者日以親〗 〖愁多知夜長〗, 〖著以長相思, 緣以結不解〗, 〖出戶獨彷徨, 憂思當告誰〗, 此『國風』淸婉之微旨.”】

陸時翁의 『古詩經』「總論」에서 “시의 묘미는 기탁에 있다. 기탁이란 情性이 유동하는 것이기에 표현은 무궁하다.…… 所謂 기탁이란 정면으로 나갈 수 없어 옆으로 피해 가는 것이며, 직접 갈 수 없어 둘러 돌아가는 것이다. 감정이 마음속에서 움직이면 표현하려는 것이 많아지는 것은 어쩔 수 없으며, 그 氣勢 또한 스스로 달랠 수 없기에 기탁한 것이 하나의 의미가 되고, 하나의 대상이 되며, 하나의 境界가 되어 표출된 것이다.”라고 하였다.

【陸時翁『古詩經』「總論」‥“詩之妙在托,　托則情性流而道無窮矣. ……夫所謂托者, 正之不足而旁行, 直之不能而曲致之. 情動於中, 鬱勃莫已, 而勢又不能自達, 故托爲一意, 托爲一物, 托爲一境而出之."】

〖附物〗의 의미는 고시의 적절한 비유의 운용을 말한다. 예를 들자면 〖胡馬〗, 〖越鳥〗, 〖陵柏〗, 〖澗石〗, 〖江芙〗, 〖澤蘭〗, 〖孤竹〗, 〖女蘿〗 등과 같이 임의적으로 흥을 기탁한 것을 말한다. 예를 들어 「迢迢牽牛星」에서는 순수하게 牛女를 하나의 대상으로 빌려 왔으나 한 자도 실제 정감 표현에는 사용되지 않으나, 정감은 그 속에 기탁되어 있다.

【〖附物〗的意思是說古詩善用比喩, 如〖胡馬〗、〖越鳥〗、〖陵柏〗、〖澗石〗、〖江芙〗、〖澤蘭〗、〖孤竹〗、〖女蘿〗等等, 隨手寄興. 至如「迢迢牽牛星」一首, 純粹是假借牛女爲象, 沒有一字實寫情感, 而情感就寄托在基中.】

55. 詹注11-4: 『御覽』에는 〖惆悵切情〗으로 되어있다. 〖怊悵〗은 〖惆悵〗과 같은 뜻. 『楚辭』「七諫·謬諫」에서 "구슬픔에 스스로 비애에 빠지다."고 하였다. 〖切〗은 〖切合: 절실하게 부합함〗과 같은 뜻. 〖切情〗은 內心을 절실하게 表達한 감정을 말한다.

【『御覽』作〖惆悵切情〗. 〖怊悵〗、〖惆悵〗義同. 『楚辭』「七諫·謬諫」: "然怊悵而自悲." 〖切〗, 〖切合〗. 〖切情〗謂深切表達內心的感情.】

陳祚明의 『古詩選』卷三에서 "『古詩十九首』가 千古의 지극한 詩가 된 이유는 사람이 모두 가지고 있는 감정을 말했기 때문이다. 人情으로야 뜻을 이루고자 하지만 그 뜻을 이룬 사람이 몇이나 되겠는가? 비록 부귀하다고 해도 만족하지 못하면 늘 부족을 느끼는 데, 하물며 빈천한 경우에는 어떻겠는가? 뜻을 이루지 못한 채 나이만 들면 누구인들 感慨하지 않겠는가? 사랑하는 사람에 대한 人情은 평생 서로를 지켜주고자 하지만 누군들 離別하지 않겠는가? 자신의 所懷로 버림받은 사람의 슬픔을 추측하는 것 역시 정상이다. 무릇 평생을 서로 지켜줄 수 있다면 근심을 모르고 즐거움도 모를 것이나 갑작스레 이별한다면 이러한 슬픈 감정을 멈추기 어렵다. 쫓겨난 신하, 버려진 아내, 친구와의 결별은 그 취지가 같다. 따라서 『古詩十九首』는 이러한 두 가지 의미를 지닌다. 고개 숙이고 배회하다가 어떤 사람이라도 이 시를 읽으면 슬픈 자신의 마음처럼 느끼게 되는 것은 이 시가 性情의 산물이기 때문이다. 모든 사람이 지니는 감정은 예외가 있을 수 없기에 모든 사람은 본시 스스로 시를 품고 있는 존재다. 그러나 모든 사람이 감정을 지니면서도 말로 표현하지 못한다면 말을 하지만 뜻을 말로 충분히 표현하지 못한다는 것이다. 따라서 『古詩十九首』가 극치를 이루었다고 특별히 높이 평가한 것이다."라고 하였다.

【陳祚明『古詩選』卷三 : "「十九首」所已爲天古之至文者, 以能言人同有之情也. 人情莫不思得志, 而得志者有幾? 雖處富貴, 慊慊有不足, 況賓天乎! 志不得而年命如流, 誰不感慨? 人情于所愛, 莫不欲終身相守, 然誰不有離別? 以我之懷思, 猜彼之見棄, 亦其常也. 夫終身相守者, 不知有愁, 亦復不知其樂, 乍一別離, 則此情難已. 逐臣棄妻與朋友闊絶, 皆同此志. 故『十九首』唯此二意, 而底回反覆, 人人讀之皆若傷我心者, 此詩所以爲情性之物. 而同有之情, 人人各俱, 則人人本自有詩也. 但人人有情而不

能言, 卽能言而言不能盡, 故特推『十九首』以爲至極."】

56. 范注3-9: 『散文』은 『敷文: 鋪敍 방식의 문장』을 말한다. 紀昀은 "『直而不野: 직설적이나 거칠지 않다.』라는 말로 漢代 文人의 장점을 모두 槪括하였다."라고 평하였다.

【『散文』猶言 『敷文』. 紀評曰: "『直而不野』括盡漢人佳處."】

詹注11-5: 『詩品』上에서 "『古詩十九首』는 『國風』에서 기원하였다. 陸機가 이를 모방하여 14수를 지었다. 文辭는 온후하고 유려하며, 意境은 애절하고 심원하다. 읽다 보면 가슴이 아파 魂魄까지 감동하기에 가히 一字千金이라 말할만하다." 沈德潛의 『說詩晬語』에서 "『古詩十九首』는 …… 대부분 내쳐진 신하, 버려진 아내, 오랫동안 만나지 못하는 친구, 타향을 떠도는 游子의 生死와 새것과 옛것에 대한 감정으로 쓰여 있다. 더러는 寓言으로, 더러는 분명한 말로, 혹은 反覆語로 이루어져 있다. 처음에는 기발하다는 생각이 없으나 놀라운 구절은 西漢의 古詩가 따라갈 수 없다."라고 하였다.

【『詩品』上: "『古詩』其源出於『國風』. 陸機所擬十四首. 文溫以麗, 意悲而遠. 驚心動魂, 可謂幾乎一字千金." 沈德潛『說詩晬語』: "『古詩十九首』,……大率逐臣 棄妻, 朋友闊絶, 游子他鄕, 生死新故之感. 或寓言, 或顯言, 或反覆語. 初無奇辟之思, 驚險之句, 而西京古詩皆在其下."】

57. 詹注12-1: 『玉海』卷五十九에서 인용한 이 구절의 주에서 "『文選』注와 『太平御覽』을 참조하라."라고 하였다. 原來의 詩는 『猗猗

秋蘭, 植彼中阿. 有馥其芳, 有黃其葩. 雖曰幽深, 厥美彌嘉. 之子云遠, 我勞如何? 』이다. 『御覽』九百八十三에서 張衡의 「怨詩」를 인용하면서 "秋蘭은 뛰어난 美人이다. 뛰어나도 등용되지 못하자 이 시를 쓴 것이다."라고 하였다.

【『玉海』卷五十九引此句注云‥"見『文選』注、『太平御覽』." 原詩云『猗猗秋蘭, 植彼中阿. 有馥其芳, 有黃其葩. 雖曰幽深, 厥美彌嘉. 之子云遠, 我勞如何? 』『御覽』九百八十三引衡「怨詩」曰‥"秋蘭, 嘉美人. 嘉以不獲用, 故作是詩也."】

58. 詹注12-2: 『困學紀聞』卷十八 『評詩』에서 "『文心雕龍』(「明詩」篇)에서 '張衡의 「怨詩」는 淸麗하고 典雅하여 음미할만하다.'"라고 하였다. 何焯에서 "『典』字를 閻(若璩)은 『曲』字라 하였다. 이는 새로 古書를 각인한 과정에서 생긴 잘못이다."라고 하였다. 趙萬里의 『校記』에서 "黃校에 의거하여 『曲』字를 『典』字로 고쳤다. 『唐寫本』과 『御覽』五八六의 인용과도 일치한다."라고 하였다. 范注에서는 "『典』字로 쓰는 것이 옳다. 「怨詩」는 四言이지만 그 내용이 대단히 典雅하다."라고 하였다. 『淸典』은 淸麗하고 典雅함을 말한다. 明代 梅鼎祚의 『漢魏詩乘』卷七에서는 『淸曲可誦』으로 인용되었다.

【『困學紀聞』卷十八『評詩』‥"『雕龍』(「明詩」)云‥'張衡「怨篇」, 淸典可味.'" 何焯云‥"『典』, 閻(若璩)作『曲』. 此以新刻校古書之弊." 趙萬里『校記』‥"案黃校改『曲』作『典』. 與『唐本』及『御覽』五八六引均合." 范注‥"案作『典』字是. 「怨詩」四言, 義極典雅." 『淸典』, 謂淸麗典雅. 明梅鼎祚『漢魏詩乘』卷七引作『淸曲可誦』】
『宋書』「謝靈運傳論」에서 "張衡의 시는 艶麗하며, 文辭로 마음을

움직이니, 絶唱을 기리고 따를만함에도 오랫동안 계승되지 못했다."라고 하였다.

【『宋書』「謝靈運傳論‥"若夫平子艶發, 文以情變, 絶唱高蹤, 久無嗣響."】

59. 范注3-10: 〖典〗字는 〖曲〗字로 해야 한다. 紀昀은 " 〖曲〗字가 옳고, 〖曲〗字는 〖婉: 은근하다〗字로 해석해야 한다."라고 하였다. 李詳의 『黃注補正』에서 "梅慶生의 『凌雲本』에서도 〖淸曲〗이라 하였다."라고 하였다. 『御覽』893에서 張衡의 「怨詩」를 인용하면서 " 〖秋蘭〗은 美人을 기리는 것이다. 기릴 뿐 이를 취하지는 않았기에 이 시를 썼다."라고 하였다. 이 詩文에서 "무성한 쪽빛의 秋蘭, 산림 높은 곳에서 자란다네. 그 향기는 그윽하고, 그 꽃은 옅은 노란색. 비록 幽深한 곳에서 피어나지만 이처럼 아름다우니. 蘭과 이처럼 멀어지니 내 슬픔 어이할까?"라고 하였다. 「仙詩緩歌」는 현재 고증할 수 없으나, 『黃注』에서 「同聲歌」를 인용하면서 이와 같은 것이라 하였으나, 紀昀의 비판이 정확하다. (樂府의 옛 작품에 「前緩聲歌」가 있다. 〖典〗字로 쓰는 것이 옳다. 「怨詩」는 四言이지만 그 내용이 대단히 典雅하다.)

【〖典〗一作〖曲〗. 紀昀‥" 〖曲〗字是. 〖曲〗字作〖婉〗字解." 李詳『黃注補正』云‥"梅慶生『凌雲本』竝作〖淸曲〗. 『御覽』八百九十三引衡「怨詩」曰‥" 〖秋蘭〗, 嘉美人也. 嘉而不獲用, 故作是詩也." 其辭曰‥"猗猗秋蘭, 植被中阿. 有馥其芳, 有黃其葩. 雖曰幽深, 厥美弥嘉. 之子之远, 我勞如何." 「仙詩緩歌」今已無考, 『黃注』引「同聲歌」當之, 紀氏譏之是也. (樂府古辭有「前緩聲歌」. 案〖典〗字是. 「怨詩」四言, 義極典雅)】

詹注12-3: 「仙詩緩歌」는 고증할 수 없다. 范注에서 "樂府의 옛 작품에 「前緩聲歌」가 있다."라고 하였다.

【「仙詩緩歌」無考. 范注: "樂府古辭有「前緩聲歌」."】

6-4.

建安初期에 五言詩가 강물의 용솟음처럼 발전하였고, 文帝 曹丕와 陳思王 曹植이 말고삐를 잡고 문단을 이끌어 나감에 節度가 있었고, 王粲, 徐幹, 應瑒, 劉楨은 문학의 길로 앞 다투며 내달렸다. 모두 風月을 欽賞하거나, 池苑에서 노닐거나, 恩榮을 기술하거나, 훌륭한 연회를 서술하면서, 慷慨를 바탕으로 氣勢를 드러냈고, 자유롭게 자신의 재능을 펼쳤다. 감정을 표현하거나, 사실을 서술함에 섬세한 기교를 추구하지 않았다. 文辭를 운용하고, 形象을 표현함에 단지 鮮明하게 드러내는 능력만 취했을 따름이다. 이것이 그들의 일치된 경향이다. 正始에 이르러 玄學의 道理를 밝히고자 하면서 道家思想이 詩에 섞이게 되었다. 何晏 등의 무리는 대부분 부화하고 천박했다. 그러나 嵇康은 風骨이 淸竣했으며, 阮籍은 旨趣가 深奥하니 가히 모범이라 하겠다. 應璩의 「百一詩」는 권세를 두려워하지 않고 직언했으며, 문사의 운용은 독특하고, 내용도 정의로우니 이 또한 魏代 建安의 문학 정신을 계승한 질박하고 직설적인 작품이라 하겠다.

6-4.

曁建安之初, 五言騰踊[60], 文帝陳思, 縱轡以騁節[61]; 王徐應劉, 望路而爭驅[62]; 並憐風月, 狎池苑, 述恩榮, 敍酣宴[63], 慷慨以任氣, 磊落以使才[64]; 造懷指事, 不求纖密之巧[65]; 驅辭逐貌, 唯取昭晰之能[66]; 此其所同也[67]. 乃正始明道[68], 詩雜仙心[69], 何晏之徒, 率多浮淺[70]. 唯嵇志淸峻[71], 阮旨(志)遙深[72], 故能標焉[73]. 若乃應璩百一[74], 獨立不懼[75], 辭譎義貞[76], 亦魏之遺直也[77].

60. 詹注13-1: 『玉海』卷五十九의 인용에서는 〖踊〗을 〖踴〗이라 했다. 敍復의 『文心雕龍正字』에서 "〖踊〗는 응당 〖涌〗으로 써야 한다. 「程器」篇의 〖江河所以騰涌〗 句에서 바르게 썼으며, 이는 소리가 같아 假借한 것이다."라고 하였다. 「程器」篇의 〖騰涌〗은 江河를 形容한 것이다. 여기서 〖騰踊〗 二字는 假借라 말하지 않아도 의미가 통한다. 『唐寫本』에서는 〖踊〗字가 〖躍〗字로 되어 있으나, 그 의미는 서로 같다.

【『玉海』五十九引〖踊〗作〖踴〗. 敍復『文心雕龍正字』: "按〖踊〗本當作〖涌〗. 「程器」篇有〖江河所以騰涌〗句是正字, 此以同聲假用." 按「程器」篇〖騰涌〗是形容江河的二. 此處〖騰踊〗二字不必說假借也可以通. 『唐寫本』〖踊〗字作〖躍〗, 意思也一樣的.】

61. 范注4-1: 鍾嶸은 『詩品』에서 曹文帝(曹丕)를 中品에 列入하였고, 陳思王(曹植)을 上品에 列入하였다. 이들을 평하면서 "魏 陳思王 曹植의 詩는 『國風』을 根源으로 삼았다. 骨氣가 기특하고, 시의 문채 또한 화려하고 풍부하며, 情感은 『雅』의 怨望을 함께 지니고 있으며, 體式은 文質을 모두 갖추고 있어 古今 전체에서 가장 뛰어나니 단연 발군이었다. 아! 曹植의 文章이란! 人倫에 있어 周公과 孔子가 계신 것과 같고, 비늘과 날개 달린 짐승 가운데 龍鳳이 있는 것과 같으며, 음악에 있어 거문고와 생황이 있는 것과 같으며, 女工이 수놓은 黼黻이 있는 것과 같다. 글을 쓰려다 붓만 입으로 빨고 있는 사람은 편장을 마음에 품고 우러러보며 曹植 詩가 지닌 광채로 창작의 길을 비춰야 했다. 孔門의 시에 대한 언급으로 말하자면 公幹(劉楨)이 堂에 올랐다면, 曹植은 內室까지 진입했으며, 張協, 潘岳, 陸機는 복도와 처마 사이에 앉아 있는 정도다."라고 하였다. 또한 "魏文帝 曹丕 詩는 李陵의 詩를 根源

으로 삼았고, 仲宣(王粲)의 體式을 많이 본받았다. 새로운 시 百餘篇을 지었으나 대부분이 鄙陋하고 직접적인 口語로 되어있다. 무릇 「西北有浮雲」 등 10여 수의 뛰어난 아름다움은 가히 감상할만하니 비로소 그 공교함을 알 수 있도다. 그러나 뛰어난 문인들(建安七子)에 대한 평가가 동생 曹植보다 뛰어나다 칭찬할 수 있겠는가?"라고 하였다.

【鍾嶸『詩品』曹文帝列中品, 陳思王曹植列上品. 其評曰: "魏陳思王植詩, 其源出於『國風』. 骨氣奇高, 詩采華茂, 情兼『雅』怨, 體被文質, 粲溢古今, 卓而不羣. 嗟夫陳思之於文章也, 譬人倫之有周孔, 鱗羽之有龍鳳, 音樂之有琴笙, 女工之有黼黻. 俾爾懷鉛吮墨者, 抱篇章而景慕, 映餘暉以自燭. 故孔氏之門如用詩, 則公幹升堂, 陳思入室, 景陽潘陸, 自可坐我廊廡之間矣." 又曰: "魏文帝詩, 其源出於李陵, 頗有仲宣之體則. 新奇(『奇』疑作『製』. (譯者注: 曹旭의 『詩品集注』에는 『奇』가 『歌』로 되어 있다.)百許篇, 率皆鄙直如偶語, 惟「西北有浮雲」十餘首, 殊美贍可玩, 始見其工矣. 不然, 何以銓衡群彥, 對揚厥弟者耶."】

詹注13-2: 『節』은 『節制』, 『指揮』와 같은 뜻. 『縱轡以騁節』은 바로 고비와 재갈을 쥐고 마음껏 달려도 충분히 조종할 능력을 발휘할 수 있다는 것.

【『節』, 『節制』, 『指揮』. 『縱轡以騁節』, 就是放開轡頭任意馳騁指揮, 充分發揮籠絡作用.】

62. 范注4-2: 『魏志』 「王粲傳」에서 "王粲의 字는 仲宣이며, 그의 詩, 賦, 論, 議 60篇이 전한다. 徐幹의 字는 偉長이고, 應瑒의 字는

德璉이고, 劉楨의 字는 公幹이며, 모두 文章과 詩賦 수십 편을 지었다."고 하였다. 魏文帝의 『典論』「論文」에서 "이들 建安七子는 학문에도 뛰어나고, 문사에도 뛰어나 모두 駿馬를 몰고 千里를 내달림에 뒤지는 사람 없이 함께 나간다."고 하였다. 劉勰이 〖望路而爭驅: 길을 바라보며 앞을 다투며 내달리다〗라 한 말은 이를 근거로 삼은 것이다.

【『魏志』「王粲傳」‥"王粲字仲宣, 著詩賦論議垂六十篇. 徐幹字偉長, 應瑒字德璉, 劉楨字公幹, 咸著文賦數十篇." 魏文帝『典論』「論文」‥"斯七子者, 於學無所遺, 於辭無所假, 咸自以騁騏驥千里, 仰齊足而並馳." 彥和〖望路而爭驅〗於本此.】

詹注13-3: 『典論』「論文」에서 "오늘날의 문인으로는 魯國의 孔融 文擧(孔融의 字), 廣陵의 陳琳 孔璋(陳琳의 字), 山陽의 王粲 仲宣(王粲의 字), 北海의 徐幹 偉長(徐幹의 字), 陳留의 阮瑀 元瑜(阮瑀의 字), 汝南의 應瑒 德璉(應瑒의 字), 東平의 劉楨 公幹(劉楨의 字), 建安七子는 학문도 뛰어나고, 문사도 뛰어나 모두 준마를 몰고 千里를 내달림에 뒤지는 사람 없이 함께 나간다."고 하였다. 曹植의 「與楊德祖書」에서 "옛날 王粲은 漢南에서 가장 뛰어났으며, 陳琳은 河南에서 매처럼 날아올랐으며, 徐幹은 〖青土: 青州〗에서 文名을 떨쳤으며, 劉楨은 海南에서 아름다운 문채를 뽐냈으며, 應瑒은 〖北魏; 許昌〗에서 위대한 족적을 남겼으며, 귀하께서는 洛陽에서 범접할 수 없는 분이십니다. 이 무렵 모든 사람이 스스로 靈蛇之珠를 가지고 있으며, 집집마다 〖荊山之玉: 和氏璧〗를 지니고 있다고 말한다."라고 하였다. 『魏志』「王粲傳」에서 "王粲의 字는 仲宣이며……, 그의 詩·賦·論·議 60篇이 전한다. …… 文帝때 처음으로 五官將에 올랐고, 平原侯 曹植과 함께 문학을 좋아하였다. 王粲과 北海 徐幹의 字는 偉長, 廣陵 陳琳의 字는 孔璋, 陳留 阮瑀의 字는 元瑜, 汝南 應瑒의 字는 德璉, 東平 劉楨의 字는 公幹은 모두 좋은 벗이며……모두 文章과 詩賦 수십 편을 지었다."고 하였다. 「詩品序」에서 "建安에 이르러 曹公의 父子가 이러한 문학을 독실하게 좋아하였고, 曹植과 曹彪 형제는 문학의 우뚝한 대들보였다. 劉楨과 王粲도 그들의 날개 역할을 하였다. 게다가 그 아래로 攀龍託鳳처럼 스스로 나서서 그들은 따랐던 이들이 거의 百餘名에 이른다. 이들의 성숙한 文雅가 그 시대의 문학을 크게 갖추어지게 하였다."라고 하였다.

【『典論』「論文」‥"今之文人, 魯國孔融文擧, 廣陵陳琳孔璋, 山陽王粲仲宣, 北海徐幹偉長, 陳留阮瑀元瑜, 汝南應瑒德璉, 東平劉楨公幹, 斯七子者, 於學無所遺, 於辭無所假, 咸以騁驥騄於千里, 仰齊足而並馳." 曹植「與楊德祖書」‥"昔仲宣獨步於漢南, 孔璋鷹揚于河朔, 偉長擅名于青土, 公幹振藻于海隅, 德璉發跡于北魏, 足下高視于上京. 當此之時, 人人自謂握靈蛇之珠, 家家自謂抱荊山之玉." 『魏志』「王粲傳 」‥"王粲,字仲宣……, 著詩·賦·論·議垂六十篇. ……始文帝爲五官將, 及平原侯植, 皆好文學. 粲與北海徐幹字偉長, 廣陵陳琳字孔璋, 陳留阮瑀字元瑜, 汝南應瑒字德璉, 東平劉楨字公幹, 並見友善……咸著文賦數十篇." 「詩品序」‥"降及建安, 曹公父子, 篤好斯文; 平原兄弟, 鬱爲文棟. 劉楨、王粲爲其羽翼. 次有攀龍託鳳, 自致于屬車者, 蓋將百計. 彬彬之盛, 大備于時矣."】

63. 詹注13-4: 『集注』에서 "『文選』卷二十에서 '〖曹子建: 曹植〗의 「公讌詩」 一首, 〖劉公幹: 劉楨〗의 「公讌詩」 一首, 〖應德璉: 應瑒〗의 「侍五官中郎將建章台集詩」 一首가 있다.'고 하였다. 卷

二十二에서는 '魏文帝「芙蓉池作」 一首가 있다.'고 하였다. 『南齊書』「文學傳論」에서 '飛官과 玉池를 魏文帝가 아름답게 표현하였다.'고 하였다. 卷二十九에서 '『王仲宣: 王粲』의「雜詩」一首, 『劉公幹: 劉楨』 雜詩 一首, 魏文帝「雜詩」二首, 曹子建「雜詩」六首,「情詩」一首가 있다.'"라고 하였다.

【『集注』‥"『文選』卷二十‥'『曹子建』「公讌詩」一首, 『劉公幹』「公讌詩」一首, 『應德璉』「侍五官中郎將建章台集詩」一首.' 卷二十二‥'魏文帝「芙蓉池作」一首.' 『南齊書』「文學傳論」‥'飛官玉池, 魏文之麗篆.' 卷二十九‥'『王仲宣』「雜詩」一首, 『劉公幹』雜詩一首, 魏文帝「雜詩」二首, 曹子建「雜詩」六首, 「情詩」一首.'"】

曹丕의 『與吳質書』에서 "徐幹, 陳琳, 應瑒, 劉楨이 일시에 세상을 뜨니 그 애통함을 어찌 말로 할 수 있으랴! 예전에 서로 교유하던 곳에서 함께 마차를 몰다가, 멈추어서 나란히 앉아 있었는데, 어쩌다가 잠깐 사이에 헤어져야 한다는 말인가? 매번 술잔을 기울이며 이리저리 돌아다니며 현악기와 관악기로 함께 연주하면서 통쾌하게 술 마시어 귓불이 붉어지면 하늘을 우러르며 시부를 지었소. 이때는 황홀하여 그 기쁨조차 몰랐도다."라고 하였다. 謝靈運의 「擬魏太子鄴中集詩序」에서 "建安末葉, 내가 鄴中의 궁전에 있을 때, 아침에는 놀러 나가고, 저녁에는 자주 연회에 참석하면서 즐거움의 극치를 맛보았다. 天下의 良辰, 美景, 賞心, 樂事 네 가지는 함께 있기 어렵다. 지금 형제, 붕우 등 모든 선비는 모두 이를 함께 누리고 있다."고 하였다. 「時序」篇에서는 "王粲은 漢南에서 와서 귀순하였고, 陳琳은 河北에서 와서 귀의하였고, 徐幹은 青州에서 와서 관리가 되었고, 劉楨은 바닷가에서 와서 의지하였고, 應瑒은 빼어난 문체에 관한 사상을 종합하였고, 阮瑀는 비상하는 것처럼 재능을 펼쳤으며, 路粹와 繁欽, 邯鄲淳과 楊修 등은 술잔 앞에서 시편을 읊조렸고, 자리에 앉으면 단아하게 예술을 논했으며, 붓을 휘둘러 연회의 노래를 지었고, 문장을 談笑의 소재로 삼았다."고 하였다.

【曹丕『與吳質書』: "徐, 陳, 應, 劉, 一時俱逝, 痛何可言耶! 昔日遊處, 行則同輿, 止則接席, 何嘗須臾相失! 每至觴酌流行, 絲竹並奏, 酒酣耳熱, 仰而賦詩. 當此之時, 忽而不知樂也." 謝靈運「擬魏太子鄴中集詩序」: "建安末, 余時在鄴宮, 朝遊夕讌, 究歡愉之極. 天下良辰美景賞心樂事, 四者難幷. 今昆弟朋友二三諸彦, 共盡之矣."「時序」: "仲宣委質於漢南, 孔璋歸命於河北, 偉長從宦於青土, 公幹徇質於海隅, 德璉綜其斐然之思, 元瑜展其翩翩之樂, 文蔚休伯之儔, 于叔德祖之侶, 傲雅觴豆之前, 雍容衽席之上, 灑筆以成酣歌, 和墨以藉談笑"】

64. 詹注13-5: 謝靈運의「擬魏太子鄴中集詩序」에서 "뛰어난 인재들이 모여들었고, 문장의 기세도 너무나 뛰어났기에, 그 성과가 자못 빼어나다."라고 하였다.「時序」篇에서 "당시 문장을 살펴보면 慷慨를 중시했는데, 이는 실로 계속된 혼란의 누적, 풍속의 파괴로 말미암은 것이어서 내용도 심오하고 문사도 뛰어나다. 이에 慷慨하고 氣韻도 生動한다."라고 하였다.『詩品』에서도 劉楨의 시를 평하면서 "특유의 기질을 바탕으로 기이한 표현을 이루었다."라고 하였다. 劉師培의『南北文學不同論』에서 "建安初期에는 五言詩를 숭상하였다. 建安七子의 작품은 비록 대부분이 서로 응대하며 쓴 시나 慷慨하고 기세가 뛰어나 才華를 운용하고 전개하고 감정을 표현하고 사실을 적시함에 섬약하고 은밀함

을 구하지 않았으나, 은유, 함축적이면서도 餘味가 곡진하고 悲哀와 剛勁함이 같이 있으니 실로 북방의 작품이라 하겠다."라고 하였다.

【謝靈運「擬魏太子鄴中集詩序」‥"卓犖偏人, 而文最有氣, 所得頗經奇." 「時序」‥"觀其時文, 雅好慷慨, 良由世積亂離, 風衰俗怨, 並志深而筆長, 故梗槪而多氣也." 『詩品』評劉楨詩也說‥"仗氣愛奇, 動多振絶." 劉師培『南北文學不同論』‥"建安之初, 詩尙五言. 七子之作, 雖多酬酢之章, 然慷慨任氣, 磊落使才, 造懷指事, 不求纖密, 隱意蓄含, 餘味曲包, 而悲哀剛勁, 洵乎北土之音."】

65. 詹注13-6: 〖造懷〗는 〖遣懷: 內心을 들어내다.〗와 같은 뜻. 〖指事〗는 사물의 서술. 感情이 강렬하기에 자연스레 섬세한 기교를 추구하지 않았다.

【〖造懷〗, 猶〖遣懷〗. 〖指事〗, 敍述事物. 感情强烈, 自然不去追求纖巧.】

『典論』「論文」에서 "應瑒의 풍격은 온화하나 장엄하지는 않고, 劉楨의 풍격은 장엄하나 세밀하지는 않다."라고 하였다. 『詩品』에서 劉楨을 평하면서 "潤飾은 풍부하나, 恨은 적다."라고 하였다.

【『典論』「論文」‥"應瑒和而不壯, 劉楨壯而不密" 『詩品』評劉楨詩也說‥"雕潤恨少."】

66. 詹注13-7: 『唐寫本』에는 〖辭〗를 〖詞〗로 썼다. 元刻本, 弘治本에서는 〖晰〗字를 〖哲〗字로 썼다. 徐𤊹校에서 "응당 〖晰〗字로

써야 한다."고 하였다. 梅本 이후로는 모두 『晰』字로 고쳐 섰다.

【『唐寫本』『辭』作『詞』. 元刻本、弘治本『晰』作『哲』. 徐𤊹校:
"當作『晰』." 自梅本以下改作『晰』.】

67. 范注4-3: 『文選』에 기록된 「公讌詩」, 「遊覽詩」, 「贈答詩」는 이와 같다.

【『文選』所載「公讌詩」「遊覽詩」「贈答詩」是.】

『詩品講疏』에서 "建安時期의 五言詩를 자세히 살펴보고 樂府詩와 비교해보면 魏武帝의 여러 작품은 慷慨하고 凄凉하였기에 漢代 詩歌를 갈무리하고 魏代 詩歌를 진작시켰다고 하겠다. 文帝 형제의 작품 가운데 樂府詩가 가장 많으며, 비록 體式은 前代의 것을 계승하였으나 문사의 독창성을 중시하였으니 이전의 시를 변형하지는 않았으나 자신만의 개성적 문사를 펼쳤다고 하겠다. 기타 나머지 雜詩는 모두 문사의 아름다움을 숭상하였기에 沈休文은 '建安時期에 이르러 曹操, 曹丕, 曹植은 모두 성대한 文辭를 구축하였으며, 感情을 중심을 조직적으로 운용하였으며, 내용과 형식의 조화를 이루었다.'라고 하였다. (『宋書』「謝靈運傳論」) 이상의 언급은 內容이 文辭보다 성대함을 지적한 것이다. 예를 들어 歡宴을 기술한 것, 亂離를 안타까워한 것, 친구와의 돈독함, 배필과의 돈독함은 비록 작품의 제목은 번잡하지만 모두 蘇武와 李陵의 고시를 본받은 것이며, 文采는 화려하나 閭巷에서 불렀던 가요의 질박함에서 유리되지는 않았다. 따라서 사물을 지칭함에 새기고 깎는 수식을 숭상하지 않았으며, 감정 서술은 오로지 진실만을 추구했으며, 전아한 문사로 수사를 운용할 때는 아름다운 운율이 울려 퍼지게 하였다. 이러한 작품은 전대의 아름다움을 포용한 후대의 전범이라 하겠다. 魏文帝 이후로는 品藻를 드러낸 작품이 드물었다. 文帝의 「與吳質書」 이르러 비로소 '公幹의 훌륭한 五言는 당시 문인보다 절묘하였다.'라고 하였다. 五言詩가 흥성과정에는 樂府詩가 많았고, 辭人들은 경쟁적으로 이러한 경향을 본받으려 하였기에 建安時期에 이르자 작가들이 더욱 많아지니 工拙의 이치를 논할 수 있게 되었다."라고 하였다.

【『詩品講疏』曰··"詳建安五言, 毗於樂府, 魏武諸作, 慷慨凄凉, 所以收束漢音, 振發魏響. 文帝兄弟所撰樂府最多, 雖體有所因, 而詞貴獨唱, 聲不變古, 而采自己舒. 其餘雜詩, 皆崇藻麗, 故沈休文曰··'至於建安, 曹氏基命, 三祖陳王, 咸蓄盛藻, 甫乃以情緯文, 以文被質.'(『宋書』「謝靈運傳論」) 言自此已上, 質盛於文也. 若其述歡宴, 愍亂離, 敦朋友, 篤匹偶, 雖篇題雜沓, 而同以蘇李古詩爲原, 文采繽紛, 而不能離閭里歌謠之質. 故其稱物則不尙雕鏤, 敍胸情則唯求誠懇, 而又緣以雅詞, 振其美響. 斯所以兼籠前美, 作範後來者也. 自魏文已往, 罕以五言見諸品藻. 文帝「與吳質書」, 始稱'公幹五言詩之善者, 妙絶時人.' 蓋五言始興, 惟樂府爲衆, 辭人競效其風, 降自建安, 旣作者滋多, 故工拙之數, 可得而論矣.】

詹注13-8: 黃侃의 『詩品講疏』에서 "建安時期의 五言詩를 자세히 살펴보고 樂府詩와 비교해보면 魏武帝의 여러 작품은 慷慨하고 凄凉하였기에 漢代 詩歌를 갈무리하고 魏代 詩歌를 진작시켰다고 하겠다. 文帝 형제의 작품 가운데 樂府詩가 가장 많으며, 비록 體式은 前代의 것을 계승하였으나 문사의 독창성을 중시하였으니 이전의 시를 변형하지는 않았으나 자신만의 개성적 문사를 펼쳤다고 하겠다. 기타 나머지 雜詩는 모두 문사의 아름다움을 숭상하였기에 沈休文은 '建安時期에 이르러 曹操, 曹丕, 曹植은 모두 성대한 文辭를 구축하였으며, 感情을 중심을 조직적으로 운용하였으며, 내용과 형식의 조화를 이루었다.'라고 하였다. (『宋書』「謝靈運傳論」) 이상의 언급은 內容이 文辭보다 성대함을 지적한 것이다. 예를 들어 歡宴을 기술한 것, 亂離를 안타까워한 것, 친구와의 돈독함, 배필과의 돈독함은 비록 작품의 제목은 번잡하지만 모두 蘇武와 李陵의 고시를 본받은 것이며, 文采는 화려하나 閭巷에서 불렸던 가요의 질박함에서 유리되지는 않았다. 따라서 사물을 지칭함에 새기고 깎는 수식을 숭상하지 않았으며, 감정 서술은 오로지 진실만을 추구했으며, 전아한 문사로 수사를 운용할 때는 아름다운 운율이 울려 퍼지게 하였다. 이러한 작품은 전대의 아름다움을 함께 포용한 후대의 전범이라 하겠다. 魏文帝 이후로는 品藻를 드러낸 작품이 드물었다. 文帝의 「與吳質書」 이르러 비로소 '公幹의 뛰어난 五言詩는 당시 문인보다 절묘하였다.'라고 하였다. 五言詩가 흥성과정에는 樂府詩가 많았고, 辭人들은 경쟁적으로 이러한 경향을 본받으려 하였기에 建安時期에 이르자 작가들이 더욱 많아지니 工拙의 이치를 논할 수 있게 되었다."라고 하였다.

【『詩品講疏』曰:"詳建安五言, 毗於樂府, 魏武諸作, 慷慨凄凉, 所以收東漢音, 振發魏響. 文帝兄弟所撰樂府最多, 雖體有所因, 而詞貴獨唱, 聲不變古, 而采自己舒. 其餘雜詩, 皆崇藻麗, 故沈休文曰:'至於建安, 曹氏基命, 三祖陳王, 咸蓄盛藻, 甫乃以情緯文, 以文被質.'(『宋書』「謝靈運傳論」) 言自此已上, 質盛於文也. 若其述歡宴, 愍亂離, 敦朋友, 篤匹偶, 雖篇題雜沓, 而同以蘇李古詩爲原, 文采繽紛, 而不能離閭里歌謠之質. 故其稱物則不尙雕鏤, 敍胸情則唯求誠懇, 而又緣以雅詞, 振其美響. 斯所以兼籠前美, 作範後來者也. 自魏文已往, 罕以五言見諸品藻. 文帝「與吳質書」, 始稱 '公幹五言詩之善者, 妙絶時人.' 蓋五言始興, 惟樂府爲衆, 辭人競效其風, 降自建安, 旣作者滋多, 故工拙之數, 可得而論矣."】

駱鴻凱의 『文選學』에서 "이리하여 建安 時代에 五言詩가 크게 진작되었고, 遊覽詩, 『公讌: 公卿, 高官, 官府의 宴会』 관련 詩가 문단에 흘러넘쳤으며, 이는 모두 『魏文帝: 曹丕』, 『陳思王: 曹植』에 의해 주도되었으며, 建安七子가 화답하였고, 새로운 문인들이 그 뒤를 따르며, 雷聲을 내듯 합세하니 찬란한 한 시대의 詩風이 이룩되었다."라고 하였다.

【駱鴻凱『文選學』: "此則建安時代五言蔚起, 以及遊覽之作, 『公讌』之篇, 充盈文苑, 皆由『魏文』、『陳思』所唱導, 七子和之, 新進復步其後塵, 雷同祖構, 由是丕然成一代之詩風也."】

『文鏡秘府論』「論文意」에서 皎然의 『詩議』를 인용하여 다른 의견을 내면서 "建安의 『三祖: 三曹』, 建安七子에 이르러 五言詩가 비로소 흥성하게 되었고, 풍격과 체제가 豪放豁達하여 경사에서 이들과 겨룰만한 자가 없었다. 그러나 재기를 펼치다가 상해를 입으니 天眞에서 벗어났고,…… 그리하여 그들의 흔적이 드러나게 되었다."고 하였다. 皎然『詩式』에서 "鄴中의 七子 가운데 陳思王 曹植이 가장 뛰어났다. 劉楨은 文辭의 기세가 편향적이었으나 陳思王은 中庸을 지녔다. 對屬에 구애받지는 않는 경향도 있다. 言辭는 興과 함께 내달렸고, 氣勢는 感情과 함께 일어나기에 억지로 감정을 조작하지 않으니 氣格은 저절로 높아졌으니 『古詩十九首』와 같은 부류라 하겠다."라고 하였다.

【『文鏡秘府論』「論文意」引皎然『詩議』提出的看法不同, 其中說‥“建安〖三祖〗, 七子, 五言始盛, 風裁爽朗, 莫之與京. 然終傷用氣使才, 違于天眞,…… 而露造跡.” 皎然『詩式』‥“鄴中七子, 陳王最高. 劉楨辭氣偏, 王得其中. 不拘對屬, 偶或有之, 語與興驅, 勢逐情起, 不由作意, 氣格自高, 與『古詩十九首』其流一也.”】

68. 『校證』에서 “〖及〗은 원래 〖乃〗였다. 『唐寫本』, 『御覽』을 근거로 고쳤다. 〖乃〗로 쓰면 다음 문장의 〖若乃〗와 중복된다.”라고 하였다. 〖明道〗는 老莊의 道를 밝힌다는 뜻.

【『校證』‥“〖及〗原作〖乃〗. 據『唐寫本』、『御覽』改. 作〖乃〗, 與下文〖若乃〗複矣.” 〖明道〗, 明老莊之道.】

69. 詹注14-2 『世說新語』「文學篇」의 注에서 檀道鸞의 『續晉陽秋』를 인용하여 “正始 무렵에 何晏, 王弼이 老莊의 玄勝之談을 좋아하였으며, 세속에서도 이를 귀하게 여겼다.”고 하였다. 「時序」에서 “이 무렵에는 正始의 영향을 받았기에 문체가 경박하고 부화하다.”라고 하였다. 〖仙心〗은 道家思想을 의미한다.

【『世說新語』「文學篇」注引檀道鸞『續晉陽秋』‥“正始中, 何晏、王弼好老莊玄勝之談, 而俗遂貴焉.” 「時序」‥“於時正始餘風, 篇體輕澹.” 〖仙心〗, 道家思想.】

70. 范注4-4: 正始는 魏廢帝의 年號이며, 그 시기에 玄風이 점차 興起하였고, 학자들은 老莊을 正宗으로 삼았기에 〖詩에 神仙思想이 섞여 있다〗고 말한 것이다. 何晏의 詩는 대부분 전하지 않으나 『詩紀』에 두 편이 실려 있어 여기에 기록하여 참고하도록 한다.

【正始魏廢帝年號, 其時玄風漸興, 學者惟老莊是宗, 故云『詩雜仙心』. 何晏詩多不傳,『詩紀』載其二首, 玆錄備考.】

「擬古」(「名士傳」에서 이 시기에는 曹爽이 정치를 보좌하고 있었는데, 識者들은 危機의 도래를 두려워했다. 何晏은 명성이 높았을 뿐만 아니라 魏王의 姻戚이었기에 마음속에는 憂慮를 품고 있었으나 물러날 수 없었기에 五言詩를 지어 자신 뜻을 표현하였다.)

【「擬古」(「名士傳」, 是時曹爽輔政, 識者慮有危機. 晏有重名, 與魏姻戚, 內雖懷憂, 而無復退也, 著五言詩以見志.)】

「擬古」

雙鶴比翼遊, 群飛戲太清. 常恐失網羅, 憂禍一旦并.
豈若集五湖 , 順流唼浮萍. 逍遙放志意, 何为怵惕驚.

「失題」

轉蓬去其根, 流飄從風移. 芒芒四海涂 , 悠悠焉可弥.
愿为浮萍草 , 托身寄清池. 且以樂今日 , 其後非所知。

詹注14-3:『集注』에서 "『魏志』卷九 「曹爽傳」에서 '何晏은 何進의 孫子이며……어려서 뛰어난 재주로 이름을 알렸고, 老莊의 말을 좋아하여『道德論』및 여러 文賦를 지었으며, 수십 편의 저술이 있다.'"라고 하였다. 范注에서 「名士傳」을 인용하여 "이 시기에는 曹爽이 정치를 보좌하고 있었는데, 識者들은 危機의 도래를 두려워했으며, 何晏은 명성이 높았을 뿐만 아니라 魏王의 姻戚이었기에 마음속에는 憂慮를 품고 있었으나 물러날 수 없었기에 五言詩를 지어 자신 뜻을 드러냈다."라고 하였다. 그의 「擬古」詩는 마치 학이 하늘을 노닐 듯 五湖를 逍遙하였다. 이런 이유에서 『시에 老莊思想이 깃들어 있다』라고 한 것이다. 『何晏 등의 무리는 대부분 천박했다』는 이러한 시들이 언뜻 심오해 보이지만 실제는 浮淺하다는 것이다.

【『集注』‥"『魏志』卷九「曹爽傳」‥'晏, 何進孫……少以才秀知名, 好老莊言, 作『道德論』及諸文賦, 著述凡數十篇.'" 范注引「名士傳」曰‥"是時曹爽輔政, 識者慮有危機. 晏有重名, 與魏姻戚, 內雖懷憂, 而無復退也, 著五言詩以見志." 他的「擬古」詩, 如鶴遊太清, 逍遙于五湖之間. 所以說『詩雜仙心』. 『率多浮淺』是說這種詩貌似深奥, 而意實浮淺.】

「詩品序」에서 "이후 서서히 쇠퇴의 길로 들어 晉代까지 이르렀다."고 하였다. 이 구절은 正始 이후로 玄談의 氣風이 성행했으나 시의 예술성은 비교적 수준이 낮았다는 의미이다.

【「詩品序」‥"爾後陵遲衰微, 迄于有晉." 意思是說‥從正始以來, 玄談之風盛行, 詩藝就比較差了.】

71. 詹注14-4: 『志』字는 元明本에는 모두 『旨』字로 되어있다. 何焯校本에서는 『旨』字를 『志』字로 고쳤고, 黃叔琳本도 이를 따랐다. 『唐寫本』에서는 바르게 『志』字로 되어있다. 『文選』에 있는 向秀의 「思舊賦序」에서 "내가 嵇康, 呂安과 가까운 곳에 머물렀는데, 이들은 어떤 것에도 얽매이지 않는 才士였으며, 嵇康은 그

뜻이 원대하고 활달하였다."라고 하였다.

【『志』字, 元明本各本俱作『旨』. 何焯校本『旨』改『志』, 黃叔琳本從之. 『唐寫本』正作『志』. 『文選』向秀「思舊賦序」: "余與嵇康呂安, 居止接近, 其人幷有不羈之才, 然嵇康志遠而疏."】

『詩品』中에서 "晉國 中散 嵇康의 시는 자못 魏文帝(曹丕)의 시와 비슷하나 峻切함은 더 뛰어나다. 직접 詰難하며 재주를 뽐냈기에 심오하고 전아한 風致를 손상시켰다. 그러나 비유로 의탁한 바가 청량하고 원대하여 실로 사물을 헤아리는 재주를 지녔기에 또한 높은 수준을 상실하지는 아니하였다."라고 하였다. 『淸竣』은 「風骨」篇에서 말하는 『風淸骨峻』과 같은 뜻. 「體性」篇에서 "叔夜의 文章은 俠儻하여 흥취가 빼어나고 문채가 강렬하다."라고 하였다. 劉熙載의 『藝槪』「詩槪」篇에서는 "叔夜(嵇康)의 詩는 준엄하고 강렬하며, 嗣宗(阮籍)의 시는 밝고 편안하며, 伯夷와 叔齊는 뜻을 꺾을 수도 없었고, 욕보일 수는 없었으며, 虞仲과 夷逸은 은거하며 마음대로 떠들었는데, 그 趣向이 자고로 서로 달랐다."고 하였다. 『淸』은 淸遠, 『峻』은 峻烈과 같은 뜻. 『淸遠』은 일종의 空靈, 高潔한 境界를 말한다. 「贈秀才入軍十九首數」의 제16首와 「酒會詩七首」의 제1首에서도 볼 수 있다. 峻烈한 詩의 대표적 작품으로는 「幽憤詩」가 있고, 이 시는 그가 監獄에 있을 때 지은 것이기에 憤慨한 心境을 어찌할 수 없자 붓을 쥐고 있는 그대로 표현하였기에 자연히 청원의 기풍에서 벗어나 峻烈의 길로 향했다.

【『詩品中』: "晉中散嵇康詩, 頗似魏文帝, 過爲峻切. 訐直露才, 傷淵雅之致. 然託喩淸遠, 良有鑒裁, 亦未失高流矣." 『淸竣』, 就是「風骨」篇所說的『風淸骨峻』. 「體性」篇說: "叔夜俠儻, 故興高而采烈.” 劉熙載『藝概』「詩概」篇‥“叔夜之詩峻烈, 嗣宗之詩曠逸, 夷齊不降不辱,虞仲夷逸隱居放言, 趣向乃自古別矣.”『淸』是淸遠,『峻』是峻烈. 所謂『淸遠』就是一種空靈高潔的境界. 從「贈秀才入軍十九首數」之十六及「酒會詩七首」之一這兩首中可以看出來. 峻烈的詩可以「幽憤詩」爲代表, 這一篇是他入獄所作, 心境憤慨, 情不能已, 秉筆直書, 自然就脫去淸遠之氣 而入于峻烈之途了.】

72. 詹注14-5: 『集注』에서 “『魏志』卷二十一(「王粲傳」)에서 ‘阮瑀의 아들 阮籍은 재주가 뛰어났으나 倜儻放蕩였으며, 자신을 위한 일에는 욕심을 부리지 않았으며, 莊子를 자신의 모범으로 삼았다. 官職은 步兵校尉까지 올랐다. 이 무렵 譙郡의 嵇康이 있었는데, 文辭가 壯麗하였고, 老莊 말하길 좋아하였고, 기이함을 숭상하여 俠士처럼 굴었다. 景元 무렵에 범죄에 연루되어 죽었다.’” 고 하였다.

【『集注』‥“『魏志』卷二十一(「王粲傳」)‥‘(阮)瑀子籍, 才藻艶逸, 而倜儻放蕩, 行己寡慾, 以莊周爲模則. 官至步兵校尉. 時又有譙郡嵇康, 文辭壯麗, 好言老莊, 而尙奇任俠. 至景元中, 坐事誅.’”】

『晉書』「阮籍傳」에서 “阮籍은 용모가 뛰어났으며, 의지와 기상이 남달랐으며, 傲然獨得하여 자신의 본성대로 하면서 얽매이지 않았으며, 喜怒를 겉으로 드러내지 않았다. 문장에 뛰어났으나 처음에는 관심을 끌지 못했으나 「詠懷詩」 八十餘首를 창작한 뒤 세상의 중시를 받았다.”고 하였다.

【『晉書』「阮籍傳」‥“籍容貌瓌傑, 志氣宏放, 傲然獨得, 任性不羈, 而喜怒不形于色. 能屬文, 初不留意, 作「詠懷」詩八十餘首, 爲世

所重.”】

『文選』 阮籍 「詠懷詩」에서 李善이 顏延年과 沈約 등의 注를 인용하여 “阮籍은 조정이 혼란한 시기에 관리가 되었기에 항상 비방을 받거나 화를 입을까 걱정하여 시로 감정을 드러내었기에 늘 삶을 걱정하는 한탄이 있으며, 비록 嘲笑와 諷刺에 뜻을 두었으나 글에 감춘 것이 많아 百世가 지나도 그 정서를 헤아리기 어려워 大意를 대략 밝혔을 뿐, 그 심오한 취지는 소략하게 다루어졌다.”라고 말했다. 江淹의 「擬詠懷詩」에서 “정교함을 木石에 감추어 두니 누가 심오함을 헤아릴 수 있겠는가?”라고 하였다. 『詩品』上에서 阮籍에 대해 “「詠懷詩」는 性靈을 도야하고, 깊은 사고를 끌어낼 수 있기에 言辭는 耳目에 남아 있지만 기탁한 情緒는 八方 밖까지 포괄한다. 성대하도다! 『風雅』와도 합치되다니! 사람들을 비루함에서 벗어나 원대함으로 나가게 한다. 感慨한 문사가 대단히 풍부하고, 旨趣는 심원하고 광대하여 그 宗旨를 이해하기 어렵다.”라고 말했다. 『說詩晬語』卷上에서는 “阮籍의 「詠懷詩」는 중복도 심하고, 조리에 맞지 않으며, 興趣의 기탁이 端整하지 않으며, 심리적 평안과 슬픔에 얽매이지 않아 독자가 그 종지를 파악하기 어렵게 만든다. 阮籍과 만나야만 비로소 阮籍의 詩가 존재한다.”라고 하였다. 『藝概』 「詩概」에서 “阮籍의 「詠懷詩」는 그 취지가 심오하고 원대하며, 文辭 운용의 묘미는 去來의 단초가 없어 그 종적을 따라갈 수 없음에 있다. 이후의 陳子昂의 「感遇」, 李白의 「古風」도 바라보기만 할 뿐 감히 따라갈 수 없다.”라고 하였다.

【『文選』阮籍「詠懷詩」李善引顏延年沈約等注云:“嗣宗身仕亂朝, 常恐罹謗遇禍, 因茲發詠, 故每有憂生之嗟, 雖志譏刺, 而文多隱蔽, 百世之下, 難以情測, 故粗明大意, 略其幽旨也.” 江淹「擬詠懷詩」‥“精衛銜木石, 誰能測幽微?” 『詩品』上謂阮籍‥“詠懷之作, 可以陶性靈, 發幽思, 言在耳目之內, 情寄八荒之表, 洋洋乎會於『風雅』! 使人忘鄙近, 自致遠代. 頗多感慨之辭, 厥旨淵放, 歸趣難求.” 『說詩晬語』卷上‥“阮公「詠懷」, 反覆零亂, 興寄無端, 和愉哀怨, 俶詭不羈, 令讀者莫求歸趣. 遭阮公之時, 自應有阮公之詩也.” 『藝概』「詩概」‥“阮嗣宗「詠懷」, 其旨固爲淵遠, 其屬辭之妙, 去來無端, 不可蹤迹. 後來如射洪(陳子昂)「感遇」, 李白「古風」, 猶瞻望而弗及矣.”】

劉師培의 『中國中古文學史』에서 “嵇康과 阮籍의 詩는 풍격이 완전히 다르다. 무릇 嵇康詩는 淸峻하고 阮籍詩는 高渾하다. 劉勰이 말한 『遙深』은 阮籍의 詩의 요지를 언급한 것이지 阮籍의 詩體를 말한 것이 아니다.”라고 하였다. 사실 『遙深』은 「體性」에서 열거한 8가지 風格의 하나인 『遠奧』와 같은 뜻이다. 『阮旨遙深』은 阮籍이 화를 피하려고 시를 창작하면서 많은 象徵 手法으로 그의 현실에 대한 불만을 표현했기에 이해하기 너무 어려움을 지적한 것이다. 魯迅先生은“阮籍은 文章과 詩를 모두 잘 지었다. 그의 詩文 역시 慷慨激昂하지만 대부분 의미가 은밀하여 드러나지 않는다. 宋代 顔延之도 이미 알 수 없다고 언급한 바 있으며, 현재 우리는 더더욱 이해하기 힘들다. 그는 시 안에서 神仙을 언급하기도 했지만 사실 이를 믿은 것은 아니었다.”라고 하였다. (『而已集』「魏晉風度及文章與藥及酒之關係」)

【劉師培『中國中古文學史』說‥“嵇阮지시, 爲體迥異. 大抵嵇詩淸峻, 阮詩高渾. 彦和所謂『遙深』, 卽阮詩之旨言, 非阮詩之體也.” 其實『遙深』卽是「體性」篇所列八體之一『遠奧』的風格. 『阮

旨遙深】是說阮籍爲了避禍, 寫詩多用象徵手法來表現他對現實的不滿, 很難理解. 魯迅先生說:"阮籍作文章和詩都很好, 他的詩文雖也慷慨激昂, 且許多意思是隱而不顯的. 宋的顔延之已經說不大能懂, 我們現在自然更看得懂他的詩了. 他詩裏也說神仙, 但他其實是不相信的."(『而已集』「魏晉風度及文章與藥及酒之關係」)】

73. 范注4-5: 『詩品』上에서 "晉步兵 阮籍의 詩는 『小雅』에 근원을 두었으며, 자질구레한 조탁이 없다. 그의 작품 「詠懷詩」는 性靈을 도야시키고, 깊은 사고까지 끌어낼 수 있기에 言辭는 耳目에 남아 있지만 기탁한 情緖는 八方 밖까지 포괄한다. 성대하도다! 『風雅』와도 합치되다니! 사람들이 비루함에서 벗어나 원대함으로 나가게 한다. 感慨한 문사가 대단히 풍부하고, 旨趣는 심원하고 광대하여 그 宗旨를 이해하기 어렵다. 顔延之의 注에서도 그 志趣를 말하기 어려워했다."라고 하였다. 丁福保의 『全三國詩』 卷五에서 "『讀書敏求記』에서 '阮籍의 詠懷詩는 세간의 판본에는 五言詩 80首가 있고, 朱子儋이 집에 소장하던 舊本을 취하여 存餘堂에서 출판하였는데, 대부분 四言의 詠懷詩 13首가 있다고 운운했으나 내가 海上의 藏書家까지 찾아가서 살폈으나 朱子儋本은 없었다. 지금 전해지는 四言 「詠懷詩」는 불과 3首에 지나지 않는다.'"라고 하였다. 沈德潛의 『說詩晬語』에서 "阮籍의 「詠懷詩」는 중복도 심하고, 조리에 맞지 않으며, 興趣의 기탁이 端整하지 않으며, 심리적 평안과 슬픔에 얽매이지 않아 독자가 그 종지를 파악하기 어렵게 만든다. 阮籍과 만나야만 비로소 阮籍의 詩가 존재한다."라고 하였다.

【『詩品』上云:"晉步兵阮籍, 其原出於『小雅』, 無雕蟲之巧. 而詠懷之作, 可以陶性靈, 發幽思, 言在耳目之內, 情寄八荒之表, 洋洋乎會於『風雅』! 使人忘鄙近, 自致遠代. 頗多感慨之辭, 厥旨淵放, 歸趣難求. 顔延之注, 怯言其志." 丁福保『全三國詩』卷五‥"案『讀書敏求記』‥'阮嗣宗詠懷詩行世本惟五言詩八十首, 朱子儋取家藏舊本刊於存餘堂, 多四言詠懷十三首云云, 余歷訪海上藏書家都無朱子儋本. 今所存四言, 僅三首耳." 沈德潛『說詩晬語』‥"阮公「詠懷」, 反覆零亂, 興寄無端, 和愉哀怨, 俶詭不羈, 令讀者莫求歸趣. 遭阮公之時, 自應有阮公之詩也."】

『詩品』中에서 "晉 中散大夫 嵇康의 시는 魏文帝(曹丕)의 시와 상당히 비슷하며, 남들보다 峻切함이 뛰어나다. 訐難이 직접적이고, 재신의 재능을 드러내니 좋아하여 淵雅한 情致를 손상시켰다. 그러나 비유가 清遠하고, 식별능력이 뛰어나 고상한 풍류를 상실하지는 않았다."라고 하였다. 沈德潛의 『古詩源』注에서 "嵇康 四言詩는 적절하고 교묘한 언사가 풍부하며, 『詩經』을 모방하지 않았으나 실로 晉代 詩人의 先聲이라 하겠다."라고 하였다. 여기에서는 「幽憤詩」 一首만 적어둔다.

【『詩品』中云‥"晉中散嵇康詩, 頗似魏文. 過爲峻切. 訐直露才, 傷淵雅之致. 然託諭淸遠, 良有鑒裁, 亦未失高流矣." 沈德潛『古詩源』注云‥"嵇叔夜四言詩, 時多俊語, 不摹倣三百篇, 允爲晉人先聲." 玆錄其「幽憤詩」一首.】

「幽憤詩」
嗟余薄祜, 少遭不造, 哀煢靡識, 越在襁褓. 母兄鞠育, 有慈無威, 恃愛肆姐, 不訓不師. 爰及冠帶, 憑寵自放; 抗心希古, 任其所尙. 託好老莊, 賤物貴身; 志在守樸, 養素全眞, 曰余不敏, 好善闇人;

子玉之敗, 屢增維塵. 大人含弘, 藏垢懷恥; 民之多僻, 政不由己. 惟此褊心, 顯明臧否, 感悟思愆, 怛若創痏, 欲寡其過, 訪議沸騰; 性不傷物, 頻致怨憎. 昔慙柳惠, 今媿孫登, 內負宿心, 外恧良朋. 仰慕嚴鄭, 樂道閑居; 與世無營, 神氣晏如. 咨予不淑, 嬰累多虞; 匪降自天, 實由頑疎. 理弊患結, 卒致囹圄; 對答鄙訊, 縶此幽阻. 實恥頌免, 時不我與; 雖曰義直, 神辱志沮; 澡身滄浪, 豈曰能補. 嗈嗈鳴雁, 奮翼北遊; 順時而動, 得意忘憂. 嗟我憤歎, 曾莫能儔; 事與願違, 遘兹淹留; 窮達有命, 亦又何求. 古人有言, 善莫近名; 奉時恭默, 咎悔不生. 萬石周愼, 安親保榮; 世務紛紜, 祇攪予情; 安樂必誠, 乃終利貞. 煌煌靈芝, 一年三秀; 予獨何爲, 有志不就; 懲難思復, 心焉內疚; 庶勖將來, 無馨無臭. 采薇山阿, 散髮巖岫; 永嘯長吟, 頤性養壽.

詹注14-6: 『太平御覽』의 인용에는 이 구절이 없다. 「才略」篇에서 "모두 文采로 유명하였다."라고 하였다. 『標』는 『標擧: 높이 오르다』와 같은 뜻으로, 境地가 出衆함을 나타낸다.

【『太平御覽』引無此句. 「才略」篇: "皆文名之標者也." 『標』指『標擧』, 高出於衆.】

『中國中古文學史』에서 "『詩品』은……, 劉勰의 평가와 유사하며, 또한 嵇康과 阮籍의 詩體가 서로 다르다는 증거다. 즉 魏代 초기의 詩歌는 점점 清靡를 추구했으나 嵇康과 阮籍은 이와 달리 雄秀를 추구하였기에 대부분의 晉代 문인들이 본받게 되었으며, 이에 劉勰이 魏代 詩를 평론하면서 이 두 사람을 비중 있게 다룬 것이다."라고 하였다.

【『中國中古文學史』‥“『詩品』……, 與彦和所評相近, 亦嵇阮詩體不同之證也. 要之, 魏初詩歌, 漸趨淸靡, 嵇阮矯而雄秀, 多爲晉人所取法, 故彦和評論魏詩亦唯推重二子也.”】

『文鏡秘府論』「論文意」에서 皎然『詩意』를 인용하면서 다른 주장을 내세우며 “正始 年間에 何晏은 嵇康, 阮籍과 무리를 이루었다. 嵇康의 흥취는 高遠하고, 阮籍의 旨趣는 閑曠하니 이 또한 等夷하다고 말하기는 어렵다. 이 시대를 논하자면 점점 浮華해졌다고 하겠다.”라고 하였다.

【『文鏡秘府論』「論文意」引皎然『詩意』也提出不同的看法‥“正始中, 何晏, 嵇阮之儔也. 嵇興高邈, 阮旨閑曠, 亦難爲等夷. 論其代, 則漸浮侈矣.”】

74. 詹注14-7: 『唐寫本』에는 〖一〗字를 〖壹〗字로 썼다. 『訓故』에서 “『魏氏春秋』‥‘齊王 芳이 즉위하자 曹爽이 정치를 보좌했으나 자주 법도를 어겼다. 應璩가 「百一詩」를 지어 풍자하였다.”라고 하였다.

【『唐寫本』〖一〗作〖壹〗. 『訓故』‥“『魏氏春秋』‥‘齊王芳即位, 曹爽輔政, 多違法度. 璩作「百一詩」以諷.’”】

『文選』에 있는 應璩의 「百一詩」 李善注에서 “「百一詩序」에서 ‘이때 曹爽에게 공께서는 周公처럼 위대하다는 칭송을 듣고 계십니다만, 어떻게 백번 생각하더라도 한 번의 실수가 있음을 알리요?’라고 하였다. 〖百一〗이라는 명칭은 이것에서 비롯되었을 것이다.”라고 하였다. 다시 張方賢의 『楚國先賢傳』을 인용하여

"汝南 출신 應璩가 詩 百一篇을 지었는데, 이 시들은 時事를 날카롭게 비판한 것으로, 일을 담당하는 사람들에게 두루 보여주니 모두 怪異하다고 놀라거나, 불태워 없애야 한다고 말했지만 何晏만이 怪異하게 여기지 않았다."라고 하였다.

【『文選』應璩「百一詩」李善注: "「百一詩序」云: '時爲曹爽曰: 公今聞周公巍巍之稱, 安知百慮有一失乎?' 『百一』之名, 蓋興於此也." 又引張方賢「楚國先賢傳」"汝南應休璉作百一篇詩, 譏切時事, 徧以示在事者, 咸皆怪愕, 或以爲應焚棄之, 何晏獨無怪也."】

75. 詹注14-8: 『周易』「大過」象辭에서 "군자는 홀로 있어도 두려워하지 않는다."고 하였다. 『注訂』에서 "曹爽을 풍자함에 그의 권세를 두려워하지 않음을 지칭하는 것이다. 다음의 『魏之遺直』 역시 이를 근거로 한 것이다."라고 하였다.

【『周易』「大過」象辭: "君子以獨立不懼." 『注訂』: "知諷諫曹爽, 不懼其權勢也. 下『魏之遺直』句亦本此."】

76. 詹注14-9: 「詩大序」에서 "文辭에 힘써 넌지시 諷諫하면 말하는 사람도 죄가 없고, 듣는 사람도 족히 경계하게 만든다."고 하였다. 本書「論說」篇에서 "반드시 時勢에 이롭고, 내용은 정확해야 한다."라고 하였다.

【「詩大序」: "主文而譎諫, 言之者無罪, 聞之者足以戒." 本書「論說」篇: "必使時利而義貞."】

李充의 『翰林論』에서 "應璩의 五言詩는 百數十篇에 이르고, 風

規와 治道를 지니고 있기에 〖詩人: 『詩經』의 작가〗의 趣旨를 지녔다 하겠다."라고 하였다. 本書 「才略」篇에서 "應璩의 감정과 사상은 「百壹詩」에 드러나 있다."라고 하였다.

【李充『翰林論』‥""應休璉五言詩百數十篇, 以風規治道, 蓋有詩人之旨焉." 本書「才略」篇‥"休璉風情, 則《百壹》標其志."】

『詩品』中에서 應璩의 詩에 대하여 "사물을 지칭함이 은근하고 雅麗한 의미가 심오하고 돈독하니 詩人 〖『詩經』의 작가〗들의 풍자 요지를 얻었다 하겠다."라고 하였다. 黃庭鵠 『古詩冶』에서 「百一詩」를 〖下流不可處: 下流에 자리할 수는 없다.〗라고 평하면서 "본래는 조정의 관리를 풍자하기 위한 것이나 자신을 빗대 풍간하였기에 미묘하고 완약하다."고 하였다.

【『詩品』中謂應璩詩‥"指事殷勤, 雅意深篤, 得詩人激刺之旨." 黃庭鵠『古詩冶』評「百一詩」〖下流不可處〗‥"本譏朝士, 而借己以諷, 亦微而婉矣."】

77. 范注4-6: 『魏志』「王粲傳」裴注 『文章敍錄』에서 "應璩의 字는 休璉이며, 博學했으며, 글짓기를 좋아하였다. 齊王이 즉위하자 曹爽이 정무를 관장하였으나 법도를 벗어난 경우가 많아 王粲이 시를 지어 이를 풍자하였다. 言辭가 和合하여 世上의 중요한 일과 잘 맞아떨어졌다."고 말했다. 『詩品』中品에서 "魏 侍中 應璩의 시는 魏文帝(曹丕)를 鼻祖로 삼고 답습하였다. 고어를 잘 운용하여 사물을 지칭함이 은근하고 雅麗한 의미가 심오하고 돈독하니 〖詩人: 『詩經』의 작가〗들의 풍자 요지를 얻었다 하겠다."라고 하였다. 『隋志』 總集類에 應璩 「百一詩」 8卷이 있다.

『魏書』「李壽傳」에서 "龔壯이 7수의 시를 지었는데, 應璩에 기탁하여 李壽를 풍자하였다."라고 하였다. 「百一詩」는 후인들의 의탁이 있었기에 많아져 8권이나 되었다. 陶隱居 「集肘後百一方序」에서 "예전에 應璩가 「百一詩」를 지었다. 마음과 행동을 바로잡고자 스스로 이 시를 지은 것은 나 자신을 保養하고자 함이다."라고 하였다. 陶隱居의 주장에 의하면 『百一』은 101수의 시를 말한다. 『文選』에는 단지 1수만이 수록되어 있다. 李善注에서 "張方賢의 「楚國先賢傳」에서 '汝南 출신 應璩가 시 百一篇을 지었는데, 이 시들은 時事를 날카롭게 비판한 것으로, 일을 담당하는 사람들에게 두루 보여주니 모두 怪異하다고 놀라거나, 불태워 없애야 한다고 말했지만 何晏만이 怪異하다고 여기지 않았다.'"라고 하였다. 張方賢은 百一篇이 있다고 여겼기에 百一篇이라 말한 것이다. 李充 『翰林論』에서 "應璩의 五言詩는 百數十篇에 이르고, 風規와 治道를 지니고 있기에 『詩人: 『詩經』의 작가』의 趣旨를 지녔다 하겠다."라고 하였다. 또한 孫盛의 『晉陽秋』에서 "應璩는 五言詩 130편을 지었고, 時事에 도움이 되는 것이 많아 대대로 전해졌다."라고 하였다. 이 두 예문에 의하면 百一篇이기에 「百一」이라 칭할 수밖에 없다. 『今書七志』에서 "『應璩集』은 新詩라 불렸으며, 百篇을 一篇으로 간주하여 이를 「百一詩」라 칭한 것이다."라고 하였다. 따라서 글자를 가지고 시를 명명한 것이며, 의미를 취한 것이 아니다. 「百一詩序」에 의하면 "이때 曹爽에게 '공께서는 周公처럼 위대하다는 칭송을 듣고 계십니다만, 어떻게 백번 생각하더라도 한 번의 실수가 있음을 알리요?'라고 말했다. 『百一』이라는 명칭은 이것에서 비롯되었을 것이다."라고 하였다. 여기에 그 시를 적어둔다. (『漢魏百三名家集』에 應璩의 百一詩 8首가 수록되어 있다.)

【『魏志』「王粲傳」裴注『文章敍錄』曰‥“應璩字休璉, 博學好屬文. 齊王卽位, 曹爽秉政, 多違法度, 璩爲詩以諷焉. 其言雖頗諧合, 多切時要, 世共傳之.”『詩品』中品云‥“魏侍中應璩詩, 祖襲魏文, 善爲古語, 指事殷勤, 雅意深篤, 得詩人激刺之旨.” 『隋志』總集類有應璩「百一詩」八卷. 『魏書』「李壽傳」‥“龔壯作詩七首, 託言應璩以諷壽.” 是「百一詩」有後人依託, 故多至八卷. 陶隱居「集肘後百一方序」‥“昔應璩爲「百一詩」. 以箴規心行, 今予撰此, 蓋欲衛輔我躬.” 據陶說則百一謂一百又一首也. 『文選』僅載一首. 李善注‥“張方賢「楚國先賢傳」‥‘汝南應休璉作百一篇詩, 譏切時事, 徧以示在事者, 咸皆怪愕, 或以爲應焚棄之, 何晏獨無怪也.’” 然方賢之意, 以有百一篇, 故曰百一也. 李充『翰林論』曰‥“應休璉五言詩百數十篇, 以風規治道, 蓋有詩人之旨焉.” 又孫盛『晉陽秋』曰‥“應璩作五言詩百三十篇, 言時事頗有補益, 世多傳之.” 據此二文, 不得以一百一篇而稱百一也. 『今書七志』曰‥“『應璩集』謂之新詩, 以百言爲一篇, 或謂之「百一詩」.” 然以字名詩, 義無所取. 據「百一詩序」云‥“時爲曹爽曰‥‘公今聞周公巍巍之稱, 安知百慮有一失乎?’ 百一之名, 蓋興於此也.” 玆錄其詩如左:(『漢魏百三名家集』有應璩「百一詩」八首.)】

下流不可處, 君子愼厥初; 名高不宿著, 易用受侵誣.
前者隳官去, 有人適我閭; 田家無所有, 酌醴焚枯魚.
問我何功德, 三入承明廬; 所占于此土, 是謂仁智居.
文章不經國, 筐篋無尺書; 用等称才學, 往往見歎譽.
避席跪自陳, 賤子實空虛; 宋人遇周客, 慚娩靡所如.

詹注14-10: 『左傳』「昭公」十四年에서 “孔子가 ‘叔向은 옛날 말과 행동이 올곧은 사람이다.”라고 말하였다. 『遺直』은 어떤 사람이 올곧게 말하고 행동함은 古人의 遺風을 지니고 있음을 말한다.

【『左傳』「昭公」十四年‥“仲尼曰‥‘叔向, 古之遺直也.” 『遺直』是說一個人直道而行, 有古人遺風.】

6-5.

晉代의 많은 인재가 점차 경박함과 화려함에 빠져들었고, 張載, 張協, 張亢, 潘岳, 左思, 陸機, 陸雲 등은 문단에서 어깨를 나란히 하였으나, 文彩는 正始 무렵의 작품보다는 화려하나, 기력은 建安의 작품보다 柔弱하다. 더러는 文飾을 세밀하게 분석하는 것을 절묘하다고 여기고, 더러는 韻律美를 추구하는 것을 스스로 아름답다고 여겼다. 이러한 것이 이 시기 문학의 큰 흐름이다. 東晉의 작품은 玄學의 기풍에 함몰하여 국가에 헌신하려는 뜻조차 비웃는 지경에 이르러 세상의 정세를 망각한 空談을 숭상하였다. 袁宏과 孫綽 이래 작가들이 각자 문사를 조탁하였으나 文辭와 志趣의 변화가 없어 袁宏, 孫綽과 雌雄을 다툴 수는 없다. 郭璞의 「遊仙詩」는 문사와 내용이 뛰어난 걸출한 작품이다. 宋代 初期의 문학은 계승과 혁신이 동시에 이루어져, 老莊思想이 퇴조하고 산수를 묘사하는 문학작품이 점차 많아졌다. 대우를 중시하여 전편을 대우로 채우면서 一句의 奇異만으로 문장의 가치를 다투었으며, 情景은 극도로 세세한 형상까지 묘사하려 하였고, 문사는 있는 힘을 다해 새로운 것만을 추구하였다. 이것이 近世의 문학이 다투어 추구했던 바이다.

6-5.

晉世羣才[78], 稍入輕綺[79], 張潘左陸, 比肩詩衢[80], 采縟於正始[81], 力柔於建安[82], 或析文以爲妙[83], 或流靡以自姸[84], 此其對略也[85]. 江左篇製, 溺乎玄風[86], 嗤笑徇務之志[87], 崇盛亡機之談[88], 袁孫以下, 雖各有雕采[89], 而辭趣一揆[90], 莫與爭雄[91], 所以景純仙篇, 挺拔而爲俊矣[92]. 宋初文詠, 體有因革[93], 莊老告退, 而山水方滋[94], 儷采百字之偶, 爭價一句之奇[95], 情必極貌以寫物, 辭必窮力而追新[96], 此近世之所競也.[97]

78. 詹注15-1: 『世』字를 『玉海』卷五十九에서는 『出』字로 인용하였다.

【『世』字, 『玉海』卷五十九引作 『出』.】

79. 詹注15-2: 陸機의 「文賦」에서 "시는 감정과 연관된 것으로 아름다워야 한다."라고 하였다. 이는 당시 문인들의 주장을 대표한다고 할 수 있다.

【陸機「文賦」: "詩緣情而綺靡." 可以代表當時人的看法."】

80. 范注5-1: 黃注에서 "「詩品序」에서 '晉 太康 年間에 『三張: 張載, 張協, 張亢. 一說에는 張載, 張協, 張華』, 『二陸: 陸機, 陸雲』, 『兩潘: 潘岳, 潘尼』, 『一左: 左思』가 建安 時期의 문학 기풍을 발연히 부흥시켜 前代 王者의 足跡을 계승하니 建安時期 風流가 사라지지 않게 되었으니 文章의 中興期라 할 수 있다.'라고 하였다. 『三張』: 張載의 字는 孟陽이며, 張協의 字는 景陽이고, 張亢의 字는 季陽이다. 王注에서는 張華를 인용하였으나 오류다. 『二陸』: 陸機의 字는 士衡이고, 陸雲의 字는 士龍이다. 『兩潘』: 潘岳의 字는 安仁, 潘尼의 字는 正叔이다. 『一左』: 左思의 字는 太冲이다."라고 하였다. 黃注가 옳다. 『晉書』50券 「張亢傳」에서 "張亢의 字는 季陽이며, 『才藻: 才思文采』가 두 형에 미치지 못했다. 當時 사람들은 張載, 張協, 張亢과 陸機, 陸雲을 『二陸』, 『三張』이라 칭했다."라고 하였다.

【黃注: "「詩品序」: '晉太康中, 『三張』, 『二陸』, 『兩潘』, 『一左』勃爾復興, 踵武前王, 風流未沫, 亦文章之中興也.' 按 『三張』: 載字孟陽, 協字景陽, 亢字季陽. 王注引張華誤. 『二陸』: 機字士衡, 雲字士龍.『兩潘』: 岳字安仁, 尼字正叔.『一左』: 思字太冲." 案黃注是也.『晉書』五十券「張亢傳」: "亢字季陽,『才藻』不逮二昆. 時人謂載, 協, 亢; 機雲曰『二陸』,『三張』."】

詹注15-3:『張潘左陸』은『唐寫本』에『張左潘陸』으로 되어 있다.「詩品序」에서 "晉 太康年間에『三張: 張載, 張協, 張亢. 일설에는 張載, 張協, 張華』,『二陸: 陸機, 陸雲』,『兩潘: 潘岳, 潘尼』,『一左: 左思』가 建安時期의 문학적 기풍을 발연히 부흥시켜 前代 王者의 足跡을 계승하니 建安時期 風流가 사라지지 않게 되었으니 文章의 中興期라 할 수 있다."라고 하였다. 그러나 다시 "陸機는 太康時期의 英傑이고, 安仁과 景陽이 보좌하였다."라 하였으니 여기서 말한『比肩: 어깨를 나란히 하다』과는 조금 다르다. 沈德潛『古詩源』「例言」에서 "茂先, 休奕은 軒輊할 수 없었고, 二陸, 潘, 張 역시 魯衛에서 칭송되었으나 太沖가 많은 사람 가운데 拔群이며, 豊骨이 諸家를 압도할 정도로 뛰어났다. 鍾嶸이 亞流인 潘陸 사이에 자리매김한 것은 돈독한 논리가 아니다."라고 하였다.

【『張潘左陸』『唐寫本』作『張左潘陸』.「詩品序」: "晉太康中,『三張』,『二陸』,『兩潘』,『一左』勃爾復興, 踵式前王, 風流未沫, 亦文章之中興也." 但又云: "陸機爲太康之英, 安仁景陽爲輔." 與此所謂『比肩』稍異. 沈德潛『古詩源』「例言」: "茂先、休奕莫能軒輊, 二陸、潘、張亦稱魯衛. 太沖拔出于衆流之中, 豊骨峻上, 盡掩諸家. 鍾記室季孟于潘陸之間, 非篤論矣."】

81. 詹注15-4:『宋書』「謝靈運傳論」에서 "元康에 이르러 潘岳과 陸機가 유달리 뛰어났고, 班固, 賈逵와 법도를 달리하였고, 風體 역

시 曹植과 王粲의 것에서 변하였고, 아름다운 문사가 은하수처럼 빽빽하였고, 繁多한 문사와 綺麗함이 하나로 되었다."라고 하였다.

【『宋書』「謝靈運傳論」: "降及元康, 潘、陸特秀, 律異班、賈, 體變曹、王, 縟旨星稠, 繁文綺合."】

82. 詹注15-5: 『文鏡秘府論』「論文意」에서 "晉世에는 더욱 화려함을 추구하였다. 古人이 이르길 '文采의 아름다움은 正始보다 뛰어났으나, 기력은 建安보다 부족하였다.'"라고 하였다. 『御覽』五八六에서 『三國典略』을 인용하여 "옛날 潘岳과 陸機가 같은 길을 가면서 建安의 氣風은 계승하지 않았다."라고 하였다. 『詩品』上에서 陸機에 대하여 "재주가 뛰어나고 문사가 풍부하고 體式이 華美하였다. 氣魄은 〖公幹: 劉楨〗에 미치지 못하고, 文辭은 〖仲宣: 王粲〗에 미치지 못한다."고 평가하였다. 『古詩源』에서 陸機의 시에 대하여 "陸機의 詩 역시 大家의 작품을 높이 받들며, 毅然과 廣博을 추구했으나 배포도 작고 지혜도 부족하며, 필력도 부족하여 결국 排偶나 추구하는 사람으로 내몰렸다. 西漢 이래 空靈하고 剛健한 기세는 다시는 존재하지 않았다."라고 평하였다. 曾毅가 그 원인을 해석하면서 "漢代와 魏代의 시는 患難과 離散의 상황에서 창작되었으나 兩晉 이후로는 주로 안락과 오락을 위한 것이었다. 무릇 인간은 곤경에 처하면 文藻는 危殆로움을 드러내고, 사유는 심오해지며, 이것이 문학으로 드러나면 대부분 曲折하고 悲傷하니 가히 興趣를 느껴볼 만하다. 반대로 음악이나 즐기고, 성대한 연회에 빠져 노닐면 肝과 肺에서 우러났던 문학이 精巧함으로 경도되니 작품은 緻密하나 氣骨은 부족하였기에 전체적으로는 뛰어나다 하더라도 精神은 결핍되었다. 風

潮의 흐름은 항상 문장의 발전과 퇴보를 만들기에 비록 豪傑이 있다 하더라도 어찌할 수 없었다. 晉代의 문학이 점차 繁縟을 향한 것은 그럴만한 이유가 있다."라고 하였다. (曾毅 『中國文學史』)

【『文鏡秘府論』「論文意」‥"晉世尤尙綺靡. 古人云‥'文縟於正始, 力柔於建安.'" 『御覽』五八六引『三國典略』‥"昔潘、陸齊軌, 不襲建安之風." 『詩品』上評陸機詩云‥"才故辭贍, 擧體華美. 氣少于『公幹』, 文劣『仲宣』." 『古詩源』評陸機詩‥"士衡詩亦推大家, 然意欲逞博, 而胸少慧珠, 筆又不足以擧之, 遂開出排偶一家. 西京以來, 空靈矯健之氣." 曾毅解釋其中的原因說‥"漢魏之詩, 多起于患難流離流離之際; 兩晉以後,則主供恬安娛樂之爲. 凡人當困窮之境, 其藻危慮深, 發之于文學者, 每多幽婉感愴, 可興可觀. 反是而樂絲竹, 盛讌遊, 從容文藻之中, 自鏤肝斵肺, 傾于精巧, 故其所作, 恒緻密而少氣骨, 整秀而乏精神. 風會之所趨, 常足以致文章之昇降, 雖猶豪傑, 猶無柰何. 晉代之文漸則繁縟, 有由然矣." (曾著『中國文學史』)】

83. 詹注15-6: 『枬』과 『析』은 같은 字. 范注에서 "『枬文』은 『唐寫本』에 『析文』으로 되어있으며, 『析文』이 옳다. 張遷과 孔耽의 비석에서는 『析』字를 『枬』字로 바꾸어 썼다. 「麗辭」篇에서 '魏晉 時期의 많은 작가는 造句를 더욱 정밀하게 가다듬고, 문자의 對偶와 정취의 배합에 노력하고, 작은 부분까지 세세하게 분석하였다.'"라고 하였다.

【『枬』同『析』. 范注‥"『枬文』, 『唐寫本』作『析文』, 按『析文』是. 張遷孔耽二碑『析』變作枬. 「麗辭」篇‥'至魏晉羣才, 析句彌

密, 聯字合趣, 剖毫析釐'"】

84. 詹注15-7: 『校注』에서 "顏延之의 『庭誥』에서 '五言詩의 韻律이 조화롭게 된 것은 劉楨과 張華에 이르러서이다.'라고 하였다. (『御覽』五八六에서 引用) 沈約이 甄琛에게 보낸 편지에서 '五言詩를 짓는 사람은 四聲을 잘 사용해야 諷詠이 조화롭게 된다.'고 하였다 .(『文鏡秘府論』「天卷·四聲論」에서 인용) …… 『流靡』는 文辭의 韻律이 조화로운 것을 말한다."고 하였다. 「時序」篇에서 "비록 晉代에는 文辭를 중히 여기지 않았으며, 실로 인재가 많았다. 張華는 붓을 흔들면 구슬이 떨어지는 듯했으며, 左思가 문장을 쓰면 비단을 펼쳐 놓은 듯했으며, 潘岳과 夏侯湛은 옥을 엮은 듯한 아름다움을 발했으며, 陸機와 陸雲은 두 사람만의 뛰어난 文采를 드러냈으며, 劉楨, 傅玄과 張載, 張協, 張亢 세 형제, 孫楚, 摯虞, 成公綏 등은 辭藻의 淸新함이 뛰어나 韻律의 조화가 아름다웠다."라고 하였다. 『詩品』中에서 張華에 대하여 "문자 활용을 교묘히 하여 아름답게 꾸미는 데 힘썼다."라고 평하였다. 『詩品』上에서 張協에 대하여 "문체는 아름답고, 淨潔하여 病累가 적다. 逼眞한 문사를 정교하게 구성하는 능력 때문에 潘岳보다 雄壯하고, 左思보다 운율이 조화롭다."라고 평하였다. 李充 『翰林論』에서 "潘岳이 문장을 이루면 날아다니는 새의 깃털과 같았고, 수를 놓은 옷처럼 아름다웠다."라고 하였다. 『世說』「文學篇」注에서 孫興公을 인용하면서 "潘岳의 문장은 비단으로 덮은 것처럼 찬란하여 훌륭하지 않은 곳이 없다."고 하였다. (『詩品』에서는 謝混을 인용하면서 "潘岳의 시는 펼친 비단처럼 찬란하여 아름답지 않은 곳이 없다."라고 하였다.)

【『校注』: "顏延之『庭誥』: '至於五言流靡, 則劉楨張華.'(『御覽』

五八六引) 沈約答甄琛書··'作五言詩者, 善用四聲, 則諷詠而流靡.'(『文鏡秘府論』「天卷·四聲論」引) …… 是〖流靡〗謂辭韻調和也." 「時序」篇··"然晉雖不文, 人才實盛: 茂先搖筆而散珠, 太冲動墨而橫錦, 岳湛曜聯璧之華, 機雲標二俊之采, 應傅三張之徒, 孫摯成公之屬, 並結藻清英, 流韻綺靡" 『詩品』中評張華云··"巧用文字, 務爲姸合(譯者注: 〖合〗字는 〖冶〗의 誤字.)" 『詩品』上評張協云··"文體華淨, 少病累. 又巧構形似之言, 雄于潘岳, 靡于太沖." 李充『翰林論』··"潘安仁之爲文也, 猶翔禽之羽毛, 衣披之繡縠." 『世說』「文學篇」注引孫興公云··"潘文瀾若披錦, 無處不善." (『詩品』引謝混··"潘詩爛若舒錦, 無處不假.")】

85. 范注5-2: 〖柎文〗은 『唐寫本』에 〖析文〗으로 되어있으며, 〖析文〗이 옳다. 張遷과 孔耽의 비석에는 〖析〗字를 〖柎〗字로 바꾸어 썼다. 「麗辭」篇에서 "魏晉時期의 많은 작가는 造句를 더욱 정밀하게 가다듬고, 문자의 對偶와 정취의 배합에 노력하고, 작은 부분까지 세세하게 분석하였다."라고 하였다.

【〖柎文〗, 『唐寫本』作〖析文〗, 按〖析文〗是. 張遷孔耽二碑析變作柎. 「麗辭」篇··"至魏晉羣才, 析句彌密, 聯字合趣, 剖毫析釐" 】

詹注15-8: 『孟子』「滕文公」에서 "이것이 그 대략이다."라고 하였다. 『中國中古文學史』에서 "張華, 張載는 모두 陸機의 風格에 가깝다. 그러나 左思, 劉琨, 郭璞의 작품은 雄渾하고 壯麗하며 阮籍에게 영향을 받았다."라고 하였다.

【『孟子』「滕文公」··"此其大略也." 『中國中古文學史』··"張華、張載之屬, 均與士衡體近. 然左思、劉琨、郭璞之作, 渾雄壯麗,

出于嗣宗."】

86. 詹注16-1: 「謝靈運傳論」에서 "晉代에 문학의 中興이 이루어지면서 老莊學의 기풍이 유독 흥성하였고, 모든 학자는 老莊의 학설을 깊이 연구하였으며, 사물을 두루 살피는 것 역시 『莊子』 內篇 7篇의 범위 내에서 이루어졌다. 이들이 문장에서 언급한 내용은 모두 老莊思想과 관련된 것이었다. 이러한 경향은 『建武』에서 『義熙』에 이르기까지 100년간 이어졌다. 문사를 줄줄이 엮는 형식의 글이 물결처럼 이어지고, 구름처럼 피어나니, 모두 言辭를 上德에 기탁하거나, 의미를 玄珠에 기탁하였다. 이에 아름다운 문사를 들을 수 없게 되었다."라고 하였다. 「時序」篇에서 "晉朝부터 玄學을 중시하기 시작하였고, 東晉이 南渡한 이후로 더욱 유행했으며, 청담 기풍의 영향으로 새로운 문체가 성립되었다. 세상이 극히 어지러워졌으나 文辭는 오히려 평안함을 추구하였다. 시는 老莊思想의 要旨로 귀결되었고, 賦는 노자와 장자의 주석처럼 되었다."라고 하였다. 駱賓王의 「和學士閨情詩啓」에서 "晉代에는 歌詠이 멈추지 않았다. 神韻과 風骨를 지닌 仙才가 아니면 玄風의 道意만을 신봉하였다."라고 하였다. 『困學紀聞』卷十三 『考史』에서 이 句의 注를 달면서 "東晉의 玄風 習俗으로 인해 詩體가 一變했음은 蘭亭에서 창작된 작품을 보면 알 수 있다."라고 하였다.

【「謝靈運傳論」: "有晉中興, 玄風獨盛, 爲學窮於柱下博物止乎七篇. 馳騁文辭, 義殫乎此. 自『建武』暨於『義熙』, 歷載將百. 雖綴響聯辭, 波屬雲委, 莫不寄言上德, 託意玄珠, 遒麗之辭, 無聞焉爾." 「時序」: "自中朝貴元, 江左稱盛, 因談餘氣, 流成文體 是以世極迍邅, 而辭意夷泰, 詩必柱下之旨歸, 賦乃漆園之義疏." 駱賓王「和學士閨情詩啓」‥“爰逮江左, 謳謠不輟. 非有神骨仙才, 專事玄風道意.” 『困學紀聞』卷十三『考史』於此句下注云‥“愚謂東晉玄虛之習, 詩體一變, 觀蘭亭所賦可見矣.”】

87. 詹注16-2: 『唐寫本』에서는 〖嗤〗字는 〖羞〗字로, 〖徇〗字는 〖侚〗字로 되어있다. 〖徇〗字는 〖殉〗字와 의미가 통하며, 모종의 목적을 달성하기 위한 헌신을 의미한다. 司馬遷의 「保任安書」에서 “奮鬪만을 생각하며 몸을 돌아보지 않고, 국가의 위기를 위해 헌신하리라.”라고 하였다. 〖徇務〗는 急務를 위해 헌신함. 干寶의 『陳紀總論』에서 “學者들은 老莊思想을 근본으로 여기며 六經을 멀리하였다.…… 談論者들은 空虛浮淺한 것을 변론이라 여기며, 名譽와 禮節을 천박하다고 하였다. …… 관리는 공허한 것을 고아하다고 하면서 勤勉과 恭遜을 비웃었다.”고 하였다.

【『唐寫本』〖嗤〗作〖羞〗, 〖徇〗作〖侚〗. 按〖徇〗與〖殉〗通, 爲達到某種目的的而獻身. 司馬遷「保任安書」‥“常思奮不顧身, 以徇國家之急.” 〖徇務〗, 獻身于急務.는 干寶『陳紀總論』‥“學者以莊老爲宗, 而黜六經. 談者以虛薄爲辯, 而賤名檢. …… 當官者以望空爲高, 而笑勤恪.”】

88. 詹注16-3: 『校證』에서 “〖忘〗字는 원래 〖亡〗字로 되어있었으나, 『唐寫本』, 梅六次本, 徐校本, 張松孫本, 譚校本, 『御覽』에는 〖忘〗字로 되어있다.…… 오늘날에는 이들을 근거로 고쳐 쓴다.” 고 하였다. 〖忘機〗로 쓰는 것이 옳다고 생각한다. 〖忘機〗는 인간 세상의 모든 機巧之事를 망각한 일종의 淡泊하고 寧靜한 心境을 의미한다. 李白의 「下終南山斛斯山人宿置酒」에서 “내가 취하니 그대 또한 즐거워하리라, 도도히 함께 모든 것을 잊어버리

리라."라고 하였다.

【『校證』: "〖忘〗原作〖亡〗, 『唐寫本』、梅六次本、徐校本、張松孫本、譚校本、『御覽』作〖忘〗.…… 今據改." 按作〖忘機〗是.〖忘機〗指望記人世一切機巧之事的一種淡泊寧靜的心境. 李白「下終南山斛斯山人宿置酒」: "我醉君復樂, 陶然共忘機."】

89. 詹注16-4: 『訓故』에서 "『晉書』에서 '孫綽의 字는 興公이며, 太原 출신이다. 著作郞이 되었다가 廷尉卿을 역임하였다. 『文選』에도 晉 孫楚의 시가 있으나, 여기에서는 東晉의 孫綽이라 하였다.'" 라고 하였다. 「才略」篇에서 "袁宏은 처음부터 文名이 高昻하였으며, 文辭는 걸출하나 부족한 점이 있었고, 孫綽은 規矩만을 추구하여 조리는 뛰어났지만 형상의 묘사는 부족했다."고 하였다. 『世說』「文學」篇의 注에서 『晉陽秋』를 인용하여 "袁宏은 젊어서 재주가 뛰어났으며, 文章이 대단히 아름다웠다."라고 하였다. 여기에서 袁宏과 孫綽의 詩 각 1수를 인용하여 斷片을 살펴보기로 한다.

【『訓故』: "『晉書』: '孫綽, 字興公, 太原人. 領著作郞, 遷廷尉卿. 『文選』又有晉孫楚詩, 然此云江左, 乃綽也." 「才略」篇: "袁宏發軫以高驤, 故卓出而多偏; 孫綽規旋以矩步, 故倫序而寡狀." 『世說』「文學」篇注引『晉陽秋』: "袁宏少有逸才, 文章絶艶." 玆引袁、孫詩各一首以見一斑.】

袁宏 「從征行方頭山」
峨峨太行, 凌虛抗勢. 天嶺交氣, 窈然無際.
澄流入神, 玄谷應契. 四象悟心, 幽人來憩.

孫綽「答許詢詩」

仰觀大造, 俯覽時物. 機過患生, 吉凶相拂.
智以利昏, 識由情屈. 野有寒枯, 朝有炎鬱.
失則震驚, 得則充詘.

90. 詹注16-5: 『揆』는 『道: 길』과 같은 뜻. 『孟子』「離婁」에서 "先聖과 後聖이 헤아려 보았던 것은 같다."고 하였다. 文辭가 同一한 길로 나간다는 것으로, 『溺乎玄風』을 지적한 말이다. 『唐寫本』에 『辭』字는 『詞』字로 되어있고, 『趣』字는 『軏』字로 되어있다.

【『揆』, 『道』也. 『孟子』「離婁」: "先聖後聖, 其揆一也." 文辭趣向于同一的道路, 指『溺乎玄風』而言. 『唐寫本』『辭』作『詞』, 『趣』作『軏』.】

91. 詹注16-6: 『唐寫本』에는 『與』字가 『能』字로 되어있다. 『世說』「文學」篇의 注에서 『續晉陽秋』를 인용하면서 "許詢과 太原의 孫綽이 숭상하는 바를 서로에게 알리며 『三世: 과거, 현재 미래』의 文辭를 더하니 (釋迦牟尼는 過去, 現在, 未來를 三世라 하였다.) 『詩經』과 『離騷』의 禮가 모두 사라졌다. 許詢과 孫綽이 一時에 문단의 영수가 되었고, 학자 모두가 그들을 본받았다. 義熙에 이르러서야 謝混에 의해 변화하였다."라고 하였다. 「詩品序」에서 "永嘉 무렵에는 黃老術을 귀하게 여겨 차츰 虛談을 숭상하게 되었다. 이때의 문장은 理致가 文辭를 압도하여 답답할 뿐 맛이 부족했다. 江表로 옮긴 뒤에도 그 희미한 여파가 계속 이어졌다. 孫綽, 許詢, 桓溫, 庚亮 등 여러 사람의 시는 모두 평범하고 典

雅하기만 하여 마치 『道德論』과 같아 建安風骨은 사라지고 없다."라고 하였다. 『詩品』下에서는 "永嘉 이후 清淡虛理가 풍속을 이루었으며, 王濟 무리의 시는 도가의 언사를 귀하게 여겼다. 東晉에 이르러서도 玄風은 계속 성행하였다. 이에 〖劉眞長: 王惔〗, 〖王仲祖: 王濛〗, 桓溫, 庾亮 등은 여전히 이를 답습하여 세칭 孫許라 하였고, 〖恬淡: 욕심이 없음〗한 문사를 지나치게 즐겨 사용하였다."라고 하였다. 『南齊書』「文學傳論」에서 "東晋時期의 문학 기풍은 道家의 주장이 주도하였다. 郭璞은 靈變을 알렸고, 許詢은 극도로 名理를 추구하였고, 仲文의 玄氣는 아직 사라지지 않았다."고 하였다. 劉師培 『南北文學不同論』에서 "東晉文學은 玄風에 빠져 있었다. 문사에 있어 雕采는 퇴조하고 主旨는 玄虛에 있었다. 平淡한 문사로 정교한 이치를 담아냈다. 이에 孫綽, 許詢, 〖二王: 王惔과 王濛〗의 언어는 平典했으며, 嵇康과 阮籍에 의해 莊子로 거슬러 올라가니 이것이 남방 문학의 또 다른 一派였다."라고 하였다.

【『唐寫本』〖與〗作 〖能〗. 『世說』「文學」篇注引『續晉陽秋』: "詢及太原孫綽轉相祖尙, 又加以三世之辭, 而詩騷之禮盡矣. 詢綽幷爲一時文宗, 自此學者悉體之. 至義熙中謝混始改." 「詩品序」: "永嘉時貴黃老, 稍尙虛談. 于時篇什, 理過其辭, 淡乎寡味. 爰及江表, 微波尙傳. 孫綽、許詢、桓、庾諸公詩, 皆平典似『道德論』, 建安 風力盡矣." 『詩品』下: "永嘉以來, 清虛在俗. 王武子輩, 詩貴道家之言. 爰洎江表, 玄風尙備. 眞長、仲祖、桓、庾諸公猶相襲, 世稱孫許, 彌恬淡之詞." 『南齊書』「文學傳論」: "江左風味, 盛道家之言, 郭璞擧其靈變, 許詢極其名理, 仲文玄氣, 猶不盡除." 劉師培 『南北文學不同論』: "江左詩文, 溺于玄風. 辭謝雕采, 旨寄玄虛. 以平淡之詞, 寓精微之理. 故孫、許、二王, 語皆平典平,

由嵇、阮而上溯莊周, 此南文之別一派也."】

92. 范注5-3: 『詩品講疏』에서 "「謝靈運傳論」에서는 '晉代에 문학의 中興이 이루어지는 과정에서 老莊學의 기풍이 유독 흥성하자 모든 학자가 老莊思想을 깊이 연구하였으며, 사물을 살피는 것 역시 『莊子』 內篇 7篇의 범위 내에서 이루어졌다. 이들이 문장에서 언급한 내용은 모두 老莊思想과 관련된 것이었다. 이러한 경향은 〖建武: 元帝 年號〗에서 〖義熙: 安帝 年號〗에 이르기까지 100년간 이어졌다. 문사를 줄줄이 엮는 형식의 글이 물결처럼 이어지고, 구름처럼 피어나니, 言辭를 上德 (『老子』‥으뜸의 덕을 지닌 사람은 덕을 의식하지 않기에 덕을 지니게 된다.)에 기탁하지 않은 사람이 없었고, 의미를 玄珠 (『莊子』‥黃帝가 赤水의 북쪽에서 유람하다가 崑崙山에 올라가 남쪽을 바라보고 돌아오다가 玄珠를 잃어버렸다.'라고 하였다. 郭象注에서 '진리가 비롯되는 것이 무엇인지를 분명히 알게 되었다.)에 기탁하였다. 이에 아름다운 문사를 들을 수 없게 되었다.'"라고 하였다. 『續晉陽秋』(宋 永嘉 太守 檀道鸞 撰. 책은 逸失되고 없으나, 이는 『困學紀聞』과 『文選注』에 인용된 것이 보인다.)에서 "司馬相如, 王褒, 揚雄 이후의 諸賢들은 대대로 賦頌을 숭상하여 모두 『詩經』과 『楚辭』를 본받았고, 諸子百家들의 언사도 참조하였다. 建安時期에 이르러 詩와 文章이 크게 성하였다. 西晉 末期의 潘岳, 陸機 등도 비록 때때로 질박한 문장을 지었으니 宗尙의 歸依 또한 다르지 않았다. 正始 年間에 王弼, 何晏이 老莊의 玄談을 좋아하니 세속에서도 점차 이를 귀하게 여겼다. 南朝時代에 이르러 佛教가 극성하였고, 郭璞의 五言詩에서 비로소 佛家와 道家의 말을 합친 시를 지었다. 許詢과 太原의 孫綽이 숭상하는 바를 서로에게 알리며 三世의 文辭를 더하니 (釋迦牟尼는 過去, 現在, 未來

를 三世라 하였다.) 『詩經』과 『離騷』의 禮가 모두 사라졌다. 許詢과 孫綽이 一時의 문단 영수가 되자 학자 모두가 이들을 본받았다."라고 하였다. 檀道鸞의 주장에 의하면 東晋 玄言詩는 郭璞이 실로 먼저 唱導하였은 바, 특히 그의 才氣가 기특하고 호방하였으며 險難을 겪으며 玄語로 감정을 묘사하니 그 문구를 베끼는 사람들이 헤아릴 수 없었다. 孫綽과 許詢의 시는 精深微妙만을 진술하니 比興과는 거리가 멀고 문체는 偈語와 유사하였으며, 이러한 기풍을 따라 모방하는 사람들이 날로 많아졌다. 『蘭亭集詩』에서 모두 琴瑟이 오로지 같은 소리만 낸다면 누가 이를 들을 것이며, 뜻을 표현하고 감정을 토로함에 어찌 다시 이것에 의지할 수 있겠는가? 라고 지적하였다. 風雅의 道가 다했다고 한 것은 거짓이 아니다. 『文心雕龍』 「時序」編에서 "晉朝부터 玄學을 중시하기 시작하였고, 東晋이 南渡한 이후로 더욱 유행했으며, 청담 기풍의 영향으로 새로운 문체가 성립되었다. 세상이 극히 어지러워졌으나 文辭는 오히려 평안함을 추구하였다. 시는 老莊思想의 요지로 귀결되었고, 賦는 老子와 莊子의 주석처럼 되었다.(孫綽의 「遊天台山賦」에서도 玄言을 많이 사용하였다.) 따라서 문장은 세상의 변화에 영향을 받으며, 문체의 興廢는 時代의 흐름과 관련이 있으니, 문학의 始終을 탐색해보면 百年의 변화도 알 수 있다."라고 하였다. 이는 玄靈을 숭상하는 世習이 世道의 艱難으로 인해 이루어졌음을 분명하게 설명한 것이다. 편안하고 담백한 文辭와 荒唐無稽한 이치로 憂患을 떨쳐버리고, 생애를 무덤덤하게 보내려는 智士들의 생에 대한 위로이며, 文人들이 자신들이 좋아하는 것에 寄託했던 것은 비록 『無用之用: 쓸모없는 것이 가장 쓸모가 있다』을 말한 것이나 이 또한 時運이 그렇게 만든 것이다.

【『詩品講疏』‥“「謝靈運傳論」曰‥‘有晉中興, 玄風獨盛, 爲學窮於柱下博物止乎七篇. 馳騁文辭, 義殫乎此. 自〖建武: 元帝 年號〗暨於〖義熙: 安帝 年號〗, 歷載將百. 雖綴響聯辭, 波屬雲委, 莫不寄言上德,(『老子』曰‥上德不德, 是以有德.), 託意玄珠(『莊子』曰‥黃帝將遊於赤水之北, 登昆崙之丘而南歸, 遺其玄珠. 郭象注曰‥此明得眞之所由.) 迺麗之辭, 無聞焉爾.” 『續晉陽秋』(宋永嘉太守檀道鸞撰. 書已佚, 此見『困學紀聞』及『文選注』引.)‥“司馬相如王褒揚雄諸賢, 世尙賦頌, 皆體則『詩』『騷』, 傍綜百家之言. 至建安, 而詩章大盛. 逮乎西朝之末, 潘陸之徒, 雖時有質文, 而宗歸不異也. 正始中, 王弼何晏好莊老玄勝之談, 而俗遂貴焉. 至過江, 佛理尤盛, 故郭璞五言, 始會合道家之言韻之, 詢及太原孫綽轉相祖尙, 又加以三世之辭(釋氏說過去現在未來爲三世.), 詩騷之禮盡矣. 詢綽幷爲一時文宗, 自此學者悉體之.” 據檀道鸞之說, 是東晉玄言之詩, 景純實爲之前導, 特其才氣奇肆, 遭逢險艱, 故能假玄言以寫中情, 非夫鈔錄文句者所可擬況. 若孫許之詩, 但陳要妙, 情旣離乎比興, 體有近於偈語, 徒以風會所趨, 仿效日衆. 覽『蘭亭集詩』諸篇共恉. 所謂琴瑟專一, 誰能聽之, 達志抒情, 復將焉賴. 謂之風騷道盡, 誠不誣也. 『文心雕龍』「時序」編‥“自中朝貴元, 江左稱盛, 因談餘氣, 流成文體. 是以世極迍邅, 而辭意夷泰, 詩必柱下之旨歸, 賦乃漆園之義疏.(如孫興公「遊天台山賦」, 卽多用玄言.) 故知文變染乎世情, 興廢繫乎時序, 原始以要終, 雖百世可知也.” 此乃推明崇尙玄虛之習, 成於世道之艱危, 蓋恬澹之言, 謬悠之理, 所以排除憂患, 消遣年涯, 智士以之娛生, 文人於焉託好, 雖曰無用之用, 亦時運爲之矣.】

袁宏과 孫綽의 詩篇 가운데 전해진 작품은 대단히 드물다. 『文選』에 江淹의 「擬孫廷尉詩」가 기재되어 있어 대체적인 것을 알 수 있다. 이에 袁宏 「詠史詩」 2首, 孫綽의 「秋日詩」 1首를 기록하여 備考로 삼고자 한다.

【袁孫諸詩, 傳者甚罕. 『文選』載有江淹「擬孫廷尉詩」, 加以知其大概. 玆錄袁宏「詠史詩」二首, 孫綽「秋日詩」一首以備考.】

袁宏 「詠史詩」

袁宏의 字는 彦伯. 『詩品』中品 : "彦伯의 「詠史詩」는 비록 文體는 강력함은 없으나 내용은 선명하고, 문사의 조직은 긴밀하고 견실하여 凡俗과는 거리가 멀다."

【袁宏字彦伯. 『詩品』中云 : "彦伯詠史, 雖文體未遒. 以鮮明緊健, 去凡俗遠矣."】

(其一)

周昌梗槩臣, 辭達不爲訥.
汲黯社稷器, 棟梁表天骨.
陸賈厭解紛, 時與酒檮杌.
婉轉將相門, 一言和平勃.
趨舍各有之. 俱令道不没.

(其二)

無名困螻蟻, 有名世所疑.
中庸難爲體, 狂狷不及時.

楊惲非忌貴, 知及有餘辭.
躬耕南山下, 蕪穢不遑治.
趙音奏哀音, 秦聲歌新詩.

孫綽「秋日」

孫綽의 字는 興公. 『詩品』下品에서 "永嘉 이후로 淸談과 虛理가 세속에 유행하였다. 王武子(王濟) 등의 무리가 道家의 말을 귀하게 여겼다. 東晋에 이르러서도 현학의 기풍은 여전하였다. …… 세상에서 孫許(孫綽과 許詢)을 칭송하니 便安하고 淡泊한 文辭가 많아졌다."고 하였다.

【孫綽字興公. 『詩品』下云 : "永嘉以來, 淸虛在俗. 王武子(王濟)輩, 詩貴道家之言. 爰洎江表, 玄風尙備. …… 世稱孫許(許詢), 彌恬淡之詞."】

蕭瑟仲秋月 , 飂戾風雲高.
山居感時變 , 遠客興長謠.
疏林積涼風 , 虛岫結凝霄.
湛露灑庭林 , 密葉辭榮條.
撫菌悲先落 , 攀松羨後凋.
垂綸在林野 , 交情遠市朝.
澹然古懷心 , 濠上豈伊遙.

郭璞의 字는 景純이며, 『遊仙詩』14篇을 지었다. 『詩品』中에서 "晉國 宏農太守 郭璞의 시는 潘岳을 법도로 삼았고, 潘岳과 文體의 찬연함을 다툴 정도인 훌륭한 문사는 가히 즐길만하다. 永嘉

무렵에 담백한 문체로 一變하였기에 中興 第一이라 불리게 되었다. 『翰林論』에서는 詩의 으뜸이라 하였다. 遊仙詩의 창작에 있어 言辭의 慷慨함이 많아 玄學의 宗旨와는 큰 차이로 어그러졌다. '어찌 虎豹의 자태라 하겠는가?', '날개를 펄럭이며 雜木 속에서 살리라.'라고 하였다. 이는 때를 잘못 만난 詠懷의 구절로 결코 신선의 취향을 나열한 것은 아니다."라고 하였다.

【郭璞字景純, 著『遊仙詩』十四篇. 『詩品』中云··"晉宏農太守郭璞詩, 憲章潘岳, 文體相輝, 豹炳可玩. 始變永嘉平淡之體, 故稱中興第一, 翰林以爲詩首. 旦遊仙之作, 辭多慷慨, 乖遠玄宗. 而云'奈何虎豹姿', 又云'戢翼棲榛梗', 乃是坎檩詠懷, 非列仙之趣也."】

詹注16-7: 『唐寫本』에는 〖俊〗字가 〖儁〗字로 되어있다. 「才略」篇에서 "郭璞은 문사가 艷逸하고, 재화가 출중하여 문학 중흥기의 가장 뛰어난 인물이었다. 「南郊賦」는 장엄하여 가히 볼만하고, 「遊仙詩」는 가볍게 구름 위까지 날아올랐다."라고 하였다. 『世說』「文學」篇에서 『續晉陽秋』를 인용하여 "郭璞의 五言詩는 道家의 言辭를 모아 韻을 붙인 것이다."라고 하였다. 「詩品序」에서 "郭璞은 뛰어난 재주로 당시 문체를 변화시켰다. 그러나 衆寡不敵으로 세태를 변화시키지는 못했다."라고 하였다. 『文選』에 있는 郭璞의 「遊仙詩」李善注에서 "무릇 일반적인 「遊仙詩」는 모두 滓穢, 塵網, 錙銖, 纓紱, 餐霞, 倒景, 餌玉, 玄都를 주제로 한 것이다. 그러나 郭璞의 詩는 자신에 관한 것을 서술하였다. 비록 뜻은 세상을 품고자 하는 것이었으나 세속적인 병폐는 없었다." 라고 하였다. 陳祚明은 "郭璞은 원래 신선의 자태로 세상을 떠다녔으며, 일반적 감정을 초월한 점은 언어의 선택이 기이함에 있는 것이지 命意와 관련된 것이 아니다. 「遊仙詩」는 寄託한 문사가 분명하기에 「列仙」의 趣旨를 찾는 것은 本旨가 아니다."라고 하였다.

【『唐寫本』『俊』作『儁』. 「才略」‥"景純豔逸, 足冠中興, 郊賦旣穆穆以大觀, 仙詩亦飄飄而凌雲矣." 『世說』「文學」篇引『續晉陽秋』‥"景純五言, 始會合道家之言而韻之." 「詩品序」‥"郭景純用儁上之才, 變創其體, 劉越石仗淸剛之氣, 『贊成』厥美. 然彼衆我寡, 未能動俗." 『文選』郭璞「遊仙詩」李善注‥"凡仙遊之篇, 皆所以滓穢塵網, 錙銖纓紱, 餐霞倒景, 餌玉玄都. 然璞之制, 文多自敍. 雖志狹中區, 而辭無俗累." 陳祚明曰‥"景純本以仙姿遊于方內, 其超越恒情, 內在善語奇傑, 非關命意. 「遊仙」之作, 明屬寄托之詞, 若以「列仙」之趣求之, 非其本旨矣."】

『藝概』「詩概」에서 "郭璞의 시는 거칠고 쓸데없는 감정은 제거하고 『淸剛』과 『儁上』을 주제로 삼았으나 대부분 이러한 函意를 제대로 보여주지 못했다. 嵇叔夜와 郭璞은 모두 亮節之士로 비록 「秋胡行」은 玄默을 귀하게 여기는 극치라 하겠으나 「遊仙詩」는 棲遯한 문사를 원용하였으나 激烈과 悲憤함은 저절로 言外에 드러나니 이에 曲宜함을 알면 그 진면모를 알 수 있다."라고 하였다.

【『藝概』「詩概」‥"郭景純詩除殘去穢, 第以『淸剛』『儁上』目之, 殆猶未覘厥蘊, 嵇叔夜、郭景純皆亮節之士, 雖「秋胡行」貴玄默之致, 「遊仙詩」假棲遯之言, 而激烈悲憤, 自在言外, 內知識曲宜聽其眞也."】

黃侃의 『詩品講疏』에서 "東晋 玄言詩는 郭璞이 실로 먼저 唱導

하였으며, 특히 그의 才氣가 기특하고 호방하였으며 險難을 겪으며 玄語로 감정을 묘사하니 그 문구를 베끼는 사람들의 수를 헤아릴 수 없었다. 孫綽과 許詢의 시는 精深微妙만을 진술하니 比興과는 거리가 멀고 문체는 偈語와 유사하였으며, 이러한 기풍을 따라 모방하는 사람들이 날로 많아졌다. 『蘭亭集詩』에서 모두 琴瑟이 오로지 같은 소리만 낸다면 누가 이를 들을 것이며, 뜻을 표현하고 감정을 토로함에 어찌 다시 이것에만 의지할 수 있겠는가? 라고 지적하였다. 風雅의 道가 다했다고 한 것은 거짓이 아니다."라고 하였다.

【黃侃『詩品講疏』: "東晉玄言之詩, 景純實爲之前導, 特其才氣奇肆, 遭逢險艱, 故能假玄言以寫中情, 非夫鈔錄文句者所可擬況. 若孫許之詩, 但陳要妙, 情旣離乎比興, 體有近於偈語, 徒以風會所趨, 仿效日衆. 覽『蘭亭集詩』諸篇共恉. 所謂琴瑟專一, 誰能聽之, 達志抒情, 復將焉賴. 謂之風騷道盡, 誠不誣也."】

郭璞이 지은「遊仙詩」十四章은 마음속 뜻을 그대로 표현하니 永嘉時期의 平淡한 詩體를 변화시켰고, 潘岳과 陸機의 화려한 氣風도 사라지게 하였다. 비록『遊仙』을 제목으로 삼았으나 실제로는 阮籍의『詠懷』, 左思의『詠史』와 같은 의미라 하겠다.『詩品』中에서 郭璞의 시에 대하여 "潘岳과 文體의 찬연함을 다툴 정도인 훌륭한 문사는 가히 즐길만하다. 永嘉 무렵에 담백한 문체로 一變하였기에 中興 第一이라 칭했다.『翰林論』에서는 詩의 으뜸이라 하였다.「遊仙詩」의 창작에 있어 言辭의 慷慨함이 많아 玄學의 宗旨와 달랐다."라고 평하였다. 사실『言辭의 慷慨함이 많아 玄學의 宗旨와 달랐다.』는 것이 郭璞「遊仙詩」의 장점이다.

【按郭璞所作「遊仙詩」十四章, 直抒胸臆, 變永嘉平淡之體, 無潘、陸華麗之風. 雖然題作『遊仙』, 而實際上和阮籍『詠懷』、左思『詠史』同一用意. 『詩品』中評郭璞詩‥"文體相輝, 豹炳可玩. 始變永嘉平淡之體, 故稱中興第一, 翰林以爲詩首. 旦遊仙之作, 辭多慷慨, 乖違玄宗." 其實, 『辭多慷慨, 乖違玄宗. 』正是郭璞「遊仙詩」的優點.】

93. 詹注17-1: 『宋書』「謝靈運傳論」에서 "南朝 宋代에 이르러 顔延之와 謝靈運이 名聲을 떨쳤다. 謝靈運은 興趣가 가장 뛰어났고, 顔延之는 체제가 분명하고 정밀하였기에 이전의 뛰어난 문인들과 軌를 같이 했고, 後代의 문인들에게 모범을 보여주었다."라고 하였다.

【『宋書』「謝靈運傳論」‥"爰逮宋氏, 顔謝騰聲. 靈運之興會標擧, 延年之體裁明密, 幷方軌前秀, 垂範後昆."】

『文鏡秘府論』「論文意」에서 皎然의 「詩議」를 인용하여 "晉代에는 더욱 綺靡를 숭상하였고, …… 宋代 初期의 文學 風格은 晉代를 답습하였으나 더욱 憔悴하였다."라고 하였다.

【『文鏡秘府論』「論文意」引皎然「詩議」‥"晉世尤尙綺靡, …… 宋初文格, 與晉相沿, 更憔悴矣."】

94. 詹注17-2: 「詩品序」에서 "謝靈運은 山水詩에 있어…… 이들 모두는 五言詩의 警策者라 하겠다."라고 하였다. 王士禎의 『漁洋山人文略』券二 「雙江唱和集序」에서 "『詩經』 305편은 『興觀群怨』의 趣旨에서 『鳥獸之名』에 이르기까지 갖추어지지 않은 것

이 없다. 유독 山水를 새기거나 그리는 것에 관한 내용이 없으며, 간간이 있다 하더라도 불과 몇 편이며, 한 편에서 몇 마디도 안 되며, 『漢之廣矣』, 『終南何有』와 같은 것에 지나지 않는다. 漢魏 무렵 시인들의 작품 역시 山水와는 거리가 멀었다. 元嘉 時期에 이르러 謝靈運이 나타나 처음으로 산수를 묘사한 작품을 지으며 그윽하고 교묘하게 山谷水泉의 정황 묘사에 힘썼다. 이에 이전 사람들이 『老莊이 쇠퇴하자 山水詩가 등장하였다. 』고 말한 것이다. 宋齊 이후로 거의 謝靈運이 宗主였다."라고 하였다. 章炳麟의 『國故論衡』 「辨詩」에서 "玄言이 사라지자 田舍를 언급하였다. 田舍의 隆盛은 山川雲物까지 미쳤으며, 謝靈運이 그 宗主가 되었다."라고 하였다. 劉勰은 宋初 山水詩의 흥성은 正始 무렵부터 싹트기 시작하였고, 江左 玄言詩의 부정에서 비롯되었다고 생각하였다. 다음으로 山水詩의 발생은 老莊思想과 관계가 없을 수 없다. 『綴補』에서 "謝靈運은 詩作에 있어 老子와 莊子를 즐겨 사용하였고, 이에 『老莊이 쇠퇴하자 山水詩가 등장하였다. 』는 말은 山水詩가 莊子와 老子를 山水로 편입되게 만들고, 空談과 玄理를 일소하여 담백하여 맛이 부족한 기풍으로 변화시켰다는 것이다."라고 하였다. 게다가 江南의 아름다운 지역에서 시인들은 山水를 방랑하거나, 漱流枕石하는 習染가 지속되면서 묘사가 저절로 공교하게 되었다. 이는 山水詩의 형성에 도움이 되었다.

【「詩品序」: "謝客山水…… 斯皆五言之警策者也." 王士禎『漁洋山人文略』券二「雙江唱和集序」: "『詩』三百五篇, 　于『興觀群怨』之旨, 下逮『鳥獸之名』無弗備矣. 獨無刻畫山水者, 間亦有之, 亦不過數篇, 篇不過數言, 如『漢之廣矣』, 『終南何有』之類而止. 漢魏間詩人之作, 亦與山水了不相及. 迨元嘉謝康樂出, 始創爲刻畫山水之詞, 務窮幽極渺, 抉山谷水泉之情況. 昔人所云『老莊告退, 而山水方滋』者也. 宋齊以下, 率以康樂爲宗." 章炳麟『國故論衡』「辨詩」: "玄言之殺, 言及田舍. 田舍之隆, 旁及山川雲物, 則謝靈運爲之主." 劉勰認爲宋初山水詩的興盛, 正是對萌芽於正始, 濫觴于江左的玄言詩否定. 再者, 山水詩的發生, 和莊老思想也不是沒有關係. 『綴補』: "案謝靈運詩喜用老、莊, 而此云『老莊告退, 而山水方滋』者, 皆山水詩化莊、老入山水, 一掃空談玄理, 淡乎寡味之風也." 加上江南佳麗之地, 詩人多放浪山林, 漱流枕石, 習染已久, 刻畫自工. 這對山水詩的形成也有幇助.】

95. 詹注17-3: 『詩品』上에서 謝靈運의 詩에 대하여 "巧似를 숭상하였으며……자못 번다한 점이 병폐이다."라고 평하였다. 『詩品』中에서 顔延之의 詩에 대하여 "巧似를 숭상하였으며, 體裁가 기밀하고 감정의 비유가 심오하다. 움직임에 헛된 흐트러짐이 없어 一字一句의 의미가 窮極에 이르렀다. …… 湯惠休가 이르길: '謝靈運의 시는 芙蓉이 물 위로 피어오른 것 같고, 顔延之의 시는 채색이 마치 금으로 조각한 것 같다.'라고 하였다. 顔延之는 평생 이러한 점을 병폐로 여겼다."라고 평하였다. 조각하고 새기는 기교는 謝靈運과 顔延之로부터 시작되었고, 對偶의 폐습도 이로부터 기원하였다.

【『詩品』上評謝靈運詩: "尙巧似……頗以繁富爲累." 『詩品』中評顔延之詩: "尙巧似, 體裁綺密, 情喩淵深. 動無虛散, 一字一句, 皆致意焉. …… 湯惠休曰: '謝詩如芙蓉出水, 顔如錯采金鏤.' 顔終身病之.'" 按雕鏤之敎, 始於謝顔, 對偶之習起源於此.】

96. 詹注17-4: 『情』은 여기에서는 작품의 思想, 內容, 情感 등을 의

미한다. 『詩品』上에서 謝靈運의 詩에 대하여 "나(鍾嶸)는 만일 사람이 興이 많고 재주가 뛰어나 본 것을 모두 글로 쓰고, 안으로 생각에 곤궁함이 없고, 드러난 사물을 남김없이 표현하였다고 하여 시문이 번다하다고 말하는 것이 마땅하겠는가? 라고 말하고 싶다. 따라서 아름답고 뛰어난 문구가 곳곳에 자리하고, 훌륭한 典故와 새로운 韻律이 서로 하나로 연결되어 내달려야 한다."라고 평하였다. 皎然의 『詩式』에서 "『情』이란 謝靈運의 『池塘生春草』와 같은 것이리라. 情에서 우러나와 언어로 드러나면 그 文辭는 담백하여 맛이 없는 것처럼 보이나 늘 손 가까이 두고 감상하다 보면 文侯가 古樂을 듣는 것과 무엇이 다르겠는가?"라고 하였다. 黃庭鵠『古詩冶』卷十三에서 馮時可의 評을 인용하여 "謝靈運의 寄託은 奇怪하나 深奧하고, 隱密한 부분을 헤아려 보면 四時의 變化, 萬物 區分의 窮極까지 도달하였다."라고 하였다.

【『情』在此指作品的思想、內容、情感等等. 『詩品』上評謝靈運詩云 : "嶸謂若人興多才高, 寓目輒書, 內無乏思, 外無遺物, 其繁富宜哉! 然名章迥句, 處處間起, 麗典新聲, 絡繹奔會." 皎然『詩式』: "『情』者, 如康樂公『池塘生春草』. 抑由情在言外, 故其辭淡而無味, 常手覽之, 何異文侯聽古樂哉! 黃庭鵠『古詩冶』卷十三引馮時可評曰 : "康樂設奇託怪, 鉤深抉隱, 窮四時之變, 極萬物之類."】

黃侃의 『詩品講疏』에서 "무릇 극도로 섬세하게 사물을 묘사하는 것은 깊은 사고에 의지했던 것이며, 새로운 것을 있는 힘을 다해 추구하려는 것 역시 博學에 바탕을 둔 것이다. 공허한 문사를 제거하고, 평범한 시를 깨끗하게 씻어내려면 이를 길로 삼아야 길을 잃지 않는다. 세상 사람들은 漢魏의 시가가 훌륭하다고 말하면서 顔延之와 謝靈運의 작품은 번잡하고 기묘할 뿐 옛날 韻調를 계승하지 못한 채 오로지 새로운 문사만을 추종하려 한다고 여겼다. 허황한 말로 문장을 채우면 헛되이 혐오와 권태만을 만들 뿐이니 그 폐해는 玄語를 표절하는 것과 다를 것이 없다. 이에 顔延之와 謝靈運의 術法이 五言詩의 정확한 궤도임을 알 수 있다."라고 하였다. 표면적으로 보면 『전편을 대우로 채우면서 一句의 奇文만으로 문장의 가치를 다투다.』라는 언급은 수식에 의한 손상이 있어 번다한 기교에 빠지는 듯하지만, 이는 玄言詩를 바로잡는 과정에서 나온 필연적 결과다.

【黃侃『詩品講疏』: "極貌寫物, 有賴於深思; 窮力追新, 亦質於博學. 將欲排除膚語, 洗盪庸音, 於此假塗, 庶無迷路. 世人好稱漢魏. 而以顔謝爲繁巧, 不悟規摹古調, 必須振以新詞; 若虛響盈篇, 徒生厭倦, 其爲蔽害, 與勦襲者政復不殊. 以此知顔謝之術, 乃五言之正軌矣." 表面看來, 『儷采百字之偶, 爭價一句之奇』似乎有傷刻飾, 流爲繁巧, 但這是對於玄言詩矯枉的必然結果.】

97. 范注5-4: 『詩品講疏』에서 "『宋書』「謝靈運傳」에서 '謝靈運은 群書를 널리 읽어 문장의 아름다움은 晋代에는 따라올 자가 없었다.'라고 하였다. 「謝靈運傳論」에서 '南朝 宋代에 이르러 顔延之와 謝靈運이 名聲을 떨쳤다. (『宋書』「顔延之傳」: 顔延之 문장의 아름다움은 당시에 가장 뛰어났기에 謝靈運과 함께 文辭로 이름을 나란히 할 수 있어 東晋時期에는 顔謝로 병칭되었다.) 謝靈運은 興趣가 가장 뛰어났고, 延年(顔延之의 字)은 體制가 분명하고 정밀하였기에 이전의 뛰어난 문인들과 軌를 같이 했고, 後代의 문인들에게 모범을 보였다.'라고 하였다. 『文心雕龍』「明

詩」篇에서 '宋代 초기의 문학작품은 風格에 있어 전통의 계승과 변화가 이루어지면서 老莊思想은 쇠퇴를 알리고 山水文學이 흥성하였다. (나는 山水詩는 東晋 초기 庾闡 등 여러 문인으로부터 시작되었다고 생각한다.) 대우를 중시한 문사는 전편을 대우로 채우면서 一句의 奇文만으로 문장의 가치를 다투니 극도로 세세한 情景의 형상까지 묘사하였으며, 문사에 있어서는 있는 힘을 다해 새로운 것만을 추구하였다. 이것이 근세에 추구하는 바이다.'라고 하였다. 孫綽, 許詢의 玄言은 그 기세가 쉽게 사그러 졌고, 殷·謝는 景物의 묘사로 명성을 떨쳤고, 陶淵明의 시에는 풍자와 화려함이 섞여 있었다. 洛京 時節로 돌아가자 하여 이전 建安時期를 계승하고자 하였다. 謝靈運은 기이한 재주와 박학으로 시체를 크게 변화시켰으며, 한 편의 시가 나오면 都邑 사람들이 다투어 轉寫하니 당시 문단의 영수가 되어 雅道를 發揚하였다. 이 시기의 뛰어난 인물로 顔延之, 鮑照, 二謝(謝瞻, 謝惠運) 등이 있으며, 모두 東晋을 본받으려 하였기에 文辭는 輕浮淺薄한 것을 금했다. 비록 우연히 지나치게 수식을 가한 것도 있지만 이 또한 잘못을 바로잡으려던 것이다. 무릇 극도로 섬세하게 사물을 묘사하는 것은 깊은 사고에 의지했던 것이며, 새로운 것을 있는 힘을 다해 추구하려는 것 역시 博學에 바탕을 둔 것이다. 공허한 문사를 제거하고, 평범한 시를 깨끗하게 씻어내려면 이를 길로 삼아야 길을 잃지 않는다. 세상 사람들은 漢魏의 시가가 훌륭하다고 말하면서 顔延之와 謝靈運이 번잡하고 기묘할 뿐 옛날 韻調를 계승하지 못한 채 오로지 새로운 문사만을 추종하려 한다고 여겼다. 허황한 말로 문장을 채우면 헛되이 혐오와 권태만을 만들 뿐이니 그 폐해는 玄語을 표절하는 것과 다를 것이 없다. 이에 顔延之와 謝靈運의 術法이 五言詩의 정확한 궤도임을 알 수 있다."라고 하였다.

【『詩品講疏』‥“『宋書』「謝靈運傳」日‥‘靈運博覽群書, 文章之美, 江左莫逮’『論』日‥‘爰逮宋氏, 顔謝騰聲.(『宋書顔延之傳』‥延之文章之美, 冠絶當時, 與謝靈運俱以詞采齊名, 江左稱顔謝焉.) 靈運之興會標擧, 延年(延之字)之體裁明密, 幷方軌前秀, 垂範後昆.’『文心雕龍』「明詩」日‥‘宋初文詠, 體有因革, 莊老告退, 而山水方滋(瀾案寫山水之詩起自東晋初庾闡諸人.), 儷采百字之偶, 爭價一句之奇, 情必極貌以寫物, 辭必窮力而追新, 此近世之所競也.’ 案孫許玄言, 其勢易盡, 故殷謝振以景物, 淵明雜以風華. 浸欲復規洛京, 上繼鄴下. 康樂以奇才博學, 大變詩體, 一篇旣出, 都邑競傳, 所以弁冕當時, 扢揚雅道. 於時俊彦, 尙有顔鮑二謝(謝瞻,謝惠運)之, 要皆取法中朝, 辭禁輕淺. 雖偶傷刻飾, 亦矯枉之理也. 夫極貌寫物, 有賴於深思; 窮力追新, 亦質於博學. 將欲排除膚語, 洗盪庸音, 於此假塗, 庶無迷路. 世人好稱漢魏. 而以顔謝爲繁巧, 不悟規摹古調, 必須振以新詞; 若虛響盈篇, 徒生厭倦, 其爲蔽害, 與勦襲者政復不殊. 以此知顔謝之術, 乃五言之正軌矣.”】

『南齊書』「文學傳論」

文章이란 情性의 品格이며, 神明의 律呂다. 생각을 품고 붓을 머금으면 상상력이 마음속에서 움직이고, 말을 쏟아내어 종이에 적으면 氣韻은 자연스레 이루어진다. 타고난 品性에 의해 心靈이 만들어지고, 좋아하는 것도 서로 다르고, 견문도 서로 다르기에 정확한 감상과 이해는 복잡한 문제다. 曹丕는 才人에 대하여 품평했으며, 仲治의 文體에 대한 구분을 가했으며, 陸機는 「文賦」에서의 문체를 辨論하였으며, 李充은 「翰林論」에서의 文章에 대하여 논했으며, 張眎는 문구를 가지고 褒貶을 가했으며, 顔延은 情興을 그림처럼 묘사하였는데, 각자 자신의 懷抱에 따라 마음대로 한 말을 표준이라 여긴 것이다.

【文章者, 蓋情性之風標, 神明之律呂也. 蘊思含毫, 遊心內運; 放言落紙, 氣韻天成. 莫不稟以生靈, 遷乎愛嗜, 機見殊門, 賞悟紛雜. 若子桓之品藻人才, 仲治之區判文體, 陸機辨於「文賦」, 李充論於「翰林」, 張眎擿句褒貶, 顏延圖寫情興, 各任懷抱, 共爲權衡.】

글쓰기의 도리는 『神思: 상상력』에서 시작되기에 감정의 召喚은 형상이 없이도 가능하고, 그 변화는 무궁하다. 五聲의 音響을 갖추고 있으면 기이한 문구가 나타난다. 만물에 깃든 감정의 형상이 이루어지길 기다렸다가 붓을 들어 독특한 모습을 묘사해야 한다. 吟詠의 規範은 훌륭한 詩篇에 비롯되며, 곁가지를 따라 분산되면 각기 다른 말을 하게 된다. 曹植의 「代馬」 등 여러 篇章, 王粲의 「飛鸞」과 같은 여러 아름다운 四言詩는 前後代의 모든 작품을 뛰어넘는다. 屈原의 『離騷』는 五言詩의 뛰어난 시인이라 하더라도 경쟁하며 함께 내달릴 수 있는 작품이 아니다. 桂林과 湘水를 노래한 屈原의 아름다운 시편과 飛館과 玉池를 노래한 魏文帝의 아름다운 글이 있다. 七言詩 창작에서 이들이 아니라면 누가 앞섰다고 하겠는가? 司馬相如와 揚雄의 극히 아름다운 문장은 堂에 오를 만한 뛰어난 것이며, 張華와 左思는 기개는 드넓으나 登高의 경지를 계승하지 못하니 賦는 사실의 진술만을 귀하게 여기게 되어 더 더할 것이 없었다. 顯宗의 傅毅에 대한 서술, 簡文帝의 彦伯에 대한 논의는 언어를 구분하여 절을 만드니 『詩經』 頌體를 본받았다 하겠다. 裴頠의 『內侍』, 元規의 『鳳池』는 子章(子章은 응당 孔彰이라 해야 한다.) 이래 章表의 훌륭한 작품이다. 孫綽의 碑는 伯喈의 뒤를 이은 것이며, 謝莊의 誄는 安仁의 長久함에서 비롯되었다. 顏延, 楊瓚는 모두 『馬督』에 빗대면서 대단히 귀한 것이라 말하지만 그 귀결은 老莊思想이었다. 王褒의 『僮約』, 束皙의 『發蒙』은 滑稽의 문장이지만 문사는 가히 奇瑋하다고 하겠다. 五言詩 창작에 있어 가장 뛰어난 작품은 익히고 즐기는 것이 원리가 되며, 오래된 것에만 전념하면 추악해지니 문장에 있어 평범하고 구태의연한 것이 될까 두렵다. 만일 새로운 변화가 없다면 일대의 영웅이 될 수 없다. 建安의 모든 文學 風格과 연관하여, 『典論』에서 작가의 長短에 대한 품평이 이루어졌다. 潘岳과 陸機은 명성을 나란히 했으며, 陸機와 潘岳의 작품은 영원히 기이하다. 東晋 時期의 문학적 기풍은 道家의 주장이 주도하였다. 郭璞은 靈變을 알렸고, 許詢은 극도로 名理를 추구하였고, 仲文의 玄氣는 아직 사라지지 않았다. 謝混은 정감의 신기함을 추구하였으나 성대한 명성을 얻지는 못했다. 顔延之와 謝靈運이 동시에 나타나 각기 신기함을 떨쳤다. 皮日休와 鮑照가 뒤를 계승하니 세상의 標本이 되었다. 서로 다른 유파들이 모두 아름다움을 자랑했으나 前代의 것을 모방하지는 않았다.

【屬文之道, 事出神思, 感召無象, 變化無窮. 俱五聲之音響, 以出言異句; 等萬物之情狀, 而下筆殊形. 吟詠規範, 本無雅什, 流分條散, 各以言區. 若陳思「代馬」群章, 王粲「飛鸞」諸製, 四言之美, 前超後絶. 少卿離辭, 五言才骨, 難與爭鶩. 桂林湘水, 平子之華篇, 飛館玉池, 魏文之麗篆. 七言之作, 非此誰先? 卿雲巨麗, 升堂冠冕, 張左恢廓, 登高不繼, 賦貴披陳, 未或加矣. 顯宗之述傅毅, 簡文之摛彦伯, 分言制句, 多得頌體. 裴頠『內侍』, 元規『鳳池』, 子章(子章疑當作孔彰.)以來, 章表之選. 孫綽之碑, 嗣伯喈之後. 謝莊之誄, 起安仁塵; 顔延楊瓚, 自比『馬督』, 以多稱貴, 歸莊爲允. 王褒『僮約』, 束晳『發蒙』, 滑稽之流, 亦可奇瑋. 五言之製, 獨秀衆品, 習玩爲理, 事久則瀆, 在乎文章, 彌患凡舊, 若無新變, 不能代雄.

建安一體, 『典論』長短互出, 潘陸齊名, 陸潘之文永異. 江左風味, 盛道家之言, 郭璞擧其靈變, 許詢極其名理, 仲文玄氣, 猶不盡除. 謝混情新, 得名未盛; 顔謝并起, 乃名擅奇; 皮鮑後出, 咸亦標世; 朱藍共妍, 不相祖述.】

오늘날의 문학에 있어 많은 작가가 있으나 전체적으로 말하자면 대략 3가지 體式이 있다. 첫째: 마음의 답답함을 풀어내고, 문사에 華麗와 暢達을 더하는 것도 교묘하고 아름다우나 결국은 迂回일 뿐이다. 본시 정확하지 않거나 경솔하고 느슨하면 치료도 불가능하며, 典正은 취할만하나 감정과 너무 어울리지 않는 體式은 謝靈運으로 부터 시작되었다. 둘째: 사실에 근거하여 비유를 생산하면서 대비를 이루지 못하고, 사물을 나열하는 것은 좋으나 束縛되어 오로지 옛말을 빌어 지금의 감정을 서술하면서 崎嶇한 것을 끌어들여 짝을 이루는 말이라 하나, 그러한 事例들을 살펴보면 精彩를 상실한 것이다. 이러한 것으로 傅咸의 五經과 應璩의 사실에 대한 설명이 있으며, 비록 전체가 다 그런 것은 아니지만 비슷하다고 하겠다. 셋째: 놀랍고 특이함만을 주창하고, 格調는 險急하며, 꾸밈은 淫艶하며, 心魂을 음탕에 빠지게 하는 것은 五色 가운데 紅紫의 차이, 八音에 鄭聲과 衛聲의 구분이 있는 것과 같다. 이러한 경향은 鮑照가 남긴 흔적이다.

【今之文章, 作者雖衆, 總而爲論, 略有三體; 一則啓心閑繹, 托辭華曠, 雖存巧綺, 終致迂回; 宜登公宴, 本非準適, 而疎慢闡緩, 膏盲之病, 典正可採, 酷不入情. 此體之源, 出靈運而成也. 此則緝事比類, 非對不發, 博物可嘉, 職成拘制, 或全借古語, 用申今情, 崎嶇牽引, 直爲偶說, 唯覩事例, 頓失精采; 此則傅咸五經, 應璩指事, 雖不全似, 可以類從. 此則發唱驚挺. 操調險急, 雕藻淫艶, 傾炫心

魂, 亦猶五色之有紅紫, 八音之有鄭衛, 斯鮑照之遺烈也.】

三體 이외의 것에 대하여 망령된 말을 보태고자 한다. 무릇 스스로 天機에 자신을 맡기고 史傳을 참조하더라도 생각을 모두 표현할 수 없으니 이전의 것을 긁어모으지 말고, 言辭 운용은 쉽고 명료해야 문사에 지나침이 없게 된다. 소박함과 화려함이 조화를 이루고, 넉넉함과 완약함이 風謠에 섞여야 한다. 입에서 경쾌한 소리가 나오고, 雅俗의 적절한 조화가 이루어져야 胸襟의 적확한 표현이 가능하다. 輪扁이 바퀴를 만드는 교묘함을 말로는 다 표현할 수 없듯 文人과 說客들이 모든 것을 다 갖추기는 힘들다. 지식을 두루 갖추지 못하면 말과 실제가 서로 맞지 않게 된다. 談論家들이 학습한 바에만 매달리기에 理致가 문사를 압도하게 되고, 이러한 방식으로 글을 지으면 결국 실패할 수밖에 없어 두루 갖춘 사람은 드물게 된다.

【三體之外, 請試妄談: 若夫委自天璣, 參之史傳, 應思悱來, 勿先構聚, 言尙易了, 文憎過意. 吐石含金, 滋潤婉切, 雜以風謠, 輕脣利吻, 不雅不俗, 獨中胸懷; 輪扁斲輪, 言之未盡, 文人談士, 罕或兼工, 非唯識有不周, 道實相妨. 談家所習, 理勝其辭, 就此求文, 終然翳奪, 故兼之者鮮矣.】

詹注17-5: 本書「定勢」篇에서 "近代 이래 작가 대부분은 내용의 기이함, 문사의 교묘함을 좋아하였다. 그들 작품의 체제를 깊이 살펴보면 그릇된 경향이 변화된 것이다. 舊式을 혐오하여 버리고 새로운 것에만 천착하여 취했으며……깊이 통달한 사람은 의미를 새롭게 하여 교묘함을 얻으려 하지만, 오로지 신기함만을 추구하는 사람은 체재를 괴이하게 만들 뿐이다. 전통적 체제를

익힌 사람은 정상적 방법으로 신기함을 다스리고, 새로운 기풍을 학습하는 사람은 기이함만 쫓다가 정상적인 것을 상실한다." 고 하였다. 「物色」篇에서 "劉宋 이후로 사물을 사실에 가깝게 표현하는 것을 중시하여 풍경에 억지로 감정을 덧붙이고, 초목에 억지로 모습을 새겨 놓고, 자신이 지은 시의 내용이 심원하다고 한다. 외물의 절묘한 표현의 성공은 외물과의 적절한 결합에 있다."고 하였다. 李諤의 「上文帝論文體輕薄書」에서 "東晉, 齊, 梁 이래…… 마침내 다시 理致는 사라지고 기이함만 남아 虛微만 추구하고, 一韻의 기이함만 경쟁하고, 一字의 기이함만 다투었다. 많은 篇牘에서도 月露의 刑象은 나타나지 않았으며, 많은 책상과 상자 가득 오직 風雲의 形狀뿐이다."라고 하였다. 劉勰은 당시 문학의 새로운 추세에 대하여 대단히 분명한 인식을 지녔다. 이러한 추세 속에서 비록 일련의 신선한 국면이 수립되었으나 주된 병폐는 내용의 결핍이었다.

【本書「定勢」篇: "自近代辭人, 率好詭巧, 原其爲體, 訛勢所變. 厭黷舊式, 故穿鑿取新……然密會者以意新得巧, 苟異者以失體成怪 舊練之才, 則執正以馭奇; 新學之銳, 則逐奇而失正." 「物色」篇: "自近代以來, 文貴形似, 窺情風景之上, 鑽貌草木之中, 吟咏所發, 志惟深遠; 體物爲妙, 功在密附." 劉勰對於當代文學的新趨勢, 看得很淸楚. 在這趨勢里, 雖然也創立了一些新鮮的局面, 而主要的弊病詩缺乏內容.】

이상이 제2단이며, 詩體의 原流와 歷代의 大家에 대한 논의 부분이다. 最後 四句는 위의 문장을 총결한 부분이며, 나머지는 각종 시체에 대해 分述한 부분이다.

【以上爲第二段, 論詩體原流及歷代大家. 最後四句總結上文, 以下分述各種文體.】

6-6.

歷代의 시를 전체적으로 조감해보면 사상과 감정의 변화 규율을 명확히 살펴볼 수 있다. 같은 점과 다른 점을 총체적으로 거론하자면, 무릇 四言詩는 正格의 體制로 雅正과 滋潤을 근본으로 삼았다. 五言詩는 세속에서 유행했던 곡조로 淸雅와 美麗를 宗旨로 삼았다. 화려함과 질박함은 그 쓰임새가 다르기에, 재능에 따라 적절히 대응할 뿐이다. 그리하여 張衡은 典雅를 얻었고, 嵇康은 淸麗를 지녔고, 張華는 淸新을 완성하였고, 張協은 화려함을 떨쳤다. 모든 장점을 두루 갖춘 작가는 曹植과 王粲이며, 한쪽으로 치우친 작가는 左思와 劉楨이다. 詩는 일정한 體制가 있지만, 思維는 정해진 방향이 없기에 개인의 情性만을 추구해서는 전체를 관통할 수 없다. 그 어려움을 정교하게 인식하면 창작이 쉽다는 것을 알 수 있으나, 이를 쉬운 것이라 무시하면 어려움만 초래될 뿐이다. 三言, 六言, 雜言은 『詩經』에서 비롯되었다. 謎語, 拆字로 이루어진 시는 圖讖에서 시작되었다. 回文詩는 道原이 처음으로 지었다. 하나의 韻으로 聯句를 짓는 것은 柏梁詩의 전통을 계승한 것이다. 篇幅의 길고 짧음은 다를 수 있으나, 감정과 사상을 표현하려는 것은 같아, 결국 시의 범주에 속하는 것이기에 번잡하게 언급하지 않겠다.

6-6.

故鋪觀列代, 而情變之數可監[98], 撮擧同異, 而綱領之要可明矣. 若夫四言正體, 則雅潤爲本[99]; 五言流調, 則淸麗居宗[100]; 華實異用, 惟才所安[101]. 故平子得其雅[102], 叔夜含其潤[103], 茂先凝其淸[104], 景陽振其麗[105]. 兼善則子建仲宣[106], 偏美則太沖公幹[107], 然詩有恒裁, 思無定位[108], 隨性適分, 鮮能通圓[109]. 若妙識所難, 其易也將至; 忽之爲易, 其難也方來[110]. 至於三六雜言, 則出自篇什[111]; 離合之發[112], 則明於圖讖[113]; 回文所興, 則原道爲始[114]; 聯句共韻, 則柏梁餘製[115]; 巨細或殊, 情理同致[116], 總歸詩囿, 故賦繁云.

98. 詹注18-1: 趙氏의 『校記』에서 "『唐寫本』에 〖監〗字가 〖鑒〗字로 되어있다. 『御覽』五八六에서도 〖鑒〗字로 썼으며, 『唐寫本』과도 일치한다."라고 하였다.

【趙氏『校記』謂‥"『唐寫本』〖監〗作〖鑒〗. 『御覽』五八六亦作〖鑒〗, 與『唐寫本』合."】

〖情變之數〗는 시 속 思想, 憾情 변화의 規律을 의미한다. 本書 「神思」篇에서 "精神이 物象을 통해 정통해지면, 감정의 변화가 나타난다."고 하였다. 「通變」篇에서는 "진정한 감정으로 두루 통할 수 있고, 氣勢에 따라 변화에 적응할 수 있어야 한다."고 하였다. 「時序」篇에서는 "時運의 交替에 따라 質朴함과 華麗함도 시대에 따라 변화하니, 古今의 情理를 어떻게 말해야 할까!"라고 하였다.

【〖情變之數〗指詩中思想情感變化的規律. 本書「神思」‥"神用象通, 情變所孕." 「通變」篇‥" 憑情以會通, 負氣以適變." 「時序」篇‥"時運交移, 質文代變, 古今情理, 如可言乎!"】

99. 詹注19-1: 摯虞의 『文章流別論』에서 "무릇 詩는 情志를 근본으로 삼으나 聲韻의 완성을 단락으로 삼는다. 따라서 雅音의 韻은 四言을 正則으로 삼는다. 그 이외의 것은 비록 曲折한 풍격을 지녔어도 音의 正則은 아니다."라고 하였다. 本書 「章句」篇에서 "『詩經』의 〖頌〗과 같은 중대한 體裁는 四言을 표준으로 삼는다." 라고 하였다.

【摯虞『文章流別論』‥"夫詩以情志爲本, 而以成聲爲節. 然則雅

音之韻, 四言爲正. 其餘雖非曲折之體, 而非音之正也." 本書「章句」: "至於『詩』『頌』大體, 以四言爲正"】

100. 詹注19-2: 『流調』는 유행하는 곡조를 말한다.

【『流調』謂流行曲調.】

『典論』「論文」에서 "詩賦는 아름다워야 한다."라고 하였다. 『文賦』에서는 "詩는 憾情과 연관되어 있으며, 綺靡해야 한다." 라고 하였다. 『文章流別論』에서는 "古詩는 대부분 四言을 正體로 한다. 간혹 한두 句가 四言 사이에 섞이기도 한다. 후세에는 演進하여 마침내 완결된 시가 되었다. …… 五言詩는 …… 배우의 昌樂에 대부분 사용되었다."고 하였다. 「詩品序」에서 "무릇 四言詩는 문사는 간략하나 의미는 廣博하며, 『詩經』과 楚辭를 계승하였기에 보다 많은 성취를 이룰 수 있었다. 그러나 매번 문사의 풍부함을 고민하나 내용은 간략할 수밖에 없어 세상에서 이를 배우려는 자가 적었다. 五言詩가 시가의 중요한 위치를 지닐 수 있었던 것은 여러 詩體 가운데 滋味를 지녔기 때문이다. 이러한 까닭에 세속의 유행에 빠질 수도 있다."라고 하였다. 魏晉 이후 五言詩가 점차 번성하기 시작하였으며, 齊梁에 이르러서는 이미 가장 유행하는 詩體가 되었다. 그러나 詩體가 정해졌다 하더라도 評論家들은 以前 詩體에 대한 미련을 버리지 못했다. 隋代를 거쳐 唐代 開元, 天寶에 이르러 李白은 『興을 통한 寄託의 심오함은 五言詩가 四言詩에 미치지 못하며, 七言詩는 더욱 변변치 못하다.』라고 주장하였다. (「本事詩」에서 인용) 『風』, 『雅』의 시는 대부분이 四言詩이기에 고인들이 이를 正體라 여겼다. 시문은 시대의 변화를 거치면서 발전하는 것이고, 句讀 또한 짧은 것에서 긴 것으로 바뀌는 것은 필연적으로 피할 수 없다. 이러한 까닭에 後代 詩人이 景致와 憾情을 묘사함에 대부분 五言을 사용하였다. 劉勰은 여기에서 四言詩와 五言詩를 모두 중시했으나 『正體』와 『流調』를 구분한 것은 正統的 視覺을 그대로 지니고 있었기에 시대의 한계를 벗어나지는 못했다.

【『典論』「論文」‥"詩賦欲麗." 『文賦』‥"詩緣情而綺靡." 『文章流別論』‥"古詩率以四言爲體. 而時有一句二句雜在四言之中. 後世演之, 遂以爲篇. …… 五言者 …… 於俳諧倡樂多用之." 「詩品序」‥"夫四言, 文約意廣, 取效『風』『騷』, 便可多得. 每苦文繁而意少, 故世罕習焉. 五言居文詞之要, 是衆作之有滋味者也. 故云會於流俗." 魏晉以來, 五言逐漸繁盛起來, 到了齊梁, 已經成爲最流行的詩體. 然而詩體雖定, 評論家還有的眷戀舊體, 不忍放棄. 經隋到唐開元天寶間, 李白還有『興寄深微, 五言不如四言, 七言又其靡也.』(「本事詩」引)的說法. 因爲『風』『雅』之音, 四言居多, 所以古人多把它視爲正體. 至於詩文隨着時序演進, 句讀也由短而加長, 這是勢所必然, 無可避免的. 因此後人寫景抒情, 多用五言. 劉勰此處雖然四言五言幷重, 但『正體』『流調』之別, 還是一種正統看法, 不免爲時代所局限的.】

101. 范注6-1: 摯虞의 『文章流別論』에서 "雅音의 韻은 四言이 正格이며, 나머지는 曲折한 풍격을 지닌 雅體라 하더라도 音韻의 正格은 아니다."라고 하였다." 紀昀은‥"이는 六朝의 습관에 국한된 것이며, 本源을 이해하지 못한 것으로 雅潤淸麗만이 어찌 시의 지극한 원칙이라 하겠는가?"라고 평하였다.

【摯虞『文章流別論』云 : "雅音之韻, 四言爲正, 其餘雅備曲折之體, 而非音韻之正也." 紀昀評 : "此論局於六朝習徑, 未得本源, 夫雅潤淸麗, 豈詩之極則哉?"】

詹注19-3: 『華』는 『華麗』와 같은 뜻. 위의 『淸麗』를 지칭한다. 『實』은 『樸實: 質朴』과 같은 뜻. 위의 『雅潤』을 지칭한다. 두 구이 의미는 雅潤한 四言詩와 淸麗한 五言詩는 쓰임새가 다르기에 어떤 종류의 체재에 장점이 있는가는 作者의 재주와 감정을 살펴보아야 한다는 것이다.

【『華』, 『華麗』. 指上文的『淸麗』. 『實』, 『樸實』. 之上文的『雅潤』. 兩句意爲雅潤的四言詩和淸麗的五言詩功用不同, 擅長何種體裁要看作家的才情.】

102. 詹注19-4: 本篇에서 "張衡의 「怨詩」에 이르러 淸麗함과 典雅함을 맛볼 수 있게 되었다. 「仙詩緩歌」에는 전통적인 典雅와 함께 새로움도 있다."라고 하였다. 「才略」篇에서 "張衡은 학식도 풍부하였고 재주도 뛰어났고, 蔡邕은 학문에 정통하였고, 문사도 典雅하였으며, 문학과 역사에 모두 뛰어났기에, 세대를 뛰어넘어 竝稱된다."고 하였다.

【本篇 : "至於張衡「怨詩」, 淸典可味. 「仙詩緩歌」, 雅有新聲." 「才略」篇 : "張衡通贍, 蔡邕精雅, 文史彬彬, 隔世相望"】

103. 詹注19-5: 趙萬里의 『校記』에서 "『唐寫本』에는 『含』字가 『合』字로 되어 있다. 『御覽』五八六의 인용문에도 『唐寫本』과 같이 『合』字로 되어 있다."고 하였다. 沈德潛의 『古詩源』에서

"嵇康의 四言詩는 대부분 빼어난 言辭이지만 『詩經』을 모방하지 않았으니 晉代 文人의 先聲이라 하겠다."라고 하였다. 王闓運은 "嵇康의 四言詩에는 뛰어난 언사가 많으나, 五言으로 된 詩는 五言詩 가운데 靡麗한 것에 지나지 않는다."라고 하였다.

【趙氏『校記』謂‥"『唐寫本』〖含〗作〖合〗. 『御覽』五八六引亦作〖合〗, 與『唐本』同." 沈德潛『古詩源』‥"叔夜四言詩多俊語, 不摹倣『三百篇』, 允爲晉人先聲." 王闓運日‥"嵇康四言則誠妙矣. 然是從五言出, 蓋五言之靡者也."】

104. 詹注19-6: 趙萬里의 『校記』에서 "『唐寫本』에는 〖凝〗字가 〖擬〗字로 되어 있다. 『御覽』五八六의 인용문도 『唐寫本』과 정확히 합치한다."라고 하였다. 『校注』‥"按〖含〗, 〖凝〗, 〖振〗 三字는 모두 옳다."라고 하였다. 『文鏡秘府論』「論文意」에서 "古人云‥'…… 嵇康은 淸潤함을 지니고 있고, 張華는 淸新함을 완성하였고, 張協은 艶麗를 발휘하였다.'는 이를 인용한 것이다. 海空이 본 것은 오늘날의 판본과 정확히 같다."라고 하였다. 「才略」에서 "張華의 단편 작품은 정신적 風貌와 文理가 청신하다."라고 하였다.

【趙氏『校記』謂‥"『唐寫本』〖凝〗作〖擬〗. 按『御覽』五八六引亦作『唐本』正合." 『校注』‥"〖含〗、〖凝〗、〖振〗三字幷是." 『文鏡秘府論』「論文意」‥"古人云‥'……叔夜含其潤, 茂先凝其清, 景陽振其麗.'當卽引此文. 是海空所見, 與今本正同." 「才略」‥"張華短章, 奕奕淸暢."】

105. 詹注19-7: 『左傳』「文公十六年」 杜注에서 "〖振〗은 〖發: 發

揚』과 같은 뜻."이라고 하였다. 「才略」篇에서 "張載와 張協은 재능과 시문의 화려함이 동등하다."라고 하였다. 『詩品』上에서 張協詩에 대하여 "문체는 화려하나 정갈하여 병폐가 없다. 아울러 구성이 교묘하고, 표현이 핍진하다. …… 文體는 푸르고 무성하며, 音韻은 조화를 이루었다. 사람들이 감상하다 보면 지칠 줄 모르게 한다."라고 평하였다. 『詩源辨體』卷五에서 "張協의 五言 雜詩는 화려한 문사가 뛰어나 실로 볼만하다. 『房櫳無形跡, 庭草萋以綠; 青苔依空牆, 蜘蛛網四屋』, 『浮陽映翠林, 迴飇扇綠竹; 飛雨灑朝蘭, 輕露棲叢菊』, 『借問此何時, 胡蝶飛南園, 流波戀舊浦, 行雲思故山』 등은 모두 화려한 문채가 뛰어난 작품이다."라고 하였다.

【『左傳』「文公十六年」杜注‥"『振』, 『發』也." 「才略」‥"張華短章, 弈弈清暢" 『詩品』上評張協詩‥"文體華淨, 少病累, 又巧構形似之言, ……詞采葱蒨, 音韻鏗鏘. 使人味之, 亹亹不倦." 『詩源辨體』卷五‥"景陽五言雜詩, 華采俊逸, 實有可觀. 如『房櫳無形跡, 庭草萋以綠; 青苔依空牆, 蜘蛛網四屋』, 『浮陽映翠林, 迴飇扇綠竹; 飛雨灑朝蘭, 輕露棲叢菊』, 『借問此何時, 胡蝶飛南園, 流波戀舊浦, 行雲思故山』等句, 皆華彩俊逸者也."】

劉熙載는 "張華는 鮑照에게 영향을 미쳤고, 鮑照도 뛰어난 문인이지만 기세를 누를 수 없기에 張協를 獨步라 해야 한다. 「苦雨」 등의 여러 시는 특히 뛰어난 작품이기에 鍾嶸이 특별히 단독으로 언급한 것이다. 『文心雕龍』「明詩」篇에서 『景陽振其麗: 張協은 艷麗를 발휘하였다.』라고 하였는데, 『艷麗』만을 가지고 어떻게 張協을 모두 설명했다고 하겠는가!"라고 다른 의견을 냈다. (『藝概』「詩概」)

【劉熙載提出不同意見說··“張景陽詩開鮑明遠. 明遠遒驚絶人, 然練不傷氣, 必推景陽獨步,「苦雨」諸詩, 尤爲高作, 故鍾嶸獨稱之. 『文心雕龍』「明詩」篇云〖景陽振其麗.〗〖麗〗何足以盡景陽哉!”(『藝概』「詩概」)】

106. 詹注19-8: 顔延之의 『庭誥』「論詩」에서 “五言詩가 綺靡로 빠지게 된 것은 劉楨과 張華에게서 비롯되었고, 四言詩가 嚴密로 기울게 된 것은 張衡과 王粲에게서 비롯되었다. 대저 陳思王 이 두 특징을 모두 갖추었다고 말할 수 있다.”고 하였다. 『宋書』「謝靈運傳論」에서 “曹植과 王粲은 氣質로 體式을 삼고 함께 재능과 아름다움을 펼치니 당시에 가장 뛰어났다.”라고 하였다. 『詩品』上에서 曹植의 시에 대하여 “骨氣가 기이하고 뛰어나며, 시의 문채 또한 화려하고 풍부하고, 情感은 『雅』의 怨望을 함께 지니고 있으며, 體式은 文質을 모두 갖추고 있어 고금을 통틀어 가장 뛰어나니 단연 발군이었다.”라고 평하였다. 『南齊書』「文學傳論」에서 “曹植의 『代馬』 등 여러 篇章, 王粲의 『飛鸞』과 같은 여러 작품과 같은 四言詩의 아름다움은 이전과 이후의 작품을 뛰어넘는다.”라고 하였다. 「才略」篇에서 “王粲은 넘치는 재주, 민첩한 사고, 치밀한 문장 등의 좋은 장점을 두루 지니니 글에 결점이 적어 그의 대표작을 뽑아 놓으면 建安七子 가운데 가장 뛰어나다 하겠다.”라고 하였다. 그러나 「詩品序」에서 “曹植이 建安時期의 英傑이라면, 公幹과 仲宣은 보좌라 하겠다.”라고 하였다. 다시 『詩品』上에서는 “문사는 수려하나 내용은 빈약하다. 曹植과 劉楨의 중간에 자리하나 자신의 고유한 풍격을 이룩하였다. 曹植에 비하면 부족하지만 曹丕보다는 뛰어나다.”

고 하였다. 鍾嶸과 劉勰의 평가는 서로 약간 다르다.

【顔延之『庭誥』「論詩」‥“至於五言流靡, 則劉楨、張華, 四言側密, 則張衡、王粲. 若夫陳思王可謂兼之矣.” 『宋書』「謝靈運傳論」‥“曹植子健、仲宣以氣質爲體, 幷標能擅美, 獨映當時.” 『詩品』上評曹植詩‥“骨氣奇高, 辭采華茂, 情兼雅怨, 體被文質, 粲溢古今, 卓而不羣.” 『南齊書』「文學傳論」‥“若陳思「代馬」群章, 王粲「飛鸞」諸製, 四言之美, 前超後絶.” 「才略」‥“仲宣溢才, 捷而能密, 文多兼善, 辭少瑕累, 摘其詩賦, 則七子之冠冕乎!” 但『詩品』上‥文秀而質羸. 在曹劉楨間, 別構一體. 方陳思不足, 比魏文有餘.” 評價與此稍異.】

107. 范注6-2: 『後漢書』「張衡傳」에서 “張衡의 字는 平子이며, 그가 지은 詩賦銘 가운데 七言으로는 「靈憲應間七辯」, 「巡誥懸圖」(章懷는 『衡集』에서 『玄圖』로 되어 있으며, 『玄』과 『懸』은 서로 통한다고 주석을 달았다.) 등 三十二篇이 있다.”라고 하였다. 張華의 字는 茂先이다. 『詩品』中에서 “晉國 司空 張華의 시는 王粲의 시를 근원으로 삼았다. 문체는 華艶하나 흥취의 기탁은 기이함을 추구하지 않았으며, 詩語 운용의 교묘함을 위하여 아름답게 다듬는 것에 힘썼다. 그의 명성은 前代의 시인보다 높았으나 활달하고 직선적인 문사들은 아녀자 같은 정서가 많고, 풍운의 기백이 부족하다 여겼다. 謝靈運은‘張華는 비록 수천 편의 작품을 지었으나 그 風格은 한가지일 뿐이다.’”라고 하였다.

【『後漢書』「張衡傳」‥“衡字平子, 所著詩賦銘七言「靈憲應間七辯」「巡誥懸圖」(章懷注『衡集』作 『玄圖』, 蓋 『玄』與 『懸』通.) 凡三十二篇.” 張華字茂先. 『詩品』「中品」은“晉司空張華詩, 其源出

於王粲. 其體華艷, 興託不奇, 巧用文字, 務爲姸治. 雖名高曩代, 以疏亮之士, 猶恨其兒女情多, 風雲氣少. 謝康樂云‥‘張公雖復千篇, 猶一體耳.’”】

『詩品』上에서 “張協의 詩는 王粲의 詩를 근원로 삼았다. 문체는 화려하면서도 정갈하여 병폐가 없다. 아울러 교묘한 구성에 표현이 핍진하다. 潘岳보다 雄渾하며, 左思보다 靡麗하다. 風流가 있고 두루 통하여 실로 절세의 高手라 하겠다. 사채도 무성하고, 음운도 아름다워 사람들이 음미하면 결국은 그 맛에 반하게 된다.”라고 하였다. 또한 “王粲의 시는 李陵의 시를 근원으로 삼았다. 슬픈 시가에 뛰어났으며, 문사는 수려하나 내용은 빈약하다. 曹植과 劉楨의 중간에 자리하나 자신만의 고유한 風格을 이룩하였다. 曹植에 비하면 부족하지만 曹丕보다는 뛰어나다.”고 하였다. 또한 “劉楨의 시는 『古詩十九首』에 기초를 두고 나왔다. 기세가 뛰어나고 기이한 표현을 좋아하여 세상을 진동시킬 정도로 뛰어나 강직한 風骨은 서릿발을 능가했고, 고아한 風格은 세속을 뛰어넘었다. 기세가 문사를 앞질러 윤색이 부족한 것이 조금 아쉽다. 그리하여 曹植 다음으로는 劉楨이 가장 뛰어나다.”라고 하였다. 다시 “左思의 시는 劉楨의 시를 근원으로 삼았다. 문사는 典雅하고 哀怨하여 자못 정밀하고 애절하여 諷諭의 극치를 지녔다 하겠다. 비록 陸機보다는 거칠지만, 潘岳보다는 심오하다. 謝靈運이 ‘일찍이 左思와 潘岳의 詩는 古今을 통하여 비교할만한 것이 없을 정도로 독특하다.’”라고 하였다.

【『詩品』上云‥“張協詩源出於王粲. 文體華淨, 少病累. 又巧構形似之言, 雄於潘岳, 靡於太冲, 風流調達, 實曠代之高手. 詞采葱蒨, 音韻鏗鏘, 使人味之亹亹不倦.” 又云 ‥“王粲詩其源出於李陵, 發愀愴之詞. 文秀而質羸. 在曹劉楨間, 別構一體. 方陳思不足, 比魏文有餘.” 又云‥“劉楨詩其源出於古詩. 仗氣愛奇, 動多振絶, 眞骨凌霜, 高風過俗, 但氣過其文, 雕潤恨少. 然自陳思以下, 劉楨獨步.” 又云‥“左思詩其源出於公幹. 文典以怨, 頗爲精切, 得諷諭之致. 雖野於陸機, 以深於潘岳. 謝康樂嘗言, 左太冲詩, 潘安仁詩, 古今難比.”】

詹注19-9: 曹丕의 『與吳質書』에서 “公幹도 빼어난 기세를 지니고는 있으나 강건하지는 못하다. 그의 오언시 가운데 훌륭한 작품의 절묘함은 당시 문인과는 차이가 있다.”라고 하였다. 『詩品』上에서 劉楨의 詩에 대하여 “기세가 뛰어나고 기이한 표현을 좋아하여 세상을 진동시킬 정도로 뛰어나 강직한 風骨은 서릿발을 능가했고, 고아한 風格은 세속을 뛰어넘었다. 기세가 문사를 앞질러 윤색이 부족한 것이 조금 아쉽다. 그리하여 曹植 다음으로는 劉楨이 가장 뛰어나다.”라고 평하였다.

【曹丕『與吳質書』‥“公幹有逸氣, 但未遒耳. 其五言詩之善者, 妙絶時人.” 『詩品』上評劉楨詩‥“仗氣愛奇, 動多振絶, 眞骨凌霜, 高風過俗, 但氣過其文, 雕潤恨少. 然自陳思以下, 劉楨獨步.”】

『文鏡秘府論』「論文意」에서 “古人이 이르길‥‘장점을 두루 갖춘 이는 曹植과 王粲이며, 한쪽의 장점만을 지닌 이는 左思와 劉楨이다. 張衡은 典雅함을 얻었고, 嵇康은 淸潤을 지녔고, 張華는 청신함을 완성하였고, 張協은 화려함을 드러냈다. 모든 詩體에 두루 통할 수 있는 사람은 적다.’” 이는 분명히 本篇을 인용한 것으로 字句가 약간 다를 뿐이다. 『詩源辨體』卷四‥“劉楨과 王粲은 一時에 우열이 바뀌지는 않는다. 鍾嶸은 劉楨이 우세하다고 생각했다면, 劉勰은 王粲이 우세하다고 생각했다. 내가 二家를 평가해본다면 '劉楨은 氣勢가 才能보다 뛰어나고, 王粲은 才能이 氣勢보다 뛰어나다 하겠다.'"라고 하였다.

【『文鏡秘府論』「論文意」:"古人云:'具體唯子健仲宣, 偏善則太沖公幹. 太沖公幹. 平子得其雅, 叔夜含其潤, 茂先凝其清, 景陽振其麗, 鮮能兼通.'" 顯然引的是本篇, 但字句稍爲參差. 『詩源辨體』卷四:"公幹、仲宣一時未易優劣. 鍾嶸以公幹爲勝, 劉勰以仲宣爲優. 予嘗爲二家品評:'公幹氣勝於才, 仲宣才優於氣'"】

「才略」篇에서 "左思는 재주가 출중하고, 학문이 깊고, 생각이 심오하였기에 「三都賦」에서는 날카로움을 다하였고, 「詠史」에서는 탁월한 재능을 발휘하여 모든 才力을 보여주었다."라고 하였다. 「詩品」上에서 左思를 평하길:"左思의 詩는 劉楨의 시를 근원으로 삼았으며, 문사는 전아하나 원망이 섞여 있으며, 상당히 정교하고 절실하니 諷諭의 극치를 얻었다 하겠다."라고 하였다. 『藝概』「詩概」에서는 "劉楨과 左思의 시는 기상이 굳세어 悲哀가 없다."고 하였다.

【「才略」篇:"左思奇才, 業深覃思, 盡銳於三都, 拔萃於《詠史》, 無遺力矣." 「詩品」上評左思:"其源出於公幹, 文典以怨, 頗爲精切, 得諷諭之致." 『藝概』「詩概」:"劉公幹、左太沖詩壯而不悲."】

이상 시의 體式, 즉 文體의 風格과 某種의 風格으로 치우친 작가를 설명하였다.

【以上說明詩的體式, 則文體風格, 以及偏於某種風格的作家.】

108. 詹注20-1: 明代 謝榛의 『四溟詩話』卷三第四條에서 “작가는 하나의 생각에 집착할 필요가 없으며, 이것이든, 저것이든 적절히 대응하면서 語意가 모두 공교하길 기다렸다가 정하면 된다. 『文心雕龍』에서 ‘시에는 일정한 체재가 있으나 사유에는 정해진 것이 없다.’고 하였다. 이를 통하여 作詩에서 하나의 의미에만 집착할 필요가 없음을 알 수 있다.”라고 하였다. 〖裁〗는 〖體裁〗를 말한다.

【明謝榛『四溟詩話』卷三第四條: “作家不必執於一個意思, 或此或彼, 無適不可, 待語意兩工乃定. 『文心雕龍』曰: ‘詩有恒裁, 思無定位.’ 此可見作詩不專於一意也.” 〖裁〗謂 〖體裁〗.】

109. 詹注20-2: 『校證』에서 “〖圓通〗은 舊板本에 〖通圓〗으로 되어 있다. 현재는 『唐寫本』과 『御覽』을 근거로 바로잡았다. 「論說」, 「封禪」 두 편에도 〖圓通〗이란 단어가 있다.”라고 하였다. 〖圓〗은 편파적이거나 결핍이 없는 것. 〖通〗은 障礙가 없는 것. 『楞嚴經』卷二十二에서 “阿難과 많은 大衆이 부처의 깨우침을 받아 慧覺과 圓通을 이루어 의혹을 없애게 되었다.”라고 하였다. 여기에서는 전체를 관통하다는 의미로 사용되었다. 『斟詮』에서 “『楞嚴正脈』에서 ‘귀는 본성을 이해하는 근원이기에 모든 사람이 스스로 圓通할 수 있다. 예를 들어 열 방향에 대고 북을 한 번 울리면 일시에 들을 수 있는데, 이를 〖圓〗이라 한다. 벽을 사이에 두고 소리를 들어도 멀리까지 도달할 수 있으며 이를 〖通〗이라 한다.’”라고 하였다.

【『校證』: “〖圓通〗舊作 〖通圓〗. 今據『唐寫本』『御覽』乙正. 「論說」、「封禪」二篇具有 〖圓通〗語.” 〖圓〗, 無偏缺; 〖通〗無障礙.

『楞嚴經』卷二十二‥“阿難及諸大衆蒙佛開示, 慧覺圓通, 無得疑惑.” 在這裏用作全面貫通的意思. 『斟詮』‥“『楞嚴正脈』疏‥‘耳根聞性, 人人本自圓通. 如十方擊一鼓, 一時並聞, 是〖圓〗也; 隔牆聽音, 遠盡能悉, 是〖通〗也.’”】

「體性」篇에서 “무릇 감정이 움직이면 말로 표현되고, 이치가 발현하려면 문장에 體現되는데, 모두 (감정처럼) 은밀한 것에서 분명한 것으로, (이치처럼) 내부에서 외부로 드러나기 마련이다. 따라서 재능에는 庸儁의 구별이 있고, 기질에는 剛柔의 구분 있고, 學識에는 深淺이 있고, 습관에는 雅鄭의 구분이 있는데, 이는 모두 性情에 의해 만들어진 것이고, 習慣에서 陶冶된 것이다. 이에 문단에 구름처럼 변화하는 양상이 벌어지니, 문예 창작은 물결처럼 변화하게 된다. 그리하여 文辭와 理致에 庸儁의 차이가 나타나는 것은 개인의 재질을 넘어설 수 없고, 풍격과 취향의 剛柔는 기질을 벗어날 수 없으며, 문장 내용의 深淺은 學問의 깊이와 차이가 있을 수 없으며, 體制의 雅鄭은 습성과 반대로 나타날 수 없기에 개인의 생각은 모두 사람의 얼굴처럼 서로 다르기 마련이다.” 라고 하였다. 『史通』「自敍」에서 “詞人이 문장을 지음에 문체는 하나일 수 없다. 마치 단 것과 매운 것은 그 맛이 다르고, 붉은 것과 흰 것은 그 색깔이 다른 것과 같다. 후대인들이 전대의 글을 살펴보면 夢寐를 깨우쳐 두루 통할 수 있다. 전문가가 비난하면 사람들이 이를 서로 끌어 모으기에 劉勰의 『文心雕龍』이 나오게 된 것이다.”라고 하였다. 『札記』에서 “이곳의 몇 마디 말은 모호해 보이지만 사실은 시를 짓는 도리가 모두 여기에 갖추어져 있다. 〖隨性適分〗 4字는 古今家 여러 派別의 견해가 서로 다른 이유를 빠짐없이 모두 설명하였다.”라고 하였다.

【「體性」篇‥“然才有庸儁, 氣有剛柔, 學有淺深, 習有雅鄭, 並情性所鑠, 陶染所凝 是以筆區雲譎, 文苑波詭者矣 故辭理庸儁, 莫能翻其才; 風趣剛柔, 寧或改其氣; 事義淺深, 未聞乖其學; 體式雅鄭, 鮮有反其習; 各師成心, 其異如面.” 『史通』「自敍」‥“詞人屬文, 其體非一. 譬甘辛殊味, 丹素異彩. 後來祖述, 識昧圓通. 家有詆訶, 人相掎摭, 故劉勰『文心雕龍』生焉.” 『札記』‥“此數語見似膚廓, 實則爲詩之道已具于此. 『隨性適分』四字, 已將古今家數派別不同之故包羅無遺矣.”】

110. 范注6-3: 黃先生은 “이곳의 몇 마디 말은 모호해 보이지만 사실은 시를 짓는 도리가 모두 여기에 갖추어져 있다. 『隨性適分』 4字는 古今家 여러 派別의 견해가 서로 다른 이유를 빠짐없이 모두 설명하였다.”라고 하였다. 『國語』「晉語」에서 “文公이 郭偃에게 처음에는 내가 나라를 다스림이 쉬웠으나 지금은 어렵다고 말했다. 郭偃이 君主가 쉽게 여기면 어려움에 생기고, 군주가 어렵다고 여기면 편안함이 생긴다고 대답하였다.”라고 하였다. 劉勰이 이를 저본으로 삼았다.

【黃先生日‥“此數語雖似膚廓, 實則爲詩之道, 已具於此. 『隨性適分』四字, 已將古今家數派別不同之故, 包擧無遺矣.” 『國語』「晉語」‥“文公謂郭偃日, 始也吾以治國爲易, 今也難. 對日, 君以爲易, 其難將至矣; 君以爲難, 其易將至義.” 彥和語本此.】

詹注20-3: 『校證』에서 “『以』字는 원래 『之』字로 되어있었으나 『唐寫本』, 『御覽』을 근거로 바로 잡았다.”라고 하였다. 『國語』「晉語」에서는 “文公이 郭偃에게 처음에는 내가 나라를 다스림이 쉬웠으나 지금은 어렵다고 말했다. 郭偃이 君主가 쉽게 여기면 어려움에 생기고, 군주가 어렵다고 여기면 편안함이 생긴다고 대답하였다."라고 하였다. 『妙識』은 훌륭하게 스스로 체득하고 인식하는 것.

【『校證』‥"『以』原作『之』, 據『唐寫本』、『御覽』改正." 『國語』「晉語」‥"文公謂郭偃曰, 始也吾以治國爲易, 今也難. 對曰, 君以爲易, 其難將至矣; 君以爲難, 其易將至義." 『妙識』, 善自體認.】

『四溟詩話』卷四六 十三條에서 "이것이 劉勰 「明時」篇의 가장 중요한 핵심으로 작자에 대하여 충분히 알지 못하면 할 수 없는 말이다. 작품 구상이 곤란함에 처하여 애쓰다가 어렵고 껄끄러운 부분을 통과하면 新奇함이 배어 나온다. 이것이 어려움이 쉬운 것으로 변한 것이다. 만일 쉬운 것만 찾는다면 비록 열 번을 탈고해도 하나의 警策도 없다. 이것이 쉬운 것 때문에 생기는 어려움이다. 유독 謫仙은 어려운 것도, 쉬운 것도 없다고 생각했으나 언사는 저절로 超絶的이다. 이는 朱考亭이 말한 『聖於詩者: 시의 성스러움』가 바로 이것이다."라고 하였다. 梅注本에 있는 曹學詮의 批에서 "劉勰이 시를 쉽게 논했으나 시에 대한 이해가 심오하지 않은가!"라고 하였다. 方東樹의 『昭昧詹言』卷十四 第十四條에서 "韓愈가 '艱窮은 怪變을 가져오기도 하지만 왕왕 平淡함을 만들기도 한다.'라고 말했다. 후인들은 이러한 것들이 쉽게 나왔다고 생각한다. 모름지기 고통스러운 構思의 과정을 거쳐야만 하며, 먼저 平淡만을 추구하지는 말아야 한다."고 하였다.

【『四溟詩話』卷四六十三條‥"此劉勰「明時」至要, 非老于作者不能發. 凡構思當于難處用工, 艱澁一通, 新奇迭出, 此所以難而易也. 若求之容易中, 雖十脫稿而無一警策, 此所以易而難也. 獨謫仙思無難易, 而語自超絶, 此朱考亭所謂『聖於詩者』是也." 梅注本附曹學詮批··"彦和不易言詩, 乃深于詩者." 方東樹『昭昧詹言』卷十四第十四條··"韓公云··'艱窮怪變得, 往往造平淡.' 後人祗是出之容易. 須是苦思, 勿先趨平淡."】

111. 范注6-4: 三言詩로는 『漢郊祀歌』의 「練時日」, 「象載瑜」, 「天馬歌」 등이 있다. 여기에서는 「天馬歌」만 기록한다.

【三言詩『漢郊祀歌』如「練時日」,「象載瑜」,「天馬歌」等. 玆錄「天馬歌」一首.】

太一貺, 天馬下. 霑赤汗, 沫流赭.
志俶儻, 精權奇; 躡浮雲, 晻上馳.
體容與, 厲萬里; 今安匹, 龍爲友.

六言詩로는 『古文苑』에 孔融의 六言詩 三首가 있다. 章樵의 注에서 이 詩는 曹操를 찬미한 것이라 하였다. 아울러 솔직하여 含蓄이 거의 없으니 반드시 眞本은 아닐 것이다. 本傳에서 魏文帝가 孔融의 문장을 유달리 좋아하여 사람들 가운데 孔融의 문장을 능가하는 사람이 있으면 금과 비단으로 상을 주었다 말했는데, 어찌 호사가들이 이를 가지고 曹조를 언급하겠는가? 나는 章樵의 말이 대단히 정확하다고 생각한다. 이에 그 시를 아래에 적어둔다.

【六言詩『古文苑』有孔融六言詩三首. 章樵注謂此詩稱美曹操. 又率直略無含蓄, 必非其眞. 本傳稱魏文帝深好融文, 人有上融文章

者, 賞以金帛, 豈好事者假此以說丕耶? 案章說甚是. 玆錄其詩如下.】

1. 漢家中葉道微, 董卓作亂乘衰, 僭上虐下專威, 萬官惶佈莫違, 百姓慘慘心悲.
2. 郭李分爭爲非, 遷都長安思歸, 瞻望關東可哀, 夢想曹公歸來, 從洛到許巍巍.
3. 曹公輔國無私, 減去廚膳甘肥, 羣僚率從祈祈, 雖得俸祿常餓, 念我苦寒心悲.

雜言詩로는『漢郊祀歌』에「日出入」이 있으며, 아래에 적어둔다.

【雜言詩如『漢郊祀歌』「日出入」, 錄之於下.】

日出入安窮, 時世不與人同, 故春非我春, 夏非我夏.
秋非我秋, 泊如四海之池, 徧觀是耶謂何.
吾知所樂, 獨樂六龍.
六龍之調, 使我心若. 訾黃其何不來下!

詹注21-1:〖篇什〗은『詩經』을 말한다.『文章流別論』에서 "古詩에는 三言, 四言, 五言, 六言, 七言, 九言이 있다. 古詩는 대부분 四言을 正體로 한다. 간혹 한두 句가 四言 사이에 섞이기도 한다. 후세에는 演進하여 마침내 완결된 시가 되었다. 古詩의 三言으로는 〖振振鷺, 鷺于飛〗와 같은 것이 있다…… 五言으로는 〖誰謂雀無角, 何以穿我屋〗과 같은 것이 있다…… 六言으로는 〖我姑酌彼金罍〗와 같은 것이 있다…… 七言으로는 〖交交黃鳥止于桑〗과 같은 것이 있다…… 古詩 가운데 九言으로는 〖洞

酌彼行潦挹彼注兹』와 같은 것이 있다."고 하였다. 「章句」篇에서 "三言詩는 虞舜時代에 興起하였고, 「元首」詩가 그 예이다. 四言詩는 虞夏時代에 확대되었으며, 「洛汭之歌」가 그 예이다. …… 六言詩와 七言詩는 『詩經』과 『楚辭』에 섞여 있다."고 하였다. 『文鏡秘府論』 「論文意」에서 "혹자는 '詩에는 三言, 四言, 五言, 六言, 七言의 구별이 있으며, 이를 간단하게 서술하기로 한다. 三言은 『虞典』 「元首」에서 시작되었다. 四言은 「南風」에서 비롯되었으며, 夏世에 유전되어 韋孟에게 전해지면서 문체가 비로소 갖추어졌다. 六言은 『楚辭』와 『詩經』에 산재하였다. 七言은 漢代에 싹텄다고 말한다.'"고 하였다. 『注訂』에서 "三言은 『周南』의 「螽斯羽」, 「麟之趾」에서 시작되었으며, 前漢의 「天馬歌」는 이를 계승한 것이다. 六言은 『周南』 「卷耳」의 『我姑酌彼金罍』 및 『邶風』 「北門」의 『政事一埤益我』에서 비롯되었다. 後漢 梁鴻의 「五噫歌」는 이를 계승한 것이다. 雜言은 古體詩 가운데 글자 제한을 받지 않는 것이며, 사이에 三言이나 五言이 끼어 있는 것은 모두 여기에 속한다."고 하였다.

【『篇什』謂『詩經』. 『文章流別論』: "古之詩有三言、四言、五言、六言、七言、九言. 古詩率以四言爲體, 而時有一句二句雜在四言之間. 後世演之, 遂以爲篇. 古詩之三言者, 『振振鷺, 鷺于飛』之屬是也. …… 五言者 『誰謂雀無角, 何以穿我屋』之屬是也. …… 六言者, 『我姑酌彼金罍』之屬是也.…… 七言者 『交交黃鳥止于桑』之屬是也.…… 古詩之九言者 『泂酌彼行潦挹彼注兹』之屬是也." 「章句」: "三言興於虞舜時, 「元首」之詩是也.……六言七言, 雜出『詩』『騷』." 『文鏡秘府論』「論文意」: "或曰: '夫詩有三、四、五、六、七言之別, 今可略而叙之. 三言始于『虞典』「元首」之歌. 四言始于「南風」, 流于夏世, 傳之韋孟, 其文始具. 六言散在『騷』『雅』. 七言萌于漢.” 『注訂』: “三言以『周南』「蝨斯羽」、「麟之趾」爲始, 前漢「天馬歌」承之. 六言以『周南』「卷耳」〖我姑酌彼金罍〗及『邶風』「北門」〖政事一埤益我〗爲始. 後漢梁鴻「五噫歌」承之. 雜言者, 古體之不拘字限者, 如間三五言者皆是.”】

112. 詹注21-2: 『札記』에서 『古文苑』의 孔融 「離合作郡姓字詩」를 인용하였는데, 전체가 四言이다. 이 시는 宋代 葉夢得의 『石林詩話』卷中과 『陔餘叢考』卷二十二에도 인용되었다. 五言은 『藝文類聚』五十六에 인용된 宋記室 何長瑜의 「離合詩」의 〖宜然悅今會, 且怨明晨別. 肴蔌不能甘, 有難不可雪.〗가 있다. 『注訂』에서 “〖離合〗은 후인의 〖謎語〗, 〖折字〗와 유사한 것이다.”라고 하였다.

【『札記』引『古文苑』孔融「離合作郡姓字詩」, 通體四言. 此詩又見宋代葉夢得『石林詩話』卷中及『陔餘叢考』卷二十二引. 五言則有『藝文類聚』五十六引宋記室何長瑜「離合詩」〖宜然悅今會, 且怨明晨別. 肴蔌不能甘, 有難不可雪.〗『注訂』: “〖離合〗則後人〖謎語〗、〖折字〗仿.”】

113. 范注6-4: 明代의 『唐寫本』에는 〖萌〗字로 되어있으며, 이것이 옳다. 緯書에서 〖卯金刀〗로 〖劉〗字를 대신하거나, 〖當塗高〗로 〖魏〗字를 대신하거나(『文選』 謝玄暉 「和伏武昌登孫權故城詩」注에서 『保乾圖』를 인용하였다.), 〖音之于〗로 〖曹〗字를 대신하였다고(『南齊書』 「祥瑞志」에서 『尙書中候』를 인용하였다.) 자주 언급하였다. 黃注에서 圖讖(『玉函輯佚書孝經石契』)을 인용하면서 “孔子가 『孝經』과 『春秋河洛』을 만들고 하늘에

고하니 붉은 무지개가 내려와 黃玉으로 변했는데 길이가 三尺이었다. 위에 '寶文出, 劉季握. 卯金刀, 在軫北, 字禾子, 天下服.' 이라는 기록이 이었다. 『卯金刀』를 합치면 『劉』字, 『禾子』를 합치면 『季』字가 된다."고 하였다. 任昉의 『文章緣起』에서 "孔融이 「四言離合詩」를 지었다."고 하였다. 『司庫提要』에서 "『隋書經籍志』에 任昉의 『文章始』1卷이 수록되어 있으며, 注에서 張績이 補充하였다고 한다. 오늘날의 판본은 張績이 보충한 것이며, 후인들이 잘못 알고 任昉이 지은 책이라 한다."라고 하였다.

【明代『唐寫本』作 『萌』是. 緯書多言 『卯金刀』射 『劉』字, 又 『當塗高』射 『魏』字『文選』謝玄暉「和伏武昌登孫權故城詩」注引『保乾圖』.), 『音之于』射 『曹』字(『南齊書』「祥瑞志」引『尙書中候』.). 黃注引圖讖(『玉函輯佚書孝經石契』)‥"孔子作『孝經』『春秋河洛』成, 告備於天, 有赤虹下化爲黃玉長三尺. 上刻文云‥'寶文出, 劉季握. 卯金刀, 在軫北, 字禾子, 天下服.' 合 『卯金刀』爲 『劉』字, 『禾子』爲 『季』字." 任昉『文章緣起』‥"孔融作「四言離合詩」." 『司庫提要』‥"『隋書經籍志』載任昉『文章始』一卷, 注曰張績補, 今本張績所補, 後人誤以爲任昉本書."】

孔融 「離合作那姓名字詩」(『古文苑)

漁父屈節, 水潛匿方;(離魚字.) 與旹進止, 出行施張.(離日字. 魚日合成魯.) 呂公磯釣, 闔口渭旁;(離口字) 九域有聖, 土無不王.(離或字. 口或合成國.) 好是正直, 女回於�;(離子字.) 海外有截, 隼逝鷹揚.(離乙字. 字乙合成孔字. 『說文』乙或作鳦). 六翮將奮, 羽儀未彰;(離鬲字), 蛇龍之蟄, 俾也可忘.)離忠字. 二字合成融.) 玟璇隱耀, 美玉韜光.(去玉不須合.) 無名無譽, 放言深藏;(離與字) 按轡安行, 雖謂路張.(離手字. 二字合成擧.)

詹注21-3: 『校證』에서 “『萌』字는 원래 『明』字로 되어있었으며, 徐校本에서는 『萌』字로 교감하였다. 『唐寫本』, 『梅六次本』, 『張松孫本』, 『御覽』에서는 정확하게 『萌』字로 되어있으며, 현재는 이를 근거로 고쳤다.”라고 하였다.

【『校證』: “『萌』原作『明』, 徐校作『萌』. 『唐寫本』、『梅六次本』、『張松孫本』、『御覽』正作『萌』, 今據改.”】

『文章流別論』에서 “圖讖은 비록 올바른 文章의 體制는 아니지만 縱橫家의 道義를 반복적으로 흡수하여 결국에는 문장으로 확립되었다.”고 하였다. 黃注에서 『玉函山房輯佚書』「孝經石契」를 인용하여 “孔子가 『孝經』과 『春秋河洛』를 완성하고 하늘에 고하니 붉은 무지개가 내려와 黃玉으로 변했는데 길이가 三尺이었다. 上刻文에서 ‘『寶文出, 劉季握. 卯金刀, 在軫北, 字禾子, 天下服: 寶文이 나오자 劉季가 잡았다. 『卯金刀: 劉』氏가 沛縣에 있으며 『禾子: 季』字를 지닌 사람이 천하를 차지할 것이다.』’라고 하였다. 『卯金刀』를 합치면 『劉』字, 『禾子』를 합치면 『季』字가 된다.”고 하였다. 范注에서 “緯書에서 『卯金刀』로 『劉』字를 대신하거나, 『當塗高』로 『魏』字를 대신하거나(『文選』 謝玄暉「和伏武昌登孫權故城」詩注에서 『保乾圖』를 인용하였다.), 『音之于』로 『曹』字를 대신하였다고(『南齊書』「祥瑞志」에서 『尙書中候』를 인용하였다.) 자주 언급하였다.”라고 하였다.

【『文章流別論』: “圖讖之屬, 雖非正文之制, 然而取其縱橫有義,反復成章.” 黃注引『玉函山房輯佚書』「孝經石契」: “孔子作『孝經』『春秋河洛』成, 告備於天, 有赤虹下化爲黃玉長三尺. 上刻文云: ‘寶文出, 劉季握. 卯金刀, 在軫北, 字禾子, 天下服.’ 合〖卯金刀〗爲〖劉〗, 合〖禾子〗爲〖季〗.” 范注: “緯書多言〖卯金ㅊ以射〖劉〗字, 〖當塗高〗爲〖魏〗字(『文選』謝玄暉「和伏武昌登孫權故城詩」注引『保乾圖』.), 〖音之于〗射〖曹〗字(『南齊書』「祥瑞志」引『尙書中候』.)”】

114. 范注6-5: 李詳『黃注補正』에서 “『困學紀文』18에서 詩에 대하여 ‘『詩苑類格』에서 回文은 竇滔의 아내가 지은 것에서 비롯되었다. (『晉書』「列女傳」에 의하면 竇滔의 아내 蘇氏의 이름은 蕙, 字는 若蘭이다. 滔가 流沙로 귀향을 떠나게 되자 蘇氏가 그를 그리워하며 비단을 짜면서 迴文으로「璇璣圖詩」를 지어 竇滔에게 보냈다. 내용이 曲折하고 循環 또한 뛰어나 이를 읽으면 문사가 대단히 凄凉하며, 840字로 되었다고 한다.)『文心雕龍』에서도 언급되었다. 傅咸도「回文反復詩」을 지었으며, 溫嶠도「回文詩」를 지었으며, 모두 竇滔 아내의 작품보다 앞선다.’라고 평하였다. 翁元圻의 注에서『四庫全書總目』의 宋代 桑世昌『回文類聚』4권을 인용하면서 ‘『藝文類聚』에 曹植의「鏡銘」이 기재되어 있으며, 돌려가며 읽어도 문장이 되지 않는 것이 없으니 실제로 蘇蕙 이전의 것이다.’라고 하였다. 李詳은 梅慶生『音注本』을 근거로 ‘宋代 賀道慶이「四言回文詩」1수를 지었으며, 11句, 48자로 되었으며, 거꾸로 읽어도 韻이 맞는다. 〖道原〗은 고증할 수 없으나 아마도 〖原〗字는 〖慶〗字의 誤記일 것이다.’라고 하였다. 이는 賀道慶 이전에도 回文을 지은 作家들이 많았으니 〖原〗字가 〖慶〗字의 誤記라 확정할 수는 없다고 생각한 것이다.”라고 하였다. 이에 王融의「春遊回文詩」1수를 참고로 기록

해두고자 한다.(『藝文類聚』에서는 賀道慶이 지었다고 하였다.)

【李詳『黃注補正』云‥“『困學紀文』十八評詩云‥‘『詩苑類格』謂回文出於竇滔妻所作.(『晉書』「列女傳」竇滔妻蘇氏名蕙, 字若蘭. 滔被徙流沙, 蘇氏思之, 織錦爲迴文「璇璣圖詩」, 以贈滔. 宛轉循環以讀之, 詞甚悽惋, 凡八百四十字.) 『文心雕龍』云云. 傅咸有「回文反復詩」, 溫嶠有「回文詩」, 皆在竇妻前.’ 翁元圻注引『四庫全書總目』宋桑世昌『回文類聚』四卷‥‘『藝文類聚』曹植「鏡銘」, 回環讀之, 無不成文, 實在蘇蕙以前.’ 詳案梅慶生『音注本』云‥‘宋賀道慶作「四言回文詩」一首, 計十一句, 四十八言, 從尾至首, 讀亦成韻. 而道〖原〗無可考, 恐〖原〗爲〖慶〗字之誤.’ 案道慶之前回文作家衆, 不得定〖原〗字爲〖慶〗之誤.” 玆錄王融「春遊回文詩」一首以備考.(『藝文類聚』作賀道慶.)】

「春遊回文詩」

枝分柳塞外, 葉暗楡關東, 垂條逐絮轉, 落蘂散花叢.
池蓮照曉月, 幔錦拂朝風; 低吹雜綸羽, 薄粉艶妝紅;
離情隔遠道, 歎結深閨中.

詹注21-4: 梅注에서 “苻秦 竇滔의 아내 蘇蕙가 비단을 짜서 迴文을 지었는데, 五彩를 펼치니 가로와 세로가 八寸이었고 二百餘 首(應當 〖句〗라 해야 한다.), 八百餘言은 가로 세로로 반복해도 모두 문장이 되었는데 이름을 〖鏇機圖〗라 하였다. 宋代 賀道慶이 四言 迴文詩 一首, 十二句, 四十八言을 지었는데, 가로 세로로 읽거나, 거꾸로 읽어도 운이 맞는다. 〖道原〗은 고증할 수 없으나 아마도 〖原〗字는 〖慶〗字의 誤記일 것이다.”라고 하였다. 李祥『文心雕龍黃註補正』에서 "賀道慶 이전에 迴文의 작가들은 많았기에 『原』字를 『慶』字의 誤字라 정할 수 없다."라고 하였다.

【梅注‥"苻秦竇滔妻蘇蕙織錦爲迴文, 五彩相宣, 縱橫八寸, 題詩二百餘首(當作『句』), 計八百餘言, 縱橫反覆, 皆爲文章, 名日『鏇機圖』. 宋賀道慶作四言迴文詩一首, 計十二句, 四十八言, 從尾至首, 讀亦成韻, 『原道』無可攷, 恐『慶』字之誤也." 李祥『文心雕龍黃註補正』‥"案道慶之前, 回文作者已衆, 不得定『原』字爲『慶』字之誤."】

范注에서 "『晉書』「列女傳」에 의하면 竇滔의 아내 蘇氏의 이름은 蕙字, 字는 若蘭이다. 滔가 流沙를 떠돌게 되자 蘇氏가 그를 그리워하며 비단을 짜면서 迴文으로 「璇璣圖詩」를 지어 竇滔에게 보냈다. 내용이 曲折하고 循環 또한 뛰어나 이를 읽으면 문사가 대단히 凄涼하며, 840字로 되었다고 한다."라고 하였다.

【『晉書』「列女傳」‥"竇滔妻蘇氏名蕙, 字若蘭. 滔被徙流沙, 蘇氏思之, 織錦爲迴文「璇璣圖詩」以贈滔. 宛轉循環以讀之, 詞深悽惌, 凡八百四十字."】

『困學紀聞』卷十八『詩評』에서 "『詩苑類格』에서 回文은 竇滔의 아내에게서 비롯되었다고 말했다. 『文心雕龍』에서 '回文의 興起는 『道原』에서 비롯되었다.'고 하였다. 傅咸의 「回文反覆詩」도 있고, 溫嶠의 「回文詩」도 있는데, 이들은 竇滔 아내 이전에 나온 것이다. 源注에서 '皮日休는 傅咸에게서 反覆이 나왔고, 溫嶠에게서 回文이 시작되었다고 하였다.'"고 하였다. 翁元圻注에서 “『藝文類聚』에 曹植의 「鏡銘」이 기재되어 있으며, 돌려가며 읽어도 문장이 되지 않는 것이 없으니 실제로는 蘇蕙 이전의 것이다.”라고 하였다. 陳望道 『修辭學發凡』 回文類에 蘇蕙의 「璇璣圖詩」 가운데 一首를 예로 들어 놓았다. 〖仁智懷德聖唐虞, 眞志篤終誓穹蒼, 欽所感想忘淫荒, 心憂增慕懷慘傷.〗 이를 거꾸로 읽으면 〖傷慘懷慕增憂心, 荒淫忘想感所欽, 蒼穹誓終篤志眞, 唐虞聖德懷智仁.〗이 된다.

【『困學紀聞』卷十八『詩評』: “『詩苑類格』謂回文出于竇滔妻所作. 『文心雕龍』云: ‘回文所興, 則〖道原〗爲始.’ 又傅咸有「回文反覆詩」, 溫嶠有「回文詩」, 皆在竇妻前.” 源注: ‘皮日休曰: 傅咸反覆興焉, 溫嶠回文興焉.’” 翁元圻注: “『藝文類聚』載曹植「鏡銘」, 回環讀之, 無不成文, 實在蘇蕙以前.” 陳望道『修辭學發凡』回文類擧蘇蕙「璇璣圖詩」中的一首如下: 〖仁智懷德聖唐虞, 眞志篤終誓穹蒼, 欽所感想忘淫荒, 心憂增慕懷慘傷.〗回過來讀是: 〖傷慘懷慕增憂心, 荒淫忘想感所欽, 蒼穹誓終篤志眞, 唐虞聖德懷智仁.】

115. 詹注21-5: 宋 高承의 『事物紀原』卷四 「集類」에서 “漢武帝 때부터 「柏梁詩」가 만들어졌으며, 群臣으로 하여금 七言詩를 짓게 하니 처음으로 聯句體가 만들어졌다.”고 하였다. 『文體明辨』 「序說」에서 “聯句詩는 「柏梁詩」에서 비롯되었으며, 사람들이 각기 一句를 짓고 이를 모아 만드는 것이다. 이후로 宋 孝武帝의 「華林曲水」, 梁武帝의 「淸暑殿」, 唐 中宗 「內殿」 모두는 漢代의 것과 같다.”라고 하였다.

【宋高承『事物紀原』卷四「集類」: “自漢武爲「柏梁詩」, 使羣臣作七言詩, 始有聯句體.” 『文體明辨』「序說」∙∙ “按聯句詩自「柏梁」, 人各一句, 集以成篇. 其後宋孝武帝「華林曲水」、梁武帝「淸暑殿」、唐中宗「內殿」諸詩, 皆如漢同.”】

116. 詹注21-6: 三言, 六言, 雜言 및 回文, 聯句 등의 시는 비록 大小의 차이는 있으나 情理는 일치한다.

【三六雜言及回文、聯句等詩, 雖有大小之不同, 而情理是一致的.】

이상의 第三段에서는 각종 詩體의 특징을 논술하였다.

【以上第三段, 論述各種詩體的特點.】

6-7.

贊하여 말하길: 사람은 태어나면서부터 志를 지니며, 이는 노래에 함축되어 있기 마련이다. 노래는 三皇 때 시작되었고, 그 기풍이 『周南』과 『召南』으로 스며들었다. 이는 신명한 이치와 결합된 것이며, 政敎의 질서와도 서로 연결된 것이다. 문체가 풍부하기에 萬代에 걸쳐 愛好를 받아왔다.

6-7.
贊曰: 民生而志[117], 詠歌所含. 興資〖發〗皇世[118], 風流二南[119]. 神理共契[120], 政序相參[121]. 英華彌縟[122], 萬代永耽[123].

117. 詹注22-1: 사람은 태어나면서부터 『志』를 지님을 말한다.

【謂人生而有『志』.】

118. 詹注22-2: 鄭玄의 『詩譜序』에서 "시의 興起는 三皇時代 이전은 아닐 것이다."라고 하였다. 여기에서는 반의적 의미로 쓰였다.

【鄭玄『詩譜序』: "詩之興, 諒不於上皇之世." 此處反其意而用之.】

119. 詹注22-3: 「詩大序」에서 "따라서 「關雎」, 「麟趾」의 敎化는 王者의 풍모이기에 周公과 연계되어 있다. 「南」은 敎化가 북에서 남까지 미침을 말한다. 「鵲巢」, 「騶虞」의 德은 諸侯의 風貌다. 先王의 가르침이기에 召公과 연계되어 있다. 『周南』, 『召南』은 正始의 道이자, 王化의 기본이다."라고 하였다.

【「詩大序」: "然則「關雎」、「麟趾」之化, 王者之風, 故繫之周公. 「南」, 言化自北而南也. 「鵲巢」、「騶虞」之德, 諸侯之風也. 先王之所以敎, 故繫之召公. 『周南』『召南』, 正始之道, 王化之本."】

120. 詹注22-4: 「神思」篇의 贊에서 "精神이 物象을 통해 정통해지면, 감정의 변화가 나타난다. 物象이 자신의 모습으로 작가를 고무시키면, 작가의 마음속에 理致로 반응한다. …… 생각을 모아 상상력을 운용함에는 학문의 蓄積이 승리의 지름길이다."라고 하였다. 이는 『精神』과 『理致』를 서로 잘 결합하여야 詩를 쓸 수 있다는 말이다.

【「神思」篇贊曰: "神用象通, 情變所孕. 物以貌求, 心以理應

.……結慮司契, 垂帷制勝." 這是說『神』與『理』相結合而成詩.】

121. 詹注22-5:『序』는「時序」篇의『序』.『政序』는 政教 運轉의 次序.

【『序』,「時序」篇之『序』.『政序』謂政教運轉之次序.】

122. 詹注22-6:「情采」篇에서 "사상과 정감이 형성되어야 文彩가 풍부하게 드러난다."라고 하였다.

【「情采」篇‥"心術既形, 玆華乃贍."】

123. 詹注22-7:『耽』은『樂』과 같은 뜻으로, 感賞과 愛好를 말한다.

【『耽』,『樂』也, 謂欣賞, 愛好.】